Kohlhammer

Die Herausgeberin:

Prof. Dr. Nataliya Soultanian ist Leiterin des Forums Frühkindliche Bildung Baden-Württemberg (FFB). Sie war an der SRH Hochschule in Heidelberg an der Fakultät für Sozial- und Rechtswissenschaften als Professorin tätig und leitete dort den Studiengang »Kindheitspädagogik«.

Nataliya Soultanian (Hrsg.)

Methoden in der Frühpädagogik

Grundwissen und praktische
Umsetzung nach
Bildungsbereichen

Unter der Mitarbeit von
Lukas Nock, Stephanie Nock,
Tim Posawatz, Annette Schneider,
Robert Soultanian und
Christian Widdascheck

Verlag W. Kohlhammer

Dieses Werk einschließlich aller seiner Teile ist urheberrechtlich geschützt. Jede Verwendung außerhalb der engen Grenzen des Urheberrechts ist ohne Zustimmung des Verlags unzulässig und strafbar. Das gilt insbesondere für Vervielfältigungen, Übersetzungen, Mikroverfilmungen und für die Einspeicherung und Verarbeitung in elektronischen Systemen.

Die Wiedergabe von Warenbezeichnungen, Handelsnamen und sonstigen Kennzeichen in diesem Buch berechtigt nicht zu der Annahme, dass diese von jedermann frei benutzt werden dürfen. Vielmehr kann es sich auch dann um eingetragene Warenzeichen oder sonstige geschützte Kennzeichen handeln, wenn sie nicht eigens als solche gekennzeichnet sind.

Es konnten nicht alle Rechtsinhaber von Abbildungen ermittelt werden. Sollte dem Verlag gegenüber der Nachweis der Rechtsinhaberschaft geführt werden, wird das branchenübliche Honorar nachträglich gezahlt.

Dieses Werk enthält Hinweise/Links zu externen Websites Dritter, auf deren Inhalt der Verlag keinen Einfluss hat und die der Haftung der jeweiligen Seitenanbieter oder -betreiber unterliegen. Zum Zeitpunkt der Verlinkung wurden die externen Websites auf mögliche Rechtsverstöße überprüft und dabei keine Rechtsverletzung festgestellt. Ohne konkrete Hinweise auf eine solche Rechtsverletzung ist eine permanente inhaltliche Kontrolle der verlinkten Seiten nicht zumutbar. Sollten jedoch Rechtsverletzungen bekannt werden, werden die betroffenen externen Links soweit möglich unverzüglich entfernt.

1. Auflage 2021

Alle Rechte vorbehalten
© W. Kohlhammer GmbH, Stuttgart
Gesamtherstellung: W. Kohlhammer GmbH, Stuttgart

Print:
ISBN 978-3-17-036314-4

E-Book-Formate:
pdf: ISBN 978-3-17-036315-1
epub: ISBN 978-3-17-036316-8
mobi: ISBN 978-3-17-036317-5

Inhaltsverzeichnis

Einleitung und Buchstruktur		**11**

I	**Gesellschaftliche, pädagogische und methodische Perspektiven auf die frühkindliche Bildung und elementar-ästhetisches Bildungsverständnis**	
1	**Gesellschaftlicher Wandel und Herausforderungen für die Kitas**	**19**
	Nataliya Soultanian	
1.1	Methodische Kompetenz der pädagogischen Fachkräfte	22
1.2	Das Verständnis von Bildungsprozessen im frühkindlichen Bereich	26
2	**Frühkindliche Entwicklung und frühes Lernen: philosophisch-anthropologische Anhaltspunkte**	**28**
	Robert Soultanian	
2.1	Bewegung: körperliche und motorische Entwicklungsaufgaben	29
2.2	Kommunikation und Interaktion: Soziale Entwicklungsaufgaben	31
2.3	Die Anderen im Kopf: Selbstentwicklungsaufgaben	36
2.4	Literatur (Kapitel 1 und 2)	38

3	**Elementar-ästhetische Perspektive auf Bildung**	**40**

Christian Widdascheck

3.1	Theoretisch-konzeptuelle Grundlagen und einführende Einordnung des Beitrags	40
3.2	Relevanz von Erfahrungsräumen jenseits geklärter Normen	44
3.2.1	Die Relevanz der Anderen	44
3.2.2	Die Relevanz des Anderen	47
3.2.3	Professionelle Haltung für ästhetische Erfahrungsräume	48
3.3	Eine bildungsbereichsübergreifende Perspektive	52
3.4	Vor oder am Anfang aller Kompetenzbildung	54
3.5	Literatur	56

II	**Methodische Kompetenz nach Bildungsbereichen**	

1	**Ästhetische Bildung und Kunst**	**63**

Christian Widdascheck

1.1	Theoretisch-konzeptuelle Grundlagen. Was ist und was will ästhetisch-künstlerische Bildung?	63
1.2	Aus der Forschung	67
1.3	Die Einstellung gegenüber ästhetisch-künstlerischer Bildung	68
1.4	Rahmenbedingungen und pädagogische Haltung für ästhetisch-künstlerische Bildung	70
1.4.1	Material und Medium	70
1.4.2	Technik	74
1.4.3	Künstlerische Handlungsformen	75
1.4.4	Rezeptiv-produktives Vorgehen	76
1.4.5	Thema	78
1.5	Praktische Empfehlungen und Übungen	79
1.5.1	Tonerde	82
1.5.2	Variationen mit Farben	84
1.5.3	Papier	86

1.5.4	Wildes Basteln	88
1.5.5	Spielmaterial gestalten	90
1.5.6	Handwerken	91
1.5.7	LandArt	92
1.5.8	Antworten auf Kunst	93
1.5.9	Künstlerisches Arbeiten zu einem Alltagsphänomen	95
1.6	Tipps zum Weiterlesen	97
1.7	Literatur	97

2 Beziehungsaufbau und soziale Kompetenz 99

Stephanie Nock & Lukas Nock

2.1	Theoretisch-konzeptuelle Grundlagen und Forschungsüberblick	99
2.1.1	Emotionale Entwicklung als Fundament der Sozialkompetenz	100
2.1.2	Bindungsentwicklung und Feinfühligkeit	100
2.1.3	Entstehung und Förderung von sozialen Kompetenzen	105
2.1.4	Pädagogische Relevanz der sozial-emotionalen Entwicklung	107
2.2	Haltungen, Einstellungen und Rahmenbedingungen	109
2.2.1	Beziehungsqualität und -angebot	110
2.2.2	Strukturqualität	113
2.3	Praktische Empfehlungen und Übungen	114
2.3.1	Möchtest Du mit mir spielen?	114
2.3.2	Die heiße Kartoffel	115
2.3.3	Gefühlskarten	116
2.3.4	Das Spiegelbild	117
2.3.5	Das Spielzeug hat heute Urlaub	118
2.3.6	Ich folge Dir	119
2.3.7	Ich sehe was, was Du auch siehst	120
2.3.8	Wie geht's dir und wie geht's mir?	120
2.3.9	Ich krabble dich frei!	121
2.3.10	Die Wut-Rakete	122
2.4	Tipps zum Weiterlesen	123
2.5	Literatur	123

3	**Sprachliche Bildung, Literacy und Mehrsprachigkeit**	**126**

Nataliya Soultanian

3.1	Sprachtheoretische Grundlagen und Forschungseinblicke	127
3.1.1	Der Sprach-Weg der Kinder	127
3.1.2	Zu den Verläufen des Zweitspracherwerbs	128
3.2	Sprachbildung in Kindertageseinrichtungen	131
3.2.1	Förderung von Literalität – Erzählen und Bilderbuchbetrachtung	134
3.2.2	Entwicklung von Erzählkompetenz und Gesprächsführung	136
3.3	Methodeneinsatz und Rahmenbedingungen im Kindergarten-Kontext	138
3.4	Praktische Empfehlungen und Übungen	142
3.4.1	Portfoliobesprechung mit einem bis zwei Kindern	142
3.4.2	Sprache und Ton	143
3.4.3	Sprache und Kunst (Besprechung eines Gemäldes mit Kindern)	144
3.4.4	Grammatikförderung (Plural, Präpositionen)	146
3.4.5	Die Welt der Wörter: semantische Elaborationen	147
3.4.6	Die Förderkraft des Morgen- und Stuhlkreises	149
3.4.7	Freies Erzählen anhand einer Bildergeschichte	151
3.4.8	Gestaltung einer förderlichen Lernumgebung: Wissensvitrinen der Kulturen	153
3.4.9	Erstsprachen miteinbeziehen: Sprachen im Kita-Alltag sichtbar und spürbar machen!	155
3.4.10	Mit Kindern philosophieren als Gesprächsführungskultur	156
3.5	Tipps zum Weiterlesen	159
3.6	Literatur	160

4	**Sport und Bewegung**	**163**

Tim Posawatz

4.1	Theoretische Grundlagen und Hintergrund	163
4.1.1	Motorische Basiskompetenzen	164

4.1.2	Forschungsüberblick	166
4.2	Trainingsmethoden	173
4.2.1	Grundlegendes über sportliches Training	173
4.2.2	Trainingsmethoden im Vorschulalter	174
4.2.3	Fertigkeits- und Techniktraining	175
4.2.4	Training der koordinativen Fähigkeiten	179
4.2.5	Training der konditionellen Fähigkeiten	181
4.3	Praktische Anwendungsbeispiele	188
4.3.1	Techniktraining in der Praxis	188
4.3.2	Koordinationstraining in der Praxis	190
4.3.3	Krafttraining in der Praxis	193
4.3.4	Schnelligkeitstraining in der Praxis	194
4.3.5	Ausdauertraining in der Praxis	196
4.3.6	Beweglichkeitstraining in der Praxis	197
4.4	Tipps zum Weiterlesen	198
4.5	Literatur	199
5	**Den Spaß am Forschen fördern – Naturwissenschaften und Co in der Kita**	**203**
	Annette Schneider	
5.1	MINT im vorschulischen Bildungsbereich	204
5.1.1	Was ist MINT?	204
5.1.2	Bildungsauftrag im Elementarbereich – mit Blick auf die MINT-Disziplinen	207
5.1.3	Gründe für eine frühe MINT-Bildung – Ziele und Kompetenzentwicklung	209
5.1.4	Hemmnisse bei der Umsetzung von MINT-Angeboten	212
5.2	Lernbiologische Aspekte	218
5.2.1	Learning by doing	218
5.2.2	Was sagt die Forschung?	221
5.3	Methodische und didaktische Aspekte	227
5.3.1	Voraussetzungen für eine erfolgreiche Implementierung von MINT-Bildungsangeboten	228
5.3.2	Naturwissenschaftliche Experimente – was ist zu beachten?	231
5.3.3	Naturwissenschaftsdidaktische Konzepte	233
5.4	Praxisbeispiele	237

5.4.1	Experimente aus dem Themenbereich »*Luft*«	237
5.4.2	Experimente aus dem Themenbereich »*Wasser*«	241
5.5	Tipps zum Weiterlesen	245
5.6	Literaturverzeichnis	245

6	**Praxistransfer und Ausblick**	**249**

Nataliya Soultanian

Die Autorinnen und Autoren	252

Einleitung und Buchstruktur

Dieses Buch möchte all denen, die im frühkindlichen Bereich tätig sind, wissenschaftliche Grundlagen und praktisch-methodische Empfehlungen für einzelne frühkindliche Bildungsbereiche vermitteln. In den letzten Jahrzehnten wurde die Kindheitsforschung international und im deutschsprachigen Raum weiterentwickelt, es liegen viele Forschungsergebnisse zu den einzelnen Entwicklungsbereichen und Themen der Kindheitspädagogik vor. Hier wäre zum Beispiel die Reihe »Forschung in der Frühpädagogik« von den Herausgebern Fröhlich-Gildhoff, Nentwig-Gesemann und Strehmel zu erwähnen. Mittlerweile sind in dieser Reihe 23 Bände erschienen. Die darin vorgestellten Forschungsergebnisse und Evaluationen zeigen, wie wichtig die begleitende Praxisforschung für eine nachhaltige und kontinuierliche Qualitätssicherung der kindheitspädagogischen Praxis ist.

Das Buch ist in zwei Abschnitte unterteilt. Im *ersten Abschnitt* werden gesellschaftliche, pädagogische und methodische Perspektiven auf frühkindliche Bildung thematisiert und die wichtigsten Entwicklungstendenzen und Schwerpunkte vorgestellt. Weiterhin wird in eine breit angelegte Konzeption von kindlicher Bildung und kindlichen Entwicklungsaufgaben eingeführt, die unter anderem aus einer elementar-ästhetischen Perspektive entwickelt wird.

Im *Kapitel 1* geht es vor allem um gesellschaftliche Veränderungen und den daraus resultierenden pädagogischen Anforderungen für die Arbeit im frühkindlichen Bereich. Der beschleunigte gesellschaftliche Wandel der letzten Jahre hat immense Auswirkungen auf die sozialpädagogische Arbeit. Mittlerweile ist es beinahe eine Selbstverständlichkeit, dass Kinder früh, tendenziell bereits ab dem zweiten Lebensjahr, institutionell betreut werden. In diesem Kontext entstand eine gesellschaftliche und fachliche Diskussion, was denn eine gute institutionelle Kinderbetreuung ausmacht und welche Kompetenzen und Qualifikationen die pädagogischen Fachkräfte in zunehmend komplexeren Gesellschaftsverhältnissen und bei entsprechend steigenden Anforderungen mitbringen müssen. Kindheit in unseren Gesellschaften ist kulturell heterogener und sozial komplexer geworden. Um diesen gestiegenen Ansprüchen der institutionellen Betreuung und Sozialisation gerecht werden zu können, brauchen pädagogische Fachkräfte nicht nur zusätzliche Fortbildungen und multiprofessionelle Zusammenarbeit, sondern eine gut ausgeprägte methodische Handlungskompetenz im Arbeitsalltag. Ohne Zweifel ist die Realisierung der methodischen Handlungskompetenz nur dann systematisch möglich, wenn die strukturellen und organisatorischen Rahmenbedingungen dazu günstig sind und ein arbeitsfähiges Grundgerüst liefern, um pädagogisches Handeln täglich professionell leben zu können.

Im Fokus des Buches steht deshalb die professionelle Kompetenz der pädagogischen Fachkräfte, alle Kinder möglichst individuell und thematisch differenziert zu begleiten und die Bildungs- und Lernprozesse reflektiert und nachhaltig zu gestalten. Gerade vom methodischen Geschick der Fachkräfte, von Techniken und Einstellungen zur Wissensvermittlung hängt eine ganzheitliche, systematische und individualisierte Förderung jedes Kindes ab.

Kapitel 2 des ersten Abschnittes des Buches bietet einen Exkurs in die frühkindliche Entwicklung und frühes Lernen aus philosophisch-anthropologischer Sicht. Lernen wird als Bewältigung von Entwicklungsaufgaben begriffen, welche die Kinder aktiv bewältigen müssen. Hier werden drei zentrale Entwicklungen skizziert: Körperliche und motorische Entwicklungsaufgaben, Kommunikation und Interaktion und Selbstentwicklung. Die kindlichen Aufgaben in diesen drei Bereichen sind untrennbar miteinander verbunden und stehen in komplexer Wechselwirkung zueinander. Ohne die Entwicklung von Bewegungskompetenz und inneren Bewegungsplänen gäbe es beispielsweise kein sich selbst kontrollierendes »Handlungsselbst«, ohne nonverbale und verbale Kommunikation mit Anderen könnte die »Affordanzstruktur« (Gibson, 1950) der Lebenswelt, also der Aufforderungscharakter der Gegenstandswelt, nicht vermittelt werden etc.

In *Kapitel 3*, welches den ersten Abschnitt des Buches abschließt, wird der ästhetisch-künstlerische Zugang zur Bildung beleuchtet. Der Begriff des Ästhetischen spielt seit den 1990er Jahren im frühpädagogischen Diskurs eine immer größere Rolle. Neben philosophischen Konzeptionen von kindlicher Erkenntnis und Bildung als ästhetische Erfahrung wächst zunehmend auch das Interesse der Forschung an der Bedeutung der ästhetischen Erfahrung für Bildungsprozesse in der Kindheit (Dietrich, Krinninger & Schubert, 2013, Staege, 2016). Diese Perspektive hebt die Relevanz sinnlicher Erfahrungsräume hervor und sieht Bildung als Wechselspiel von Selbst- und Welterfahrung, in dessen Rahmen sich Bildungs- und Lernhandeln überhaupt erst entwickeln kann.

Im *zweiten Abschnitt* werden fünf Entwicklungs- und Bildungsbereiche aus wissenschaftlichen und methodisch-praktischen Perspektiven dargestellt und mit vielen praktischen Hinweisen und Vorschlägen versehen.

In *Kapitel 1* wird ästhetische Bildung und Kunst dargestellt. Der Beitrag geht den Fragen nach, was ein ästhetisch-künstlerisches Handeln ist und welche Bildungserfahrungen in und durch ästhetisch-künstlerisches Handeln gemacht werden können. Darauf aufbauend werden Einstellungen und Haltungen der pädagogischen Fachkräfte und die Rahmenbedingungen angesprochen, die notwendig sind, damit ästhetisch-künstlerischen Erfahrungen für die Kinder bildsam werden. Die kindliche sinnliche Wahrnehmung ist im Vergleich zu der von Erwachsenen viel offener und vorurteilsfreier, weniger geprägt durch stereotype Vorstellungen und verinnerlichte Wahrnehmungsmuster. Im explorierend-gestalterischen Spielen klären Kinder für sich viele Natur- und Weltphänomene und bilden dadurch ein Bild von der Welt und von sich selbst.

Im Kapitel wird sowohl auf die Forschungsergebnisse wie auch auf die pädagogische Haltung und die Rahmenbedingungen für ästhetisch-künstlerische Bildung eingegangen. Gezielt werden Materialien und Medien, Techniken und künstlerische Handlungsformen vorgestellt. Danach werden Beispiele und Empfehlungen für den künstlerischen Bereich für die Arbeit mit Kindern angeboten. Konkret geht es hier um Themen wie Beschäftigung mit Ton, kreative und sinnliche Erfahrungsarbeit mit dem Material Papier oder künstlerisches Arbeiten über Alltagsphänomene.

Kapitel 2 geht auf die sozial-emotionale Entwicklung im Kindesalter ein. Der Mensch als soziales Wesen gestaltet sein Leben in einer Gemeinschaft, indem er vom Säuglingsalter an soziale Bindungen und Beziehungen aufbaut und stabilisiert. In diesem Kapietel wird auf Begriffe wie Sozialkompetenz, Empathie und emotionale Intelligenz, die bei der Persönlichkeitsentwicklung eine zentrale Rolle spielen, aus bindungstheoretischer Perspektive eingegangen. Welche Rolle bei der sozial-emotionalen Entwicklung die pädagogischen Fachkräfte spielen können, ist ein weiterer thematischer Schwerpunkt dieses Kapitels. Hier stehen die Begriffe des empathischen Umgangs von Seiten pädagogischer Fachkräfte und die Beziehungs- und Interaktionsgestaltung im Zentrum der Betrachtung. Außerdem wird hier auf die Entstehung und Förderung der sozialen Kompetenzen bei Kindern eingegangen und die Bedeutung der Strukturqualität für diesen Prozess hervorgehoben. Eine Auswahl von Übungen und Spielen, die sich in der Praxis gut bewährt haben und sozialen Zusammenhalt und emotionale Ausdrucksfähigkeit stärken, schließt das Kapitel ab.

Kapitel 3 hat die sprachliche Bildung, Literacy und Mehrsprachigkeit zum Thema. Es ist im fachlichen Bildungsdiskurs unumstritten, dass die Sprachkompetenz eine zentrale Rolle im menschlichen Leben einnimmt und auch für kognitive Leistungen wie Lernen und Gedächtnisentwicklung grundlegend ist. Verstärkt durch die zunehmende kulturelle und sprachliche Vielfalt unserer Gesellschaften haben pädagogische Fachkräfte gerade in diesem Bereich eine komplexe Bildungsaufgabe, nämlich die Kinder in ihrer Sprachentwicklung systematisch und konsequent zu begleiten und zunehmend gezielt zu unterstützen. Im theoretischen Teil dieses Beitrages wird auf den Sprachlernweg eingegangen, den die Kinder von der Geburt bis zum Schuleintritt zurücklegen müssen. Weiterhin wird das Thema der institutionellen Sprachbildung in Kitas behandelt und auf Gestaltungsaspekte und Sprachförderverhalten von Fachkräften eingegangen. Das Thema wird durch die Förderung der Erzählkompetenz und die Ermöglichung von frühen literalen Erfahrungen, die auch für die weitere Ausbildung einer mehr formalen Bildungssprache in der Schule fundamental wichtig sind, eingegangen. Bei den praktischen Empfehlungen finden sich leicht umsetzbare Beispiele sowohl für die Förderung der Grammatik, der Satzstrukturen und der Erweiterung des Wortschatzes als auch zur Gestaltung von dialogischen Situationen und von Gesprächsführung.

Im *Kapitel 4* wird das Thema Sport und Bewegung ausführlich behandelt. Die Kinder machen ihre Erfahrungen mit und in der Umwelt, indem sie sich bewegen und »laufend« unterwegs sind. Die Auseinandersetzung mit der gegenständlichen Umwelt wäre ohne das Berühren und die damit verbundene kinästhetische Erfahrung stark erschwert, wenn nicht unmöglich, und widerspräche auch dem natürlichen kindlichen Erkundungsgeist. Auch der eigene Körper ist hierbei Gegenstand der Erkenntnis und wird sinnlich erfahren. Die Förderung der motorischen Entwicklung und die Ermöglichung von vielfältigen Bewegungsanlässen ist in der Arbeit mit Kindern sehr wichtig. Das Kapitel liefert deshalb einen Forschungsüberblick zum Thema und beschreibt die Entwicklung der motorischen Basiskompetenz. Ausführlich und differenziert wird dabei auch auf die Grundlagen des sportlichen, koordinativen und konditionellen Trainings eingegangen. Darüber hinaus beinhaltet das Kapitel eine strukturierte Beschreibung von Trainingsmethoden im frühkindlichen Bereich. Im praktischen Teil werden nützliche Empfehlungen und Übungen zu Technik-, Koordinations- und Krafttraining gegeben. Übungsvorschläge finden sich auch zum Training von Schnelligkeit, von Ausdauer und der Beweglichkeit insgesamt.

Kapitel 5 hat das Thema der MINT-Förderung zum Schwerpunkt. MINT befasst sich mit den Bereichen Mathematik, Informatik, Naturwissenschaft und Technik. Die MINT-Frühförderung ist in allen Bildungsplänen der Bundesländer verankert, die Umsetzung dieser Themen ist aber in der Praxis sehr heterogen und unsystematisch. Hervorzuheben sind hier weitere wichtige Erkenntnisse und Erfahrungen beim Forschen, wie die Förderung der eigenen Meinung, das Erkennen von Zusammenhängen oder der Gewinn von differenzierten Einsichten in kausale Prozesse der Umwelt. All dies ist auch für die spätere aktive Beteiligung am gesellschaftlichen Leben und der Ausbildung eines differenzierten Weltzuganges von großer Bedeutung.

Im Beitrag werden die Ziele und Hemmnisse bei der Umsetzung einer altersangemessenen Förderung der MINT-Bereiche thematisiert. Betont wird hierbei, dass die Umsetzung dieser Bereiche in Kitas vielfältig ist und nicht auf reine Wissensvermittlung reduziert werden darf. Kinder sind Forscher und Philosophen von Natur aus, haben viel Spaß und zeigen viel Neugier beim Entdecken und Verstehen von Alltags- und Naturphänomenen. Die Beschäftigung mit den Mint-Disziplinen hilft den Kindern, eine forschende und fragende Haltung zu entwickeln; außerdem stärken die beim Forschen erlebten Erfolgs- und Aha-Erlebnisse die kindliche Selbstsicherheit und Selbstwirksamkeitsgefühle sowie Geduld und Kreativität. Zum besseren Verständnis von MINT-Disziplinen geht das Kapitel auch auf die biologischen Aspekte des Lernens und die methodische und didaktische Gestaltung von naturwissenschaftlichen Angeboten ein. Zahlreiche Beispiele für das Experimentieren mit Kindern beziehen sich auf die Themen Luft und Wasser, genaue Anleitungen zur Vorbereitung und Durchführung der Angebote leiten deren praktische Umsetzung an.

Dieses Buch möchte einer breiten pädagogischen Leserschaft entgegenkommen, was durch die einheitliche Struktur der einzelnen Kapitel, den Transfer von Wissenschaft in die Praxis und viele konkrete Anwendungsbeispiele gewährleistet werden soll. Es vermittelt sowohl auf wissenschaftlicher Forschung basierende Erkenntnisse zu den unterschiedlichen Entwicklungs- und Bildungsbereichen der Kindheitspädagogik als auch praktische Empfehlungen und Übungen für die konkrete Gestaltung der pädagogischen Arbeit mit Kindern. Das Buch kann in der Ausbildung der Erzieherinnen, im Studium der Kindheitspädagogik, von interessierten Wissenschaftlern und Wissenschaftlerinnen, von Fachberatungen und in Kitas von pädagogischen Fachkräften eingesetzt werden und bietet eine Handreichung für die pädagogische Praxis.

Ich hoffe sehr, dass sie, geschätzte Leserinnen und Leser, viel Spaß beim Lesen dieses Buches haben werden und es ihnen einige spannende Einblicke in die kindliche Entwicklung und die pädagogische Förderung bieten kann. Ich wünsche Ihnen viel Freude beim Ausprobieren der ein oder anderen Übung und der Orientierung an der ein oder anderen Empfehlung.

I

Gesellschaftliche, pädagogische und methodische Perspektiven auf die frühkindliche Bildung und elementar-ästhetisches Bildungsverständnis

1

Gesellschaftlicher Wandel und Herausforderungen für die Kitas

Nataliya Soultanian

Die heutige Gesellschaft ist unter anderem durch steigende Anforderungen im Beruf, durch die größer werdenden Herausforderungen einer gelingenden Work-Life-Balance und durch veränderte Beziehungen innerhalb der Familie, zwischen Eltern und Kindern gekennzeichnet. Kindheit wird dabei viel stärker als früher als eine Phase gezielter Förderung und der Grundlegung späterer Bildungserfolge verstanden und entsprechend organisiert. Deshalb unterliegt auch »Kindheit« insgesamt einem Wandel, der neue Anforderungen nicht nur an Eltern, sondern besonders auch an pädagogische Fachkräfte stellt. Es ist mittlerweile fast selbstverständlich, dass Kinder eine Kindertageseinrichtung besuchen; laut Fachkräftebarometer besuchten 2018 3.577.595 Kinder eine Tageseinrichtung (www.fachkräftebarometer.de; Zahl des Monats: Februar 2019). Das heißt, dass wir mit mehr Kindern, mit längeren und immer früher beginnenden Betreuungszeiten zu tun haben werden. Die Kinder verbringen immer weniger Zeit in den Familien und immer mehr Zeit im institutionellen

Umfeld. Wir sprechen hier deshalb von einer »Institutionalisierung der Kindheit« (Bründel & Hurrelmann, 2017, S. 13 ff). Dies, zusammen mit steigender kultureller Heterogenität und der Zunahme sozialer Komplexität, macht den Bildungsauftrag der Kitas, die die Kinder bei der Entwicklung eines positiven Selbstkonzeptes und der Entwicklung breiter Lerngrundlagen unterstützen, zukünftig noch wichtiger.

Kinder werden hinsichtlich der wachsenden Anforderungen lebenslangen Lernens und eines umfassenden internationalisierten und immer mehr digitalisierten Berufslebens möglichst früh vorbereitet. Globalisierte Bildungs- und Arbeitsmärkte setzen mittlerweile nationale Bildungssysteme einem immer stärkeren Wettbewerbsdruck aus. Vor diesem Hintergrund soll auf drei gesellschaftliche Herausforderungen näher eingegangen: auf das Problem des Bildungsniveaus, auf Migration- und Integrationsprobleme und auf das Problem zunehmender sozialer Ungleichheit, die sich besonders im Familienhintergrund von Kindern manifestiert.

Mit der ersten PISA-Studie 2000 wurde eine öffentliche Debatte um die Schulleistungen deutscher Schüler und Schülerinnen im internationalen Vergleich ausgelöst. Als Folge dieser Debatte geriet auch der Bereich der frühen Kindheit und dessen Qualitätsdimensionen ins Zentrum der Aufmerksamkeit. So haben sich in den letzten zwei Jahrzehnten die Kindertageseinrichtungen als Bildungsorte etabliert und die professionellen Anforderungen an pädagogische Fachkräfte in der Elementarpädagogik sind entsprechend gestiegen. Welche Rolle hier eine professionalisierte und alle relevanten Wissenschaftsentwicklungen integrierende frühkindliche Förderung haben kann, liegt auf der Hand. Sie legt den Grundstein für alle wesentlichen sozialen und kognitiven Kompetenzen, die für alle weiteren Bildungsprozesse, vor allem auch für Bildungsoffenheit und Bildungsmotivation, notwendig sind (Viernickel, 2017). Laut einer internationalen Studie »Providing Quality Early Childhood Education and Care« (OECD, 2018), in der die Einstellungen und Perspektiven von pädagogischen Fachkräften in neun Ländern erhoben wurden, sind deutsche Kita-Kräfte gut für den pädagogischen Alltag ausgebildet. Die Qualität der pädagogischen Arbeit ist für ein erfolgreiches Aufwachsen der Kinder entscheidend. Laut der Studie verfügen die Fachkräfte, die für die Arbeit mit Kindern eine entsprechende Ausbildung und ein hohes Bildungsniveau besitzen, über ein breites Spektrum an Methoden, die die kindliche Entwicklung fördern. Es besteht aber weiterhin ein hoher Bedarf an Weiterbildung, besonders für die Arbeit mit Kindern mit unterschiedlichem kulturellem und sprachlichem Hintergrund und mit Kindern, die Entwicklungsauffälligkeiten zeigen.

Auch der sich aktuell vollziehende demographische Wandel erfordert eine schon lange überfällige Realisierung einer kinderfreundlichen, strukturellrücksichtsvollen Gesellschaft. Die Arbeitsmärkte der Zukunft brauchen u. a. viel mehr gut ausgebildete Frauen. Eine Gesellschaft, die immer noch einen wesentlichen Anteil ihrer Bevölkerung schwerpunktmäßig auf die familiäre Kindererziehung festlegt, kann es zukünftig noch viel weniger geben als heute. Die produktive und erfüllende Vereinbarkeit von Familienleben und Berufstätigkeit ist also, jenseits aktueller medienwirksamer Diskussionen, ein umfassendes gesellschaftliches Zukunftsprojekt. Dies erfordert aber auch eine Neukonzeption von Familienförderung und einer vielschichtigen und intensivierten Zusammenarbeit von Kitas und Familie.

Auch hier ist klar, welche zentrale Rolle einer professionalisierten frühkindlichen Betreuung, die nicht mehr als zweitrangiges Substitut familiärer Erziehungsarbeit, sondern als wesentlicher Bestandteil eines umfassenden familiären Bildungsprojektes angesehen wird, zukommen kann.

Die Abmilderung der sozialen Ungleichheit unserer Gesellschaft auf der Grundlage von zumindest anvisierter Chancengleichheit im Bildungsbereich sowie die Integration sog. bildungsferner Gesellschaftsschichten ist eine der ältesten und ergeizigsten Projekte der Bundesrepublik und westlicher Industriegesellschaften überhaupt. Es ist daher eine geradezu ironische Entwicklung, wenn zu Beginn der sich etablierenden »Wissensgesellschaft« das Bildungsniveau insgesamt sinkt, die Schere zwischen unten und oben größer wird und die Integration der bildungsfernen Schichten ein größeres Problem darstellt als je zuvor. Hier spielen die Kindertageseinrichtungen als erste Sozialisationsinstanz für Kinder mit Migrationshintergrund eine wichtige Rolle, um die herkunftsbedingte Benachteiligung zu reduzieren oder ganz zu vermeiden. Die Ergebnisse mehrerer Studien liefern Belege dafür, dass der Kindergartenbesuch mit dem späteren Erfolg in der Schule positiv korreliert ist (Becker & Lauterbach, 2008, Becker & Tremel, 2007).

Die Realisierung einer qualitativ hochwertigen frühkindlichen Bildung fällt mit der Qualität der Betreuung und Förderung, mit der Qualität der Ausbildung, des Studiums und der praktischen Erfahrung derjenigen, die die Erziehungsaufgabe zu leisten haben, zusammen. So beeinflussen gute Kindertageseinrichtungen positiv die Kinder in benachteiligten Lebenslagen. Ein positiver, förderlicher Faktor unter anderen ist es, dass diese Kinder einen regelmäßigen Zugang zur deutschen Sprache erhalten, soziale Kontakte und Freundschaften pflegen lernen und somit Gruppenzugehörigkeit in der institutionellen Betreuung erleben. Dies sind wichtige soziale Prädiktoren für grundlegende soziale und kommunikative Kompetenzen. Hierbei ist aber die Dauer und die Qualität des Kindergartenbesuches ausschlaggebend. Auch ist Vorsicht geboten, überzogene Erwartungen und Anforderungen an die Kindertageseinrichtungen zu richten, wenn es um die Vorbereitung auf die Schule geht, da zahlreiche Studien zum Einfluss der Familie zeigen, dass immer noch die Sozialisation in der Familie den stärksten Einfluss auf den Bildungsweg der Kinder hat (Tietze, Roßbach & Grenner, 2005). Bildungspolitisch müsste deshalb dringend mehr unternommen werden, um unterstützende Maßnahmen für bildungsschwache Familien und deren Kinder anbieten zu können. Gemeint sind hier etwa Kurse und Programme, die den Eltern pädagogisches Wissen vermitteln und ihnen in Erziehungsfragen Unterstützung bieten. Die Bildungspolitik sollte sich in Zukunft in diesem Bereich verstärkt auf die Bildung von Familien konzentrieren. Hierbei geht es besonders um die Förderung einer qualitativ guten Kommunikation und Interaktion zwischen Eltern und Kindern, um die Unterstützung des (Klein-)Kindes bei der Erkundung der Welt und bei der Aufnahme sozialer Beziehungen sowie um bildende Aktivitäten in der Familie (Jares, 2015). Eine erfolgreiche Familienbildung setzt auch die Vernetzung von Familienbildungseinrichtungen, Kindertageseinrichtungen, Jugendämtern, psychosozialen Diensten und anderen Institutionen voraus.

Für die Kinder bedeutet Bildung allgemein, einen differenzierten Zugang zur Welt zu entwickeln, dabei vielfältige soziale und sachliche Beziehungen einzugehen und eine immer differenziertere, der modernen Lebenswelt angemessene Erfahrung und Selbsterfahrung aufzubauen (Schäfer, 2011).

1.1 Methodische Kompetenz der pädagogischen Fachkräfte

Der heutige Professionalisierungsdiskurs in der Kindheitspädagogik ist auf professionelle Kompetenzen von pädagogischen Fachkräften fokussiert, die für die Schaffung einer bildungsaffinen Umgebung von Kindern benötigt werden. Die Erwartung einer auf jedes Kind abgestimmten pädagogischen Förderung und einer vielseitigen Unterstützung des Kindes im Prozess des lebenslanden Lernens stellt pädagogische Fachkräfte vor große Herausforderungen, die nicht allein auf die professionelle Vorbereitung der Pädagogen gestützt werden sollte. In diesem Zusammenhang sind die Rahmenbedingungen in den Kindertageseinrichtungen anzusprechen (Viernickel, 2017, S. 39). Im Kontext der Qualitätssicherung spielen strukturelle und organisatorische Bedingungen, die Bildungsprozesse entweder fördern oder behindern können, eine große Rolle. Organisatorische Rahmenbedingungen betreffen die konkrete Umsetzung gesetzlicher Vorgaben vor Ort und umfassen Personal-Kind-Relationen und Gruppengröße, zeitliche Ressourcen für die mittelbare pädagogische Arbeit, wie Beobachtung und Dokumentation, pädagogische Planung, darunter auch methodische Aufbereitung von Angeboten sowie Kommunikation mit Familien und Unterstützung vom Träger in Form von Supervisionen, Fachberatungen und Weiterbildungen (Viernickel, 2017, S. 41). Empirisch belegbar ist, dass pädagogisches Handeln von den Wechselwirkungen zwischen den aufgezählten Faktoren abhängt. So wurde der Zusammenhang zwischen den bildungspolitischen und strukturellen Rahmenbedingungen und der Professionalität pädagogischer Fachkräfte in Studien belegt (siehe dazu mehr Viernickel et al., 2015, Tietze, Roßbach & Grenner, 2013). Sehr eng ist die professionelle Kompetenz mit der einschlägigen formalen Qualifikation und dem Personal-Kind-Schlüssel verbunden; je höher sie ist, desto ausgedehnter sind die Bildungsaktivitäten und die Interaktionen und Beziehungen mit den Kindern (Viernickel, 2017, S. 43).

Die Verantwortung für ein differenziertes, zeitgemäßes, pädagogisches Handeln darf demzufolge nicht allein in die Verantwortung pädagogischer Fachkräfte gelegt werden, sondern sollte im System der bestehenden gesellschaftlichen, bildungspolitischen und institutionellen Strukturen verortet werden.

Demgemäß wurde die alltägliche pädagogische Praxis in den letzten Jahren neu definiert, indem Bildungs- und Orientierungspläne als Rahmenbildungscurricula für die Länder entwickelt und implementiert wurden. Eine der wichtigsten instrumentellen Kompetenzen ist dabei die methodische Kompetenz zur Bewältigung komplexer und vielfältiger pädagogischer Aufgaben bei der Arbeit mit Kindern (Bamler, Schönberger & Wustmann, 2010, 207 f).[1]

Persönliche Haltungen der Wertschätzung, des offenen Umgangs mit Vielfalt, der individuellen Unterstützung und Ressourcenorientierung müssen mit guter materieller, organisatorischer und räumlicher Ausstattung einhergehen. Eine ausgewogene Kombination von professionellen Kompetenzen und günstigen Rahmenbedingungen wird durch eine systematische Reflexion von

---

1 Die Fachausbildung von Erzieherinnen und Erzieher wurde großen inhaltlichen und strukturellen Veränderungen unterzogen, indem das Curriculum in Form von Lernfeldern ausformuliert wurde, wobei Auszubildende durch Lernfeldkonzepte drei berufliche Kompetenzbereiche abdecken, nämlich das Fachwissen, intellektuelles und praktisches Können (Methodenkompetenz) sowie Werteorientierungen und pädagogische Einstellungen (Bamler, Schönberger & Wustmann, 2010, S. 208).

gestellten Bildungs- und Förderzielen im Team zu einer weiteren wichtigen Variable der guten Erziehung, Bildung und Betreuung. Das fachliche Wissen der pädagogischen Fachkräfte muss so eingesetzt werden, dass Unterschiedlichkeit in jeder einzelnen Dimension und Ausprägung als produktive, für alle Beteiligten gewinnbringende Erweiterung im pädagogischen Umgang zu gestalten ist.

Die Umsetzung des Fachwissens findet durch den Einsatz verschiedener Methoden, die als Katalysatoren der Qualitätssicherung fungieren, statt. Den Institutionen der frühkindlichen Erziehung, Bildung und Betreuung stellen sich in den letzten 15 Jahren besondere Herausforderungen, für deren Bewältigung die Fachkräfte spezifische Kompetenzen benötigen, die sie im Studium oder in der Ausbildung erwerben, in Fortbildungen weiterentwickeln und in der alltäglichen Praxis realisieren sollen (vgl. z. B. Rauschenbach & Schilling, 2013, Berth et al., 2013).

Dieser Band hat zum Ziel, pädagogischen Fachkräften zu ausgewählten Bildungsbereichen entlang der Bildungs- und Orientierungspläne der einzelnen Bundesländer eine empirisch fundierte, in der Praxis bewährte Handlungskompetenz[2] zur gezielten Förderung und Bildung der Kinder zu vermitteln. Methodisches Geschick der Erwachsenen trägt wesentlich zum erfolgreichen, nachhaltigen Lernen bei. Von der Frage, *wie* Themen und Sachverhalte mit den Kindern bearbeitet werden, hängt es häufig ab, ob das Interesse des Kindes, sich weiter mit einem Thema zu beschäftigen und dieses zu vertiefen, geweckt wird.

Im letzten Jahrzehnt haben sich die Anforderungen an pädagogische Fachkräfte in frühkindlichen Einrichtungen verändert, sie sind anspruchsvoller geworden und werden als wesentlicher Faktor der Qualitätsentwicklung angesehen. Die heutige Lernkultur wird dabei stark vom Kompetenzbegriff geprägt. In den Bildungs- und Lehrplänen werden Kompetenzen aufgelistet, die Kinder entwickeln sollen. Wir bewegen uns von einer frontalen Lernkultur der Inputorientierung zum selbstgesteuerten und selbstorganisierten Lernen mit der Orientierung auf »Output«. Kompetenzen müssen erworben, aber auch im Wissen, Können und Handeln erfolgreich umgesetzt werden. Es gibt verschiedene Raster von Kompetenzprofilen, die erworbene Fähigkeiten und Fertigkeiten verschiedenen Dimensionen zuordnen.

---

2 Unter methodischer Handlungskompetenz versteht man die Fähigkeit, geplant, zielorientiert und reflektiert zu handeln und die eigene Arbeit zu organisieren. Im Bildungskontext ist damit gemeint, dass pädagogische Fachkräfte über didaktisches Fachwissen und Können verfügen, um Kinder individuell und ganzheitlich in ihrer Entwicklung zu unterstützen.

Im professionellen Kontext sprechen wir von personeller, Sach-, didaktischer und Methodenkompetenz sowie von Fachkompetenz. Der personellen Kompetenz wird (Fröhlich-Gildhoff & Weltzin, 2014) eine tragende Bedeutung für den Ausbau und die Weiterentwicklung weiterer Kompetenzen zugeschrieben. Bei den didaktischen und methodischen Kompetenzen handelt es sich um die professionelle Begleitung, Gestaltung, Reflektion und Evaluation von Bildungs- und Lernprozessen bei den Kindern. Die Fachkompetenz beinhaltet fachwissenschaftliches Wissen der pädagogischen und psychologischen Grundlagen der kindlichen Entwicklung und Bildung allgemein und in den einzelnen Bildungsbereichen.

Zum methodischen Geschick von Fachkräften gehören Techniken der Wissensvermittlung sowie Methoden der Lernmotivation. Dies beginnt bereits mit der Auswahl entsprechenden Lehrmaterials, dessen Aufbereitung für bestimmte Altersgruppen, dem Entwicklungsstand und den aktuellen Bildungsthemen der Kinder. In den Bildungs- und Orientierungsplänen der Bundesländer sind unterschiedliche Entwicklungs- und Bildungsbereiche wie ästhetische Bildung, Naturwissenschaften und Mathematik, kognitiver, körperlicher Bereich, sprachliche Bildung und Mehrsprachigkeit formuliert. Dafür benötigen Fachkräfte ein handfestes Methodenwerkzeug, das sie innerhalb der bestehenden Rahmenbedingungen in ihrem Arbeitsalltag anwenden können sowie ein breites und differenziertes Fachwissen.

Ein Beispiel aus dem Bereich »Sprache«: Eine der wichtigsten Aufgaben bei der Sprachentwicklung ist es, dass die Kinder die morphologischen und syntaktischen Regeln der Sprache auf dem aufgebauten Wortschatz anwenden können. Hierin zeigen besonders Kinder aus bildungsfernen Familien gravierende Mängel, die ihnen dann in der Schule den Einstieg in das Lesen und Schreiben erschweren. So können Kinder beispielsweise über einen gut entwickelten Wortschatz für bestimmte relevante Themenbereiche wie Spiele, Essen, Kleidung usw. verfügen, sind aber nicht in der Lage, differenzierte syntaktische Strukturen zu bilden. Die fehlende Beherrschung beispielsweise der unserer gesamten sprachlichen Kommunikation zugrundeliegenden transitiven Strukturen (Akkusativ) führt beispielsweise zu folgenden Sätzen: »Mutter anziehen der Pulli der Junge« oder »Mutter gibt Ball der Junge«, die im aktuellen Redekontext, einschließlich bestimmter Zeigegesten, Körperhaltungen, Blickrichtungen, durchaus Verständigung erlauben, die aber in weniger konkreten Situationen und erst recht beim Erwerb schriftsprachlicher Kompetenzen völlig unzulänglich sind. Dies erfordert daher von den pädagogischen Fachkräften differenzierte Kenntnisse über den kindlichen Spracherwerbsverlauf und die phasenspezifischen syntaktischen und semantischen Bildungsprozesse sowie eine koordinierte, systematisch eingesetzte Handlungskompetenz, solche Strukturen durch die eigene reflektierte sprachliche Zuwendung an das Kind zu unterstützen.

Die methodische Umsetzung im pädagogischen Alltag ist erst dann erfolgreich und bildungsfördernd, wenn sie auf die Struktur und den Stand des kindlichen Lernens und der kindlichen Entwicklungsaufgaben abgestimmt ist.

1.2 Das Verständnis von Bildungsprozessen im frühkindlichen Bereich

Frühkindliche Bildungsprozesse haben einen offenen Prozesscharakter, deren genauer Ablauf nicht immer planbar ist und die auf intuitivem, entdeckendem Lernen beruhen. Das *entdeckende Lernen* sollte dabei als eine pädagogisch-didaktische Methode der Wissensaneignung und zur Entwicklung eines immer umfangreicheren Weltverständnisses begriffen werden. Für Kinder im Kindergartenalter ist Lernen mit eigener Tätigkeit und aktiver Beteiligung verbunden. Tun und Lernen wird in dieser Alterspanne als Einheit gesehen, es geht um Lernen durch eigenes Tun, vielseitige Wahrnehmung und Selbsterfahrung. Die Kinder begeben sich auf Entdeckungsreise, beginnend in der unmittelbaren Umgebung, immer weiter bis zur Herstellung von kausalen Zusammenhängen und abstrakten Vorstellungen von Abläufen und Gegenständen außerhalb ihres unmittelbaren Wahrnehmungsfeldes. Der Wissensaufbau beruht folglich auf einer eigenständigen Auseinandersetzung mit der unmittelbaren, gegenständlichen Umwelt, die in konkretem Bezug zur Lebenswelt des Kindes und seinen aktuellen Bildungsthemen steht. Einer der wichtigsten Grundsätze bei der professionellen Begleitung der Kinder ist deshalb die beobachtende Haltung der pädagogischen Fachkraft. Die Kinder kommen zu neuen Erfahrungen induktiv, indem sie analysieren, Hypothesen formulieren und sie dann unmittelbar überprüfen, eingebettet in konkrete Handlungszusammenhänge. Dabei sind bestimmte Interaktionsformate wie Gespräch, Dialog, Begründung und Erklärung, Diskussion etc. förderlich, um die gemachten Erfahrungen zu verinnerlichen und die entsprechenden typischen Handlungsmuster aufzubauen. Eine stabile, auf Vertrauen aufgebaute, sozial-emotionale Beziehung zum Kind, systematischer Einsatz von nonverbaler Kommunikation, wie Lächeln, Blickkontakt, körperliche Zuwendung und eine motivierende Haltung seitens der Erwachsenen bei Lösungsfindungen im Rahmen eines Dialogs (Fthenakis, 2009, Pramling Samuelsson & Asplund Carlsson, 2007, Schäfer, 2011) bilden hier eine gute Grundlage. Die Rolle der Fachkräfte besteht dabei darin, die Kinder zu begleiten, mit ihnen über das Erlebte nachzudenken und Hilfestellung zu geben, das Gelernte in das bestehende Wissenssystem einzuordnen. Wichtig dabei ist auch, die Zusammenhänge zwischen dem zu vermittelten Wissen erkennbar zu machen und die Lernprozesse im Kindergarten mit anderen Lebenswelten der Kinder in Verbindung zu bringen, im Sinne eines Transfers des Gelernten.

Die eigenen emotionalen Erlebnisse tragen dazu bei, dass die Kinder das Erlebte und Ausprobierte verarbeiten, behalten und sich eine Meinung über die Welt und sich selbst bilden. Durch Malen, Tanzen, Töpfern und viele andere kreative Mittel sammeln die Kinder Eindrücke und Gefühle, die sie dann wiederum durch eigene Tätigkeit zum Ausdruck bringen (Dreier, 2017, Schäfer, 2011). Durch kreatives Tun bringen sie ihre Ideen, ihre Sichtweisen, ihre Gefühle und Gemütszustände zum Ausdruck. Wichtig ist dabei, die Kinder in ihrem Handeln nicht zu beeinflussen und keine Restriktionen und stereotype Erfolgsstandards oder ästhetische Ideale einzubringen. Erwachsene neigen dazu, sehr schnell ergebnis- und endproduktorientiert zu kommunizieren und eigene, häufig stereotype Meinungen in Kategorien »schön« und »nicht schön« an die Kinder weiterzugeben. Kreatives Handeln sollte hingegen frei sein, die Kinder sollten die Möglichkeit bekommen, etwas Neues, Schönes, Ungewöhnliches, Nicht-Normiertes zu gestalten. Die Aufgabe der Erwachsenden ist es dabei, den Kindern diese Handlungsfreiheit zu ermöglichen.

2

Frühkindliche Entwicklung und frühes Lernen: philosophisch-anthropologische Anhaltspunkte

Robert Soultanian

Von der Geburt bis zum Eintritt in die Schule durchlaufen die Kinder einen komplexen Lernprozess, der in eine ebenso komplexe Entwicklungsdynamik eingebunden ist. Es wird daher hier zunächst dafür plädiert, von Entwicklung und von Entwicklungsaufgaben zu sprechen, anstelle von Lernen bzw. Lernprozessen. Der Begriff der Entwicklungsaufgabe geht auf Havighurst zurück, wurde aber von anderen aufgenommen und teilweise modifiziert (Havighurst, 1953, Hurrelmann, 2015). Hier wird der Begriff der »Entwicklungsaufgabe« in einem umfassenden Sinn verwendet. Das Kind oder die sich entwickelnde Person sieht sich vor Entwicklungsaufgaben gestellt und muss diese aktiv bewältigen. Hier werden beispielhaft drei zentrale Entwicklungsbereiche skizziert:

- Bewegung: körperliche und motorische Entwicklungsaufgaben

- Kommunikation und Interaktion: soziale Entwicklungsaufgaben
- Die Anderen im eigenen Kopf: Selbstentwicklungsaufgaben.

In der Realität sind diese Entwicklungen untrennbar miteinander verbunden, in komplizierten Wechselwirkungsprozessen bedingen sie sich gegenseitig. Ohne die Entwicklung von Bewegungskompetenzen gäbe es kein sich selbst immer besser kontrollierendes »Handlungsselbst«, ohne die besonderen menschlichen Kommunikationsfähigkeiten könnte die »Affordanzstruktur« (Gibson, 1950) der Lebenswelt nicht vermittelt werden usw.

2.1 Bewegung: körperliche und motorische Entwicklungsaufgaben

Der menschliche Organismus entwickelt im Vergleich zu allen anderen Lebewesen einzigartige Bewegungsfähigkeiten und ein unerschöpfliches Bewegungsrepertoire. Der besondere Körperbau, der ein stabiles Stehen auf zwei Beinen und den aufrechten Gang ermöglicht, macht den Oberkörper mit den von den Funktionen der Fortbewegung befreiten Schultern, Armen und Händen zu einem weltzugewandten, auf den aktiven Umgang mit Gegenständen ausgerichteten System.

Die menschliche Hand ist nicht nur Extremität, sondern ein besonderes Wahrnehmungs-, Handlungs- und Kognitionsorgan. Hände sind vom Laufen befreit, besitzen eine Feingliedrigkeit und immense Enervierungsdichte (man denke an die Feinfühligkeit der sehr gut durchbluteten Fingerspitzen, die ein dichtes motorisches Feedback zwischen Hirn, berührtem Gegenstand und der Steuerung der Finger- und Handbewegung ermöglichen). Der frei bewegliche und gegenübergestellte Daumen, der ein echtes Greifen in verschiedenen Griffsvarianten erst ermöglicht, macht die Entwicklung dieses psychosomatischen »Organs« perfekt. Ein weiterer Aspekt der immensen Leistung, die hier von jedem Kind erbracht werden muss, selbst bei so scheinbar banalen Alltagstätigkeiten wie dem Drücken einer Türklinke oder dem Öffnen einer Keksdose, ist die Koordination von Auge und Hand und die jeweils zielführende Integration der Sensomotorik insgesamt (Wilson, 1998).

Zugleich ermöglicht der menschliche Körperbau ein geradezu unendliches Bewegungskönnen: Menschen können sich rhythmisch bewegen, tanzen, sich im Kreise drehen, springen, schwimmen, tauchen, auf einem Bein stehen, klettern, dauerlaufen, sprinten, auf dem Kopf stehen, auf den Händen laufen,

Fahrradfahren, Skateboard fahren, Inline skaten, Purzelbäume schlagen, Saltos springen, Rad schlagen usw. Und Menschen können gezielt und mit hohem Momentum werfen, ein entscheidender Faktor der Humanevolution (Gintis et al., 2014).

Mit Blick auf die einflussreichen anthropologischen Analysen Arnold Gehlens kann man sagen, dass Menschen *entspezialisierte Alleskönner* im Bereich der Körperbewegung und Körperbeherrschung sind, im Gegensatz zu Tieren, die auf einen Bewegungsbereich spezialisiert und darin wahre Meister sind, aber ansonsten eher ein klägliches Bild abgeben (Gehlen, 1950). Selbst den mit Menschen aufgewachsenen Schimpansen oder anderen Primaten ist es nicht möglich, tanzen oder rhythmische Bewegungen zu erlernen, selbst bei intensivem Training erreichen sie keinen feinmotorischen Umgang mit Dingen, können kaum tragen, differenziert greifen usw. Menschen können nicht so schnell sprinten wie Geparde, aber mit Übung bringen sie auch darin Beachtliches zustande. Außerdem können sie über lange Zeit und Distanzen laufen, was evolutionär sicherlich als Adaptionskomplex in Wechselwirkung mit dem Verlust des Fells und der Ausbildung von Schweißdrüsen einherging, was der Fähigkeit zum Dauerlaufen eine physiologische Grundlage gab (Lieberman, 2013). Die alle weiteren menschlichen Entwicklungsaufgaben fundierende Kompetenzentwicklung besteht also in dem, was man näherungsweise das »motorische Erlernen der Welt und die Kontrolle eines Körperselbstes« nennen könnte (Stern, 1985).

Die Fähigkeit zum stabilen aufrechten Stehen und zum aufrechten Gang ist genetisch vorbestimmt, sie bedürfen keiner besonderen externen Motivation oder externer Instruktionen, sie initiieren und entwickeln sich unter normalen Bedingungen von selbst. Aber die gegenstandsbezogenen Umweltbewegungen müssen erlernt werden. Diese Entwicklungsaufgabe besteht in einer sehr weit gefächerten motorischen Aneignung der materiellen Umwelt, der menschliche Organismus verinnerlicht aktiv die Umweltgegebenheiten. Man muss sich nur einmal vergegenwärtigen, welcher Entwicklungs- und Lernaufwand hinter der Fähigkeit steht, eine Tasse oder einen gefüllten Becher zu ergreifen, zum Mund zu führen und wieder auf einen Tisch zu stellen (ohne dass das Behältnis zerbricht), oder einen Ball zu werfen und zu fangen oder einen Stift richtig zu fassen und kontinuierlich über ein Blatt Papier zu führen (Gehlen, 1950). Wenn man nun in Betracht zieht, wie komplex unsere artifiziellen Lebensumwelten sind, wird umso deutlicher, welche Leistungen hier von Kindern in ihrer vorschulischen Entwicklung erbracht werden müssen. Allgemein lässt sich diese Aufgabe wie folgt beschreiben: Kinder müssen die vielfältige »Aufforderungsstruktur« der Dinge körperlich-motorisch verinnerlichen (Gibson,

1950).³ Dinge sprechen und Kinder müssen verstehen lernen. Gebrauchsdinge und Naturdinge gleichermaßen fordern zu einem jeweils motorisch differenzierten Umgang mit ihnen auf. Ein Stuhl sagt: »Ich bin ein Stuhl, komm, sitz auf mir!« Ein Becher fordert, »Wenn du Durst hast, fülle mich und trink aus mir! Wenn du Spiellust hast, fülle mich mit Matsch«. Das Messer sagt (nach einigen expliziten Erziehungsprozessen): »Nimm mich in die rechte Hand, schneide mit mir, aber wehe, du steckst mich in den Mund!« Der Teppich fordert auf zum Wälzen, Kuscheln, Sitzen, Liegen. Wasser, Sand, Matsch, Zäune, Blumen fordern die ihnen je eigene attraktive Handlung, die Gartenmauer fordert vehement: »Klettere auf mich, balanciere auf mir, spring von mir.« Der Ball sagt: »Kicke mich, nimm und wirf mich«, die Buntstifte sagen: »Nimm mich und kritzele alles voll«. Die Pfützen fordern nachdrücklich: »Spring rein in mich und patsche in mir rum!« Dem Aufforderungscharakter der Dinge, den sozial strukturierten Räumen und der ebenso strukturierten Situationen entsprechen Typen von eingeübten Bewegungen und motorischen Fertigkeiten. Die erschlossenen, teils hergestellten, teils natürlichen, aber immer strukturierten und geordneten Lebensumgebungen, in denen Kinder heranwachsen, sind selbst konstitutive Bestandteile der geistigen Entwicklung, sie stellen ein komplexes Scaffolding menschlicher Wahrnehmung und Kognition dar (Gibson, 1950).

2.2 Kommunikation und Interaktion: Soziale Entwicklungsaufgaben

Menschliche Bewegungsfähigkeiten unterliegen auch der Entwicklung sozialer Kompetenzen und dem Hineinwachsen in familiale Lebensgemeinschaften. Der aufrechte menschliche Körper und dessen unbegrenztes Bewegungsrepertoire bilden nicht nur die Voraussetzung für den vielfältigen praktischen oder spielerischen Gebrauch von Dingen, sondern sind auch Grundlage menschlichen Ausdrucks-, Interaktions- und Kommunikationsverhaltens. Bei näherer Betrachtung scheinen der menschliche Körper und seine motorischen

---

3 Der Psychologe James Gibson prägte diesen Begriff in seinen bahnbrechenden Analysen zur visuellen Wahrnehmung. Dinge werden demnach nicht primär als Gegenstände mit sichtbaren Eigenschaften wahrgenommen, sondern als etwas, das jeweils bestimmte Verhaltens- und Umgangsaufforderungen (affordances) vermittelt (Gibson, 1950).

Fähigkeiten geradezu als »Kommunikationsmedium« evolviert zu sein (Reddy, 2008). Die freien und fein beweglichen Hände dienen ebenso zur Kommunikation wie zum Tragen, Halten, Werfen oder Arbeiten, verschiedene Körperhaltungen und gestische Bewegungen und ein unbehaart-offenes, sehr bewegliches Gesicht (es gibt mehr als 50 verschiedene Gesichtsmuskeln, Ekman, 2016) begründen körperlich die einzigartige Fähigkeit menschlicher Intersubjektivität. Diese bildet auch die Voraussetzung für den Erwerb der Sprachfähigkeit (Tomasello, 2019).

Der menschliche Organismus ist körperliches Emotions- und Kommunikationsdisplay. Das Gesicht und der gesamte Körper sind höchst berührungssensitiv. Berührung durch Andere ist Ursprung und Ausgangspunkt aller nonverbaler Interaktion und unterliegt aller frühkindlichen Etablierung primärer Intersubjektivität. Zur Rolle der Gesichts- und Körperbewegungen in der ursprünglichen Interaktion zwischen Mutter und Kind ist auf die berühmten »still-face-Experimente« zu verweisen. Die Experimente veranschaulichen sehr gut, was die neuere Forschung »primäre Intersubjektivität« (Trevarthen, 2007) nennt. Hier findet man alles, was die Einzigartigkeit menschlicher Interaktion und die Fähigkeit zu einer »gemeinsam geteilten Psyche« ausmacht: Gesicht, Körpersprache, Zeigegesten, gemeinsame Aufmerksamkeit, gemeinsam geteilte Intentionalität, Einschwingen und Synchronie von Bewegungen und dadurch von inneren Zuständen. Auf dieser Basis entstehen die frühkindlichen Interaktionsrituale und das Einschwingen psychischer Zustände, die Dynamik positiver emotionaler Energie und ein tiefes Vergnügen der Beteiligten, oder umgekehrt, tiefe Verunsicherung, Entsetzen und Panik, bei ausbleibendem Interaktionsfeedback (vgl. auch Collins, 2005).[4]

Es gibt keine natürliche spontane sprachliche Äußerung, die nicht von Körperhaltungen, Gesichtsausdrücken und vor allem von Arm- und Handgestik begleitet wäre. Das Gesicht mit vielen Gesichtsmuskeln sorgt für eine hochdifferenzierte mimische Ausdrucksfähigkeit. Die Augen sind groß, offen und ermöglichen, wie sonst nirgends in der Natur, mit Blicken zu kommunizieren, die Blicke der Anderen wahrzunehmen, die Blickrichtung zu erkennen und ihr gegebenenfalls mit dem eigenen Blick zu folgen. Es ermöglicht den Blick »in die Seele« des Anderen, in seine Stimmungslagen, ja sogar in seine Aufrichtigkeit oder seine Täuschungsabsichten. Nicht zufällig sind soziale Emotionen wie Scham an bestimmte Kopfhaltung mit dem Senken des Blickes verbunden.

---

4 Siehe hierzu prägnant und anschaulich folgende Videoaufzeichnung: https://www.youtube.com/watch?v=apzXGEbZht0.

Blicken folgen zu können ist wesentlicher Bestandteil einer weiteren Besonderheit menschlicher Sozialkompetenzen, nämlich der Fähigkeit, die Aufmerksamkeit zu teilen bzw. sie gemeinsam auf einen Gegenstand zu richten (Tomasello, 2019). Die gesamte Körperhaltung, die Blickrichtung und die Art des Blickes (ob beispielsweise Neugier, Interesse, Langeweile, Freude oder Panik im Blick transportiert werden) und Zeigegesten sind allesamt Mittel der gemeinsamen Aufmerksamkeitserzeugung und -steuerung. Zugleich vermitteln besonders der Blick und der Gesichtsausdruck elementare affektive Bewertungen dessen, worauf die Aufmerksamkeit sich richten soll.

Menschliche Emotionen sind eben nicht primär gefühlte Bestandteile einer subjektiven »Innenwelt«, sondern bilden vor allem die Basis menschlicher Kommunikation. Gefühle im eigenen Gesicht ganz automatisch auszudrücken und in den Gesichtern Anderer »lesen« zu können, meist nicht ausdrücklich und bewusst, trägt die gesamte menschliche Intersubjektivität in der frühkindlichen Entwicklung, genauso wie alle späteren Formen menschlicher Vergemeinschaftung. Lachen ist ansteckend und hebt die Stimmung aller Beteiligten, neugierige Blicke zum Himmel verleiten die Umstehenden, ebenfalls nach oben zu schauen und eine neugierige Erwartungshaltung einzunehmen, der Ausdruck von Kummer und Leid verursacht tiefes Mitgefühl, Tränen bei den Anderen motivieren schon sehr kleine Kinder, tröstend beizustehen (Ekman, 2016).

Die sozialen Entwicklungsaufgaben bestehen also vor allem darin, auf der Grundlage angeborener Verhaltensdispositionen diese intersubjektiven Fähigkeiten weiter zu entwickeln und auf ihrer Grundlage immer kompetenter am Prozess alltäglicher Interaktion teilzunehmen. Kinder im Vorschulalter müssen in diesem Sinne immer kompetentere »Alltagspsychologen« und immer differenziertere »intersubjektive Subjekte« werden, erst das ermöglicht ihnen, sich als Personen, als reflektierte »Selbste« zu entwickeln, die den normativen Verhältnissen ihrer Lebenswelt nicht nur ausgesetzt sind, sondern diese auch aktiv mitgestalten können.

Kinder wachsen innerhalb einer dynamischen Interaktionsordnung auf, die Personen, andere Lebewesen, Dinge, Materialien, räumliche und zeitliche Strukturen usw. umfasst. Die oben beschriebene »Sprache« der Dinge ist nicht an den Gegenständen selbst ablesbar, die beschriebenen »Aufforderungsstrukturen« der Umwelt müssen auf der Grundlage der genannten Interaktionskompetenzen erst vermittelt werden. Die Umwelt wird notwendig gemeinsam erschlossen, die Verinnerlichung der sensomotorischen Infrastruktur des Alltagslebens läuft notwendigerweise über Bezugspersonen (Gibson & Pick, 2003).

Kinder müssen sich von Geburt an aktiv in diese komplexe Interaktionsordnung einfügen. Die hierbei zu erbringenden Entwicklungsleistungen sind immens. Neben dem oben beschriebenen Erlernen der Körperbeherrschung, der Körperkontrolle und des Entwickelns der grenzenlosen Bewegungsvielfalt muss die Umwelt mit Hilfe der Anderen aktiv erschlossen und emotional bewertet werden. Darauf gründet das den Menschen auszeichnende Weltverstehen, und die einzigartige, später völlig habitualisierte Interpretationsleistung der menschlichen Wahrnehmung. Erst dadurch wird die Welt zu dem vertrauten Ort, an dem sich ein gemeinsames Alltagsleben und kompetentes Handeln entfalten können.

Einige Beispiele: Wir leben in hochdifferenzierten Geräusch-, Klang- und Lautlandschaften, unsere alltäglichen Aktivitäten finden vor dem Hintergrund der verschiedensten Geräusch- und Klangkulissen statt. In der Mehrzahl werden diese akustischen Sinnesreize gar nicht bewusst verarbeitet, sondern liefern einen auditiven Hintergrund, von dem sich dann besondere akustische Phänomene abheben und bewusst wahrgenommen werden können. Ein Kind hört das Brummen eines Flugzeuges. Bevor es nicht die Zuordnung zwischen Geräusch und Gegenstand erlernt hat, verbleibt dies nur eine sinnliche Stimulation. Der Aufbau der Verbindung von Sinnesreiz und Gegenstand verläuft durch einen Prozess des Zeigens und Erläuterns durch Bezugspersonen, interaktiv werden die Verbindungen zwischen Sinnesreizen und den diese verursachenden Gegenstände hergestellt. Nachdem die Verbindung erlernt wurde, wird diese habitualisiert, d. h. sie wird zum festen Bestandteil eines immer breiter werdenden Repertoires an komplexen Wahrnehmungsfähigkeiten, die aus sinnlicher Stimulation, diesen zugeordneten Gegenständen und aus komplexen sensomotorischen Koppelungen besteht. Von nun an folgt auf den Reiz die automatische Erkennung des Gegenstandes, eine begriffliche Zuordnung, eine Körperbewegung und Verhaltensreaktionen: das Kind hört kein Brummen, sondern ein Flugzeug, es schaut selbstverständlich nach oben, zeigt anderen Kindern das Flugzeug mit einer Zeigegeste, kommentiert verbal »das ist ein Jumbo«, ahmt in seiner Bewegung ein fliegendes Flugzeug nach und ähnliches. Auf die gleiche Weise werden die Zuordnungen zwischen anderen Sinnesreizen und deren verursachenden Gegenständen erlernt. Beispielsweise bei den uns umgebenden Geruchslandschaften: Gerüche werden zugeordnet, dann, wenn es sich um Essbares handelt, mit Geschmackserlebnissen verbunden, mit Namen assoziiert und mit möglichen Verhaltens- und Handlungsmustern verknüpft. Auf diese Weise kann ein Sinnesreiz den jeweils ganzen Komplex aktivieren (der Name des Gegenstandes löst die Antizipation eines Geruchserlebnisses aus, ein wahrgenommener Geruch wird benannt und löst eine Verhaltensbereitschaft aus usw.). Diese Sinnesreiz-Gegenstands-Wort-Handlungskomplexe werden auch zu konkreten sinnlichen Ankern, an denen sich die weitere Begriffsentwicklung festmacht. Das obige

Flugzeug mag anfänglich eben gerade nur dies sein, nämlich ein Ding da oben, das brummt und sich bewegt, aber im Laufe der Zeit wird der Komplex mit Kenntnissen, Wissen und weiteren sinnlichen Assoziationen angereichert, bis sich ein vielschichtiger Begriff des »Flugzeuges« etabliert hat. Entscheidend hierbei ist, dass solche Komplexe gemeinsam erlernt und zusammen mit den Anderen aufgebaut werden müssen. Kein Kleinkind hört primär ein »Flugzeug«, sondern vernimmt ein Geräusch (Brown, 2014). Die Zuordnung wird erst durch das Lenken von gemeinsamer Aufmerksamkeit, Zeigegesten, Gesichtsausdrücken, stimmlicher oder sprachlicher Lautbegleitung und Kommentaren von Bezugspersonen ermöglicht. Ohne die Einbettung in soziale Lebenswelten mit anderen, ohne die oben erwähnte Interaktionsordnung, wäre ein solches Erlernen der Welt nicht denkbar (Seemann & Racine, 2012).

Dieses so skizzierte Erlernen der Welt beginnt lange vor dem Sprechen und begleitet und fundiert den gesamten Spracherwerb. Sprachliche Lautäußerungen der Erwachsenen gehören ganz selbstverständlich zur akustischen Umwelt, zu den Klangwelten, genau wie andere Geräusche, Laute, Töne. Allerdings besitzen Menschen ein besonderes, spezialisiertes Zentrum (ein über das Gehirn verteiltes Netzwerk) zur Aufnahme und weiteren Verarbeitung von sprachlichen Lautäußerungen. Die auditive Wahrnehmung von Sprachlauten wird ganz früh im Verarbeitungsprozess selektiert und von diesem System weiterverarbeitet. Sprachliche Äußerungen sind immer in interaktive Kontexte eingebettet und werden von Beginn an in Bezug zum Kommunikationsverhalten der Bezugspersonen (Blicke, Mimik, Zeigegesten etc.) gedeutet. Die Sprachwahrnehmung ist insofern ähnlich den anderen Sinneseindrücken, beide müssen durch Bezugspersonen mit den ihnen entsprechenden Gegenständen assoziiert werden. Beispielsweise stimuliert das Hören des Wortes »Hammer« den gleichen Assoziationskomplex aus Verhaltensbereitschaften, Sinneswahrnehmungen und praktischen Gegenstandsanforderungen wie das Sehen eines Hammers. Auch auf neurophysiologischer Ebene lässt sich dies nachweisen. Das Hören des Wortes »Hammer« aktiviert die gleichen neuronalen Netzwerkpartien wie die sinnliche Wahrnehmung eines Hammers, zugleich werden auch die motorischen Zentren in Bereitschaft versetzt, die beim sachkundigen Umgang mit einem Hammer die Gebrauchsbewegungen steuern (Martin, 2007).

Vom Säugling oder Kleinkind selbst werden im Rahmen aller Interaktionen und der Lenkung gemeinsamer Aufmerksamkeit ebenfalls ständig Laute produziert. Aus der Vielzahl der hervorgebrachten Babbellaute werden von den Interaktionspartnern besonders diejenigen mit Aufmerksamkeit bedacht, wiederholt und mit Lächeln versehen, die in der Sprache der Umgebung tatsächlich vorkommen, so dass hier ein dauernder Selektionsprozess stattfindet. Schließlich bleiben die Sequenzen übrig, die am meisten durch positive Aufmerksamkeit belohnt werden und die beim Versuch der Manipulation des Anderen am erfolgversprechendsten sind. Auf der aktiven Seite der Lernenden sind die so erworbenen Sprachlaute ideales Mittel, um die Aufmerksamkeit der Beteiligten zu lenken und um den eigenen Willen und eigene Absichten kundzutun und durchzusetzen. Das Kind baut so aktiv mit den anderen Interaktionspartnern eine soziale Umwelt auf, in der sprachliches Handeln eine immer zentralere Rolle zu spielen beginnt (Lee et al., 2009).

2.3 Die Anderen im Kopf: Selbstentwicklungsaufgaben

Wie erläutert, entwickeln Kinder lange vor Ausbildung einer differenzierten Sprachkompetenz immer komplexere Bewegungs-, Handlungs- und Interaktionsfähigkeiten. Hierbei entsteht und entwickelt sich ein erstes, individuelles »Bewegungs- und Handlungsselbst« (Stern, 1985). Der menschliche Organismus individualisiert und entwickelt sich im Umgang mit Gegenständen, der räumlichen Umwelt und den Bezugspersonen. Der permanente Einfluss der Letzteren ist für die Weiterentwicklung des frühkindlichen Handlungsselbstes und die Herausbildung eines personalen, reflektierten Selbstes von konstitutiver Bedeutung. Von Geburt an wird nämlich jede Körperbewegung, jedes Verhalten und jede Lebensäußerung in einem normativen Raum der Mitmenschen verortet: Es gibt keine Bewegung, keinen Laut, keine Geste, kein Kriechen oder Krabbeln, kein Weinen oder Schreien, kein Zappeln oder Zögern, kein Tun und kein Erleiden, welches nicht normativ kommentiert, also von anderen bewertet, beurteilt, bejaht, gelobt, getadelt und kontrolliert würde. Die unendliche Vielfalt der Bewegungen und des umgebungsbezogenen Verhaltens, ebenso wie die Vielfalt der Lautäußerungen, durchläuft so einen fortwährenden Selektions-, Formungs- und Feinabstimmungsprozess. Dieses mit normativem Nachdruck versehene Dauerfeedback der Anderen setzt das Kind einem ebenso andauernden Selbstbewertungs- und damit Selbstwerdungsdruck aus (Bogdan, 2012). Was hier geschieht lässt sich am besten so beschreiben: Eine unendliche Vielfalt von Bewegungen, Verhalten und Handlungen, Äußerungen, inneren Zuständen und äußeren Ausdrücken wird normativ selektiert und durch die Einteilung in richtig und falsch, erwünscht und unerwünscht, gut und schlecht, angenehm und unangenehm, erlaubt und verboten, hässlich und schön, lieb und böse, klug und dumm etc. auf Linie gebracht. Nichts entgeht den Dauerbewertungen durch die soziale Umwelt, auch Gefühle und Empfindungen werden so selektiert und geformt.

Gefühlsausdrücke werden auf besondere Weise kommentiert, ob verbal oder im Fürsorge- oder Ablehnungsverhalten. Auf Hunger, Durst, Wärmebedürfnis, Schutzbedürfnis wird auf je besondere Weise eingegangen, auch die gesamte Palette der Bedürfnisse und deren Ausdruck werden mit oben beschriebenem Raster beurteilt. Manche Bedürfnisse sind zu bestimmten Zeiten an bestimmten Orten unangemessen, ihre Äußerungen unerwünscht oder sogar verboten. Ebenso werden Verhaltensweisen und Handlungen insgesamt zum Gegenstand der Beobachtung, Kommentierung und Bewertung durch Andere gemacht. Welche Gegenstände darf man anfassen, welche nicht, in welchen Räumen muss man sich wie benehmen (in der Kirche leise sein beispielsweise), welche Dinge muss man wie behandeln (mit Vorsicht oder mit Kraft), welche Handlungen werden wie mit welchen Gegenständen ausgeführt (in der Wohnung wird nicht Ball gespielt, der Tennisschläger ist keine Bratpfanne, das Bett ist kein Trampolin usw.). Der Mensch ist die einzige Spezies, welche die Biologie und Psychologie ihrer Nachkommen in einem normativen sozialen Raum vergegenständlicht und auf diese Weise normativ skulpturiert (Scruton, 2017). Eine der größten Entwicklungsherausforderungen für das Kind besteht also darin, sich in dieser normativen Lebenswelt aus Lob und Tadel, aus Anerkennung und Ablehnung, aus Zuspruch und Schelte zurechtzufinden und sich dauerhaft in einer solchen Bewertungsdynamik zu behaupten. Dabei muss das Kind lernen, auf die Dinge der Umgebung auf die richtige Weise zu reagieren und zugleich auch mit sich selbst auf die richtige Weise umzugehen. Das heißt aber, was es tut und was es bleiben lässt, und wie es sich zur Umgebung und zu sich selbst verhält, ist im Laufe der Entwicklungsbewältigung immer weniger unmittelbar impuls- und bedürfnisgetrieben, sondern vermittelt durch die Bewertung der Anderen. Das Kind entwickelt so einen inneren Abstand zu seinen Bedürfnissen, Regungen und Impulsen und lernt, sie mit den normativen Kriterien der Anderen einzuschätzen, sich zu kontrollieren und sich so in die bestehende Interaktionsordnung einzufügen.

Die »Anderen« übernehmen in diesem andauernden Prozess die Kontrolle »im Inneren« des Kindes. Dies ist eines der Fundamente für die Entwicklung eines personalen Selbst. Auf dieser Grundlage entsteht auch ein immer komplexer werdendes Selbstkonzept, in dem die verschiedenen Dimensionen der Selbstbeziehung, wie Selbstwirksamkeitsüberzeugungen, Selbstwertgefühle, Selbstachtung und Selbstkontrollansprüche, integriert werden müssen. Ab einem bestimmten Alter wird auch die vorab bestehende Unmittelbarkeit der Selbstbeziehung, ein auf Bedürfnisbefriedigung und Spielvergnügen angelegtes, unmittelbares Selbstverhältnis durch den »Blick« der Anderen vermittelt. Nun ist jeder Blick in den Spiegel auch ein Blick der Anderen, wie sie mich sehen und beurteilen. Ich gefalle mir nur, sofern ich anderen gefalle, ich sehe und beurteile mich nach den Wahrnehmungs-, Konventions- und Moralkriterien der Anderen. Dabei entfaltet sich auch eine Grundmotivation menschlichen Lebens, nämlich das permanente Streben nach Anerkennung (Joas & Hübner, 2016). Ein Wesen, dessen Innerstes und scheinbar Eigenstes in sozialer Interaktion aufgebaut wird und dessen überlebenswichtige Selbstachtung von der Zuwendung Anderer abhängt, lebt notwendig ein *soziales* Leben, und stirbt einen sozialen Tod, wenn ihm die lebenswichtige Achtung und Anerkennung versagt bleibt. Auch wenn diese Entwicklungen weit über das Vorschulalter hinausgehen, werden doch in den ersten sechs Lebensjahren entscheidende Grundlagen gelegt.

2.4 Literatur (Kapitel 1 und 2)

Bamler, V., Schönberger, I. & Wustmann, C. (2010): *Lehrbuch Elementarpädagogik. Theorien, Methoden und Arbeitsfelder.* Weinheim, München: Juventa.

Becker, R. & Tremel, P. (2007): Auswirkungen vorschulischer Kinderbetreuung auf die Bildungschancen von Migrantenkindern. In: *Soziale Welt*, Heft 57, 397–418.

Becker, R. & Lauterbach, W. (2008): Vom Nutzen vorschulischer Erziehung und Elementarbildung – Bessere Bildungschancen für Arbeiterkinder? In: R. Becker & W. Lauterbach (Hrsg.), *Bildung als Privileg. Erklärungen und Befunde zu den Ursachen der Bildungsungleichheit* (S. 129–159). Wiesbaden: Springer.

Berth, F., Diller, A., Nürnberg, C. & Rauschenbach, Th. (Hrsg.) (2013): *Gleich und doch nicht gleich. Der Deutsche Qualifikationsrahmen und seine Auswirkungen auf frühpädagogische Ausbildungen.* DJI-Verlag

Bogdan, R. (2012): Self-Consciousness: Executive Design, Sociocultural Grounds. (https://consciousnessonline.wordpress.com/2012/02/17/self-consciousness-executive-design-sociocultural-grounds/), Zugriff am 17.07.2020.

Bründel, H. & Hurrelmann, K. (2017): *Kindheit heute. Lebenswelten der jungen Generation.* Weinheim, Basel: Beltz.

Brown, R. (Hrsg.) (2014): *Consciousness Inside and Out: Phenomenology, Neuroscience, and the Nature of Experience.* Niederlande: Springer.

Dreier, A. (2017): Nichts ist im Verstand, was nicht zuvor in den Sinnen war: Zur Bedeutung der ästhetischen Bildung in der Kindheit. In: H. Ballusek von (Hrsg.), *Professionalisierung der Frühpädagogik* (S. 197–211). Berlin, Toronto: Opladen.

Ekman, P. (2016): *Gefühle lesen.* Berlin: Springer Verlag.

Fröhlich-Gildhoff, K., Weltzien, D., Kirstein, N., Pietsch, S. & Rauh, K. (2015): *Expertise zu Kompetenzen früh-/kindheitspädagogischer Fachkräfte*, erstellt im Kontext der AG »Fachkräftegewinnung für die Kindertagesbetreuung« in Koordination des BMFSFJ.

Fthenakis, W.E. (2009). Ko-Konstruktion: Lernen durch Zusammenarbeit. In: *Kinderzeit*, 3, 8–13.

Gehlen, A. (1950): *Der Mensch. Seine Natur und seine Stellung in der Welt.* Bonn: Athenaum.

Gibson, E. & Pick, A. (2003): *An Ecological Approach to Perceptual Learning and Development.* New York: Oxford University Press Inc.

Gintis, H. et al. (2014): Observations on Zoon Politikon (http://www.umass.edu/preferen/gintis/replytocommentators.pdf), Zugriff am 30.09.2020.

Havighurst, R. (1953): *Human Development and Education.* New York: David McKay & Co.

Hurrelmann, K. & Bauer, U. (2015): *Einführung in die Sozialisationstheorie.* (11. Auflage). Weinheim: Beltz.

Jares, L. (2015): Familienbildung als familienübergreifendes Bildungsangebot (https://kindergartenpaedagogik.de/fachartikel/elternarbeit/familienzentren/2332. Zu), Zugriff am 16.01.2020.

Joas, H. & Hübner, D. (Hrsg.) (2016): *The Timeliness of Georg Herbert. Mead.* Chicago: The University of Chigaco Press.

Lee, N. et al. (2009): *The Interaction Instinct. The Evolutionl and Acquisition of Language.* New York: Oxford University Press.

Lieberman, D. (2013): *The Story of the Human Body.* New York: Penguin UK.

Martin, A. (2007): The Representation of Object Concepts in the Brain. In: *Annual Review of Psychology*, Vol 5. 25–45.

Pramling Samuelsson, I., Asplund Carlsson, M. (2007): *Spielend lernen. Stärkung lernmethodischer Kompetenzen.* Troisdorf: Bildungsverlag EINS.

Rauschenbach, Th. & Schilling, M. (2013): Ökonomische, rechtliche und fachpolitische Rahmenbedingungen der Kindertagesbetreuung. In: L. Fried & S. Roux (Hrsg.), *Handbuch Pädagogik der frühen Kindheit* (S. 44–55). Berlin: Cornelsen.

Reddy, V. (2008): *How Infants know Minds.* Cambridge: Harvard University Press.

Schäfer, G. (2011): *Bildungsprozesse im Kindesalter. Selbstbildung, Erfahrung und Lernen in der frühen Kindheit* (4. Auflage). Weinheim, München: Juventa.

Scruton, R. (2017): *On Human Nature.* New York: Princeton University Press.

Seemann, A. & Racine, T. (2012) (Hg.): *Joint Attention. New Developments in Psychology, Philosophy, and Social Neuroscience.* London: The MIT Press.

Stern, D. (1985): *The Interpersonal World of the Infant.* New York: Perseus Books UK.

Tietze, W., Roßbach, H.-G. & Grenner, K. (Hrsg.) (2005): *Kinder von 4 bis 8 Jahren. Zur Qualität der Erziehung und Bildung in Kindergarten, Grundschule und Familie.* Weinheim: Beltz.

Tomasello, M. (2019): *Becoming Human.* London: Harvard University Press.

Viernickel, S., Fuchs-Rechlin, K., Strehmel, P., Preissing, Ch., Bensel, J. u. a. (2015): *Gute Qualität für alle. Wissenschaftlich begründete Standards für die Kindertagesbetreuung.* Freiburg, Basel, Wien: Herder.

Viernickel, S. (2017): Rahmenbedingungen für professionelles Handeln in Kindertageseinrichtungen. In: H. Ballusek, v. (Hrsg.), *Professionalisierung der Frühpädagogik* (S. 39–52). Opladen, Berlin, Toronto: Budrich.

Wilson, F. (1998): *The Hand.* New York: Knopf Doubleday Publishing Group.

3

Elementar-ästhetische Perspektive auf Bildung

Christian Widdascheck

3.1 Theoretisch-konzeptuelle Grundlagen und einführende Einordnung des Beitrags

Der Begriff der ästhetischen Bildung ist spätestens seit den 1990er Jahren zum festen Bestandteil des erziehungswissenschaftlichen Diskurses (Mollenhauer, 1983, Duncker, Maurer & Schäfer, 1993) geworden. Neben theoretischen und empirischen Publikationen zur ästhetischen Erfahrung in der Kindheit (Mattenklott & Rora 2004, Duncker & Lieber u. a, 2010, Schäfer, 2011, Liebau, 2013) sind in den letzten 10 Jahren zunehmend Publikationen erschienen, die sich speziell mit der Bedeutung der ästhetischen Erfahrung für Bildungsprozesse in der Kindheit auseinandersetzen (Dietrich, Krinninger & Schubert, 2013, Staege, 2016). Einige Beiträge und Publikationen im Diskurs um die ästhetische Dimension in Bildungs-, und Lernprozessen verfolgen dabei im Sinne einer pädagogischen Anthropologie eine explizit phänomenologische Perspektive (Duncker, 2010, Lippitz, 1999, 2009, Stenger, 2007, Waldenfels, 1997, 2010). Die Relevanz dieser phänomenologischen Perspektive für Bildungsprozesse von Kindern wurde unter anderem in Publikationen und Beiträgen von Stieve (2008), Wolf (2016) und Kussmaul (2017) unter einer leibphänomenologischen Akzentuierung herausgearbeitet, der dieser Beitrag folgt. Diese Perspektive auf Bildung betont die Relevanz sinnlicher Erfahrungsräume, mit denen sich das Wechselspiel von Selbst- und Welterfahrung als Bildungshandeln entwickeln kann.

Für eine Annäherung an das Verständnis einer elementar-ästhetischen Bildungsperspektive ist zunächst die etymologische Bedeutung des Begriffs *Ästhetik* hilfreich. Die *aisthesis*, der altgriechische Wortursprung unseres heutigen Begriffs *Ästhetik*, hat nichts mit dem Aspekt der Schönheit oder Gefälligkeit zu tun, mit dem er gegenwärtig im alltäglichen Sprachgebrauch meistens verbunden wird, sondern verweist vielmehr auf die Relevanz der Sinnlichkeit in und für unsere Wahrnehmung und Erkenntnis.

Eng verbunden mit dieser sinnlichen Perspektive (aisthesis) auf Bildung ist das Konzept der Leiblichkeit in der Tradition des französischen Philosophen, Psychiaters und Kinderarztes Maurice Merleau-Ponty (Merleau-Ponty, 1974). Unter Leib versteht Merleau-Ponty den gelebten und erlebten Körper, der in der sinnlichen Begegnung mit Welt diese für uns erfahrbar werden lässt. Dabei ist der Leib in und durch seine Sinne jedoch nicht nur die Möglichkeit, Welt wahrzunehmen, gleichzeitig bildet sich der Leib auch selbst in dieser Begegnung mit Welt. Dadurch ist der Mensch in einem sinnlich-leiblichen Zur-Welt-Sein verortet (Fuchs, 2000, 2008). Damit ist gemeint, dass der Mensch keine in sich abgeschlossene Einheit in der Welt ist, sondern auf einer existenziellen Ebene als leibliches Wesen kontinuierlich in sinnlicher Resonanz und Beantwortung steht und auf diese angewiesen ist. Dies hängt mit der Ambiguität, den zwei Seiten des Wahrnehmungsprozesses zusammen. Aus einer leiblichen Perspektive sind Selbst- und Weltwahrnehmung verschränkt und aufeinander bezogen. Da diese leibliche Kommunikation, die Begegnung von Selbst und Welt, Ich und dem Anderen für uns im praktisch-alltäglichen Lebensvollzug als leibliche Wesen existenziell ist, ist sie meistens nicht wahrnehmbar: Sie liegt im Schatten unseres Bewusstseins, da sie die Bedingung der Möglichkeit unserer Existenz ist.

Im Alltagsmodus der sinnlichen Wahrnehmung ist dadurch entweder die Erfahrung von Welt/dem Anderen im Fokus oder die Selbsterfahrung/das Ich. Das bedeutet, wir nehmen dadurch nicht den Bildungsort oder den wechselseitigen Zusammenhang von Selbst- und Welterfahrung wahr, sondern eine der beiden Seiten. Anhand der Haptik lässt sich dies gut nachvollziehen. Wenn wir nach einem Einkauf eine schwere Einkaufstasche aus Stoff hochheben, dann nehmen wir entweder den Stoff und das Gewicht der Tasche wahr, oder aber wie der Henkel der Tasche die Hand einschnürt.

Damit jedoch der Quellort, die Ambiguität, die Zweiseitigkeit, das Wechselspiel von Selbst- und Weltwahrnehmung erfahrbar wird, braucht es eine besondere Form der sinnlichen Wahrnehmung, eine *ästhetische Erfahrung*. *Ästhetische Erfahrungen* machen wir immer, wenn uns eine sinnliche Wahrnehmung in besonderer Art und Weise berührt, wir von einem Eindruck ergriffen sind. Durch diese besondere Berührung in der Wahrnehmung, das unmittelbare Berührtsein finden wir uns im Wahrnehmungsereignis selbst wieder, wir befinden uns dann in der Wahrnehmung eines Phänomens. Das bedeutet, dass wir in diesem Moment den alltäglichen Modus sinnlicher Wahrnehmung verlassen und verlassen haben. Wenn wir zum Beispiel auf ein Fahrrad steigen und es ist windig, dann nehmen wir den Wind, wenn er von vorne kommt, in der Regel als Hindernis der Fortbewegung wahr, kommt er von hinten als Hilfe. Wir befinden uns also in einer alltäglichen sinnlichen geklärten Mittel-Zweck-Wahrnehmung von Selbst und Welt. Wenn wir aber, aus welchem Grund auch immer, auf das Phänomen der bewegten Luft selbst aufmerksam werden, wir ergriffen sind von diesem sinnlichen Ereignis, ohne funktional geklärte Trennung von Ich und Welt, dann befinden wir uns in einer ästhetischen Erfahrung. Das Wort *Interesse*, verdeutlicht dies sehr schön. Im Wort *Interesse* stecken die beiden lateinischen Wortstämme *inter* (dazwischen) und *esse* (sein). Wenn wir also wirklich im Interesse sind, uns etwas interessiert, dann sind wir in einem Zwischenbereich, einem Zwischenfeld, aus dem sich Welt und Selbst erst bildet. Und hier setzt dann genau der Aspekt des Ästhetischen für Bildungsprozesse ein. Es geht um den Gestaltungsprozess, der sich auf Grundlage der ästhetischen Erfahrung im sinnlichen Berührt- und Ergriffensein entfalten kann. Dieser Gestaltungprozess, der ein Phänomenfeld in seiner Diversität und Differenziertheit erst erfahrbar werden lässt, ist abhängig von der Frage, welche Wahrnehmungs- und Ausdrucksweisen möglich sind und zur Verfügung stehen, um das Phänomen, das durch und in der ästhetischen Erfahrung berührt, wahrzunehmen. Und je vielfältiger das Phänomenfeld erfahren werden kann, desto vielfältiger sind die Selbst- und Welterfahrungsprozesse, die damit und dadurch möglich werden. Denn das Phänomenfeld ist das Zwischen, aus dem sich Selbst und Welt in ihrer Abgegrenztheit temporär erst bilden. Insofern ist das ästhetische Wechselspiel von und aus Wahrnehmungs- und Ausdrucksweisen der gestalterische Akt der Symbolisierung, mit denen wir uns ein Bild von der Welt und uns selbst bilden, durch die wir uns Selbst und die Welt deuten und bestimmen, was diese Deutungen bedeuten.

Zusammenfassend werden die theoretisch fundierten und ausgeführten Begriffe nochmals ganz kurz in ihren Zusammenhängen dargestellt, um zu begründen, warum es sich bei dem Ganzen insgesamt um eine elementar-ästhetische Perspektive auf Bildung handelt.

Elementar meint im Zusammenhang dieser Perspektive einerseits die grundlegende Bedeutung der Ebene der Sinnlichkeit (aisthesis) für Bildungsprozesse. Andererseits wird damit auch auf die grundlegende leibliche Struktur des zur-Welt-Seins verwiesen. Zur-Welt-Sein bedeutet in diesem Kontext das Wechselspiel aus dem sinnlichen Antworten auf Welt, in der sich einlassenden Berührung der Wahrnehmung, und dem Antworten auf diesen Eindruck, in einer gestalterischen Handlung, als Ausdruck hin zur Welt, der wiederum beantwortet werden möchte.

Ästhetisch greift die strukturelle Ebene des leiblichen Zur-Welt-Seins auf, die im leiblichen Wechselspiel von Eindruck und Ausdruck als ästhetisch-gestalterische Ebene von Bildung schon angelegt ist. Sie kommt jedoch erst im Ereignis der ästhetischen Erfahrung voll zum Tragen. Denn die *ästhetische Erfahrung* ist eine besondere Art und Weise des Berührtseins. Dieses besonders intensive Eindrucksgeschehen, das darüber die funktional-alltägliche Ebene sinnlicher Wahrnehmung verlässt, ist ein Impuls, auf vielfältigste Arten und Weisen im Interesse, im Dazwischensein ein Phänomenfeld im gestalterischen Handeln ausdifferenzierend wahrzunehmen, was in Folge zur Bildung eines reichen Selbst- und Weltverständnisses führt. Beim Aspekt des Ästhetischen im Kontext dieser Bildungsperspektive geht es also um die Bedeutung gestalterischen Handelns als Symbolisierungsgeschehen und in Verbindung damit um die Frage, welche Phänomene überhaupt thematisch werden können und welche Handlungs- und Wahrnehmungsweisen zur Verfügung stehen.

Die Dimension des Ästhetischen ist dabei insbesondere bei Kindern von so großer Relevanz, da sie noch ganz leicht in eine staunend-ästhetische Wahrnehmung von sinnlichen Gegebenheiten kommen, da sie ja noch viel stärker dabei sind, die Welt und sich selbst kennenzulernen (Dunker, 2010). Dadurch ist die sinnliche Wahrnehmung bei Kindern noch weniger durch Vorstellungen, geklärte Wahrnehmungsgestalten und eine funktionale Perspektive überformt und sie geraten leichter in einen Modus *ästhetischer Erfahrung*.

3.2 Relevanz von Erfahrungsräumen jenseits geklärter Normen

»Neulich war ich in einer Kita zur Hospitation. Dort wurde ich auf eine Gruppe von 4 bis 5-jährigen Kindern aufmerksam, die um ein Waschbecken standen. Ich ging näher zu der Gruppe hin und sah, dass sich die Kinder mit dem Phänomen eines anscheinend defekten (weil tropfenden) Wasserhahns auf verschiedene Arten und Weisen auseinandersetzten.«[5]

Nach der im letzten Abschnitt erfolgten ersten theoretischen Einführung in eine elementar-ästhetische Bildungsperspektive wird anhand dieser beobachteten Alltagssituation aus einer Kita, auf die im Folgenden immer wieder verwiesen wird, die ästhetische Perspektive auf Bildung weiter entfaltet. Dadurch soll vor allem auch ihre pädagogische handlungs- und bildungspraktische Relevanz verdeutlicht werden.

Interessant an dem Beispiel des tropfenden Wasserhahns ist, dass sich das Interesse der Kinder aus einer alltagsfunktionalen Erwachsenenperspektive an einem Defekt entzündet. Denn wäre der Wasserhahn nicht defekt, würde er nicht tropfen. Anhand dieses Tatbestandes des »Defektes« wird die Relevanz *des Anderen* entwickelt, und zwar in seiner doppelten zusammenhängenden Bedeutung. Einerseits das Da-Sein einer sinnlichen Gegebenheit, eines *dinglich Anderen*, in dem konkreten Fall unseres Beispiels des »defekten« Wasserhahns, der das Auftreten eines funktional nicht determinierten Phänomens überhaupt erst ermöglicht. Andererseits die Bedeutung *der Anderen*, der Pädagog*innen, die mitentscheidend ist für das Vorhandensein der sinnlichen Gegebenheit, der Möglichkeit, mit dieser eine ästhetische Erfahrung zu machen und vor allem für den weiteren handelnden Umgang mit dem Phänomen, der zu seiner Entfaltung und Ausdifferenzierung führt.

3.2.1 Die Relevanz der Anderen

Kindertagesstätten sind wie alle pädagogischen Institutionen durch und durch kulturell geprägte Räume, das heißt nichts an und in ihnen ist natürlich oder naturgegeben. Daraus folgt, dass ihre gesamte Beschaffenheit in all ihren As-

---

5 Eigene Beobachtung aus einer Kita während einer Hospitation im Kontext eines Kitaentwicklungsprojektes.

pekten (z. B. Raum, Ausstattung, Materialien) und wie mit diesen umgegangen wird (Zeit, Interaktion/Handlungsweisen, Tagesstruktur) normativ geprägt ist. Diese Normen bestimmen als in unseren Leib eingeschriebene Muster oder auch *habits* der Wahrnehmung und des Ausdrucks, wie wir uns selbst und die Welt wahrnehmen (wollen/sollen) und wie wir uns zur Welt hin ausdrücken (wollen/sollen) (Dewey, 2000). Und genau diese normativen Muster, das Wie unserer Wahrnehmung von Welt und unseres Selbst und des Wie unseres Ausdrucks zur Welt lassen sich auf einer strukturanalytischen Ebene als Kultur verstehen (Cassirer, 2007). Dies umso mehr, da gerade auch unsere *habits* Objekte und Dinge hervorbringen, die Kultur in diesem Sinne bestätigend sichern als auch ermöglichen (Nießeler, 2012).

Vor dem Hintergrund dieses Verständnisses des Zusammenhangs von Objekten, Normen und Kultur ist das Beispiel des tropfenden Wasserhahns sehr interessant. Der tropfende Wasserhahn entspricht nicht der Norm, er ist aus einer alltagsfunktionalen Perspektive defekt, sonst würde er nicht tropfen. Dieser Zusammenhang verweist auf die Bedeutung von sinnlichen Gegebenheiten für Bildungsprozesse, die noch nicht normativ-restriktiv, beziehungsweise funktional definiert sind. Denn gerade anhand dieser offenen, vielschichtigen, nicht reglementierten, sinnlichen Gegebenheiten entzünden sich Ästhetische Erfahrungen viel leichter. Durch diese dadurch entstehende phänomenale Wahrnehmung, verstanden als Wahrnehmungsereignis, entsteht ein offenes und diverses Wahrnehmungsfeld, das umso vielfältiger und intensiver ist, je weniger es normativ oder funktional beschränkt wird. Würde eine Pädagogin auf die Kinder am Wasserhahn aufmerksam werden und den Kindern verbal oder und nonverbal vermitteln: »Ach wie blöd, der Wasserhahn ist ja kaputt, ich muss dringend dafür sorgen, dass er repariert wird«, würde das Phänomen des Tropfens, von dem die Kinder ergriffen sind, sofort disqualifiziert und funktional, aufgrund seiner aus einer Alltagslogik bestehenden Dysfunktion, eingeordnet und damit zerstört. Dadurch würde einerseits das Interesse der Kinder an dem Eigensinn und damit dem Eigenwert des Phänomens des tropfenden Wasserhahns nicht wahrgenommen, nicht ernst genommen, und anderseits kann in Folge dann die Pädagog*in die Begegnung und Auseinandersetzung mit dem Phänomen als ein mögliches erweitertes Bildungsfeld nicht ermutigen oder unterstützen.

Das heißt *die Anderen* sind dafür entscheidend:

- Welche sinnlichen Gegebenheiten überhaupt vorhanden sind, in die Kita aktiv aufgenommen, geduldet, ja welche Kultur sinnlicher Gegebenheiten intendiert ist.

- Welche grundlegenden Bedingungen (Umgang mit Zeit, Arrangements und Darbietung von Gegenständen und Materialien) geschaffen werden, damit sinnliche Gegebenheiten ihr Potential für Ästhetische Erfahrungen entfalten können.
- Welche Wahrnehmungs- und Handlungsformen geduldet, unterstützt oder auch angeregt werden, damit, ausgehend von einer *ästhetischen Erfahrung*, ein Phänomenfeld, das sich mit dieser eröffnet, gestaltend-erfahrend erkundet und dadurch in seiner Differenziertheit wahrgenommen werden kann.

Ein anderes Beispiel soll die Bedeutung *der Anderen*, die Relevanz der Pädagog*innen für den Umgang mit sinnlichen Gegebenheiten weiter verdeutlichen. Eine Kita hat in ihrem Außenbereich eine geteerte Fläche, in deren Mitte sich ein Abfluss befindet. Da der Abfluss verstopft ist und nur wenig Wasser passieren lässt, bildet sich bei stärkeren Regenfällen regelmäßig eine richtig große Pfütze, mit der manche Kinder begeistert immer wieder auf ganz unterschiedliche Art und Weise spielen. Manche Kinder müssen jedoch aber auch geradewegs ermutigt werden, mit dem Wasser zu spielen. Es wirkt so, dass manche von den Älteren schon den *habit* einverleibt haben: *Mach Dich nicht schmutzig oder nass!*

Auch dieses zweite Beispiel eines vermeintlichen Defektes verweist pointiert auf die professionelle Verantwortung eines reflektierten Umgangs mit Normen, also den Wahrnehmungsmustern, die pädagogisches Handeln bewusst oder auch unbewusst leiten. Dies lässt sich anhand von vermeintlichen Defekten, also »Normverstößen«, wie folgt zuspitzen: Werden Defekte, wie die »Pfützenbildung aufgrund eines verstopften Abflusses«, ein »tropfender Wasserhahn« oder auch etwas ganz Alltägliches, wie ein heruntergefallener Teller, von Pädagog*innen möglichst schnell abgestellt beziehungsweise beseitigt, weil sie nur als Defekt bzw. defizitär wahrgenommen werden? Werden die Kinder von ihrem Spiel mit diesen Erfahrungsfeldern abgehalten, in Bezug auf die hier gewählten Beispiele, wegen vermeintlicher Wasserverschwendung und der Möglichkeit, nass oder schmutzig zu werden oder der Gefahr, sich an Keramikscherben zu schneiden? Oder werden die eigensinnigen Spielformen, die sich erst durch die vermeintlich dysfunktionalen Gegebenheiten ermöglichen, nicht als unerwünscht wahrgenommen, sondern vielmehr als diverse und reiche Wahrnehmungs- und Handlungsfelder angenommen, wertgeschätzt und sogar eventuell ausdifferenzierend begleitet und die Kinder ermutigt, mit diesen gestalterisch-handelnd zu interagieren. Selbstverständlich geht es nicht darum, mit den hier aufgeführten Beispielen den Eindruck zu erwecken, dass diese Haltung nur im Umgang mit vermeintlichen Defekten notwendig oder wichtig ist. Anhand der beschriebenen Situationen soll vielmehr die Notwendigkeit zugespitzt werden, offen gegenüber der Spontanität kindlichen Bildungshandelns zu sein. Es geht darum, reflexiv-achtsam gegenüber einer vorschnellen normativen Bewertung zu sein, da sonst gerade *ästhetische Erfahrungen*, die sich überraschend aus Alltagssituationen ergeben und zu wunderbaren Bildungsprozessen entwickeln können, nicht wahrgenommen, begleitet oder sogar zerstört werden. Neben den Pädagog*innen sind die Eltern sicherlich die bedeutsamsten Anderen im Leben der Kinder. Insofern ist es wichtig, dass die Eltern im Sinne der in diesem und in den folgenden Abschnitten ausgeführten Perspektive auf Bildung mit ins Boot geholt werden. Zum einen geht es dabei um ganz praktische Aspekte, zum Beispiel warum es wichtig ist, dass sich Kinder schmutzig machen, aber auch um eine bildungstheoretische Positionierung gegenüber etwaigen unterschwelligen oder auch expliziten Erwartungen von Eltern.

3.2.2 Die Relevanz des Anderen

Für die Darstellung der Bedeutung *des Anderen* für Bildungsprozesse ist es zunächst wichtig, nochmals auf die eingangs ausgeführte elementar-ästhetische Bildungsperspektive zurückzukommen. Einer ihrer wesentlichen Aspekte war die Verschränkung von Selbst- und Weltwahrnehmung. Das heißt, von der Frage, welche Sinnesgegebenheit sich zu ästhetischen Erfahrungsprozessen entwickeln und zu explorativen Phänomenerkundungen ausdifferenzieren kann, hängt beides ab: Wie differenziert und vielfältig das Bild der Welt ist, das sich Kinder aufbauen, und wie vielfältig und differenziert das Bild ist, das sie sich von sich selbst bilden können. Jedes Ding und die Phänomene, die mit ihm möglich werden, erzählen etwas darüber, was die Welt ist, und zugleich, wer wir in Relation zu dem Phänomen sind. Das eröffnet ein ganz neues Verständnis des Zusammenhangs von Inklusion, Partizipation und Diversität aus einer elementar-ästhetischen Bildungsperspektive: Die Zugänge, die uns mit der Welt zur Verfügung stehen, sind sowohl entscheidend für die Vielfalt der Erfahrungen der Welt und von uns selbst als auch des Bildes, das wir uns von Welt und uns selbst machen können! Konkret lässt sich das für den stets normativ geprägten Ort Kita auf die provokante Frage zuspitzen: Wieviel Welt kann und darf ein Kind erfahren und welchen Zugang bekommt es darüber zu sich, kann es sich selbst entwickeln, wie darf es sich selbst und die Welt überhaupt erfahren und kennenlernen? Es geht hier im Kern um eine elementar-grundlegende partizipative Perspektive: Welchen Zugang kann ich zu mir selbst und zur Welt entwickeln, welchen Teil von mir selbst und Bild von Welt realisieren?

Deshalb ist das Da-Sein *des Anderen*, einer spezifischen Sinnesgegebenheit wie ein tropfender Wasserhahn oder das freie Spiel mit einem Medium Wasser in Form einer großen Pfütze, die ästhetischen Erfahrungsprozesse, die sich auf deren Grundlage entwickeln können, so relevant: Durch diese kann Welt und die eigene Person in je ganz eigener Art und Weise erfahren werden.

Die Art und Weise der Selbst- und Welterfahrung ist dabei umso vielfältiger und offenerer, je vielfältigere Handlungsformen zugelassen, unterstützt und angeregt werden. Denn erst in und durch die Handlung wird das anfängliche Phänomen im Interesse der ästhetischen Erfahrung, über gestalterisches vielfältig-diverses Handeln in seiner Vieldeutigkeit, Fülle und Tiefe wahrnehmbar.

Konkret, in Bezug auf das Beispiel des tropfenden Wasserhahns, wird das Phänomen des Tropfens erst durch und in dem Spiel mit ihm in seiner Vieldeutigkeit und Bedeutung deutlich. Denn erst in den vielfältigen Möglichkeiten der Interaktion, dem diversen Handeln mit und zu dem Phänomen, tritt die Vielfalt und Differenzierung des Phänomens in Erscheinung. Insofern ist das Phänomen etwas, was aufgrund des Interesses des Kindes und der Kinder, im Interesse, im Zwischenraum von Kind und Ding, entsteht. Die lateinischen beiden Wortstämme, ›inter‹ (zwischen) und ›esse‹ (sein), bringen dieses Im-Dazwischen-Sein sehr deutlich zum Ausdruck. Das Phänomen ist ein Drittes! Und darum geht es im spielerischen Handeln aus einer elementarästhetischen Bildungsperspektive: Das vielfältige Spiel mit den Dingen, Medien und Gegenständen ist so relevant, da in der Entfaltung des Phänomens, in der spielerisch-gestalterischen Deutung der Welt die symbolische Bedeutung der Dinge entsteht (Nießeler, 2012). Diese erfahrene Bedeutung, die sich im abstrahierenden Begriff für die Dinge versammeln, ist umso tiefer und vielfältiger, desto reicher und differenzierter das spielerische Handeln mit ihnen ist und sein konnte. Wichtig ist aber an dieser Stelle zu konstatieren, dass sinnliche Erfahrungen nicht identisch mit dem Begriff sind, nicht in ihm aufgehen und ihn dadurch immer und auch immer wieder überschreiten.

3.2.3 Professionelle Haltung für ästhetische Erfahrungsräume

Als Fazit der letzten beiden Unterkapitel, in denen es um die Bedeutung *der Anderen* und *des Anderen* ging, werden im Folgenden Grundlinien einer professionellen Haltung für die Ermöglichung ästhetischer Erfahrungsräume entwickelt.

Es ist das pädagogische Team mit seiner Leitung, letztendlich auch die grundsätzliche Ausrichtung eines Trägers von Kindertagesstätten, die dafür verantwortlich sind, welche sinnlichen Gegebenheiten Kindern in einer Kita überhaupt zur Verfügung stehen, wie die Räume gestaltet sind und wie der Tagesablauf strukturiert ist. Dies alles ist auf einer elementaren Ebene dafür verantwortlich, welche und wie Kinder potentiell ästhetische Erfahrungen überhaupt machen können. Genauso entscheidend ist dann in Folge, wie Kindern zugestanden wird, sich in und zu Phänomenen gestalterisch spielend-handelnd zu verhalten, gerade wenn diese aufgrund ästhetischer Erfahrungen entstehen, in denen kein klassisches Spielmaterial beteiligt ist. Es geht dabei um die Frage, wie eng oder weit die Normen sind, die zunächst die Auswahl und die Gestaltung des Wahrnehmung- und Handlungsraumes Kita gestaltet haben? Diese fließen auch indirekt oder direkt in die Akzeptanz und Toleranz, das Verbot oder in die Ermutigung und Unterstützung von ästhetischen Handlungs-, das heißt Wahrnehmungsweisen von Welt ein.

Entscheidend ist deshalb, ob überhaupt über diese Normen reflektiert wird, anhand welcher Kriterien diese diskutiert werden und wie dann entsprechend eine Kita in ihrer Dinglichkeit und Materialität, Umgang mit Zeit und Raum für die in ihr gewünschten Gestaltungsprozesse eingerichtet und strukturiert wird. Aus einer ästhetisch-bildungstheoretischen Perspektive sind dies wesentliche Aspekte der professionellen Haltung von Pädagog*innen. Denn auf eine Kurzformel gebracht ist diese professionelle Haltung entscheidend dafür, was überhaupt an potentiellem Handlungs- und Wahrnehmungskontext (u. a. Raum, Materialien, Dingen, Sachen, Zeiträumen, Speisen) da ist und welche ästhetischen Erfahrungen und Gestaltungsprozesse in Bezug auf die Welt und sich Selbst realisiert werden können oder auch sollen.

An dieser Stelle wird auf zwei ganz grundlegende Medien der spielerischen Exploration eingegangen, die, weil sie so elementar sind, oft aus dem Blick geraten und damit oft den blinden Fleck der Reflexion bilden. Anhand dieser lässt sich deshalb die Relevanz einer professionellen Haltung aus einer ästhetisch-bildungstheoretischen Perspektive besonders gut verdeutlichen: Zeit und Raum. Raum und Zeit sind zwei Grundvoraussetzungen für ästhetische Bildungsprozesse, die ja stets mit dem Berührt-Sein von und durch Etwas beginnen, einem intensiven Eindruck, einem Anderen, das auf einen wirkt, einer *ästhetischen Erfahrung*. Damit dieser Eindruck seine Wirkung entfalten kann, braucht es Zeit. Es braucht Zeit, damit der sinnliche Eindruck als ästhetische Erfahrung seine Wirkung entfalten kann, als ein Einwirken. Genauso braucht dann auch das explorativ-spielerische Handeln Zeit, mit dem auf das Einwirkungsgeschehen durch eigensinniges Handeln als gestalterischer Ausdruck geantwortet werden kann. Der Raum ist dabei als Medium neben dem Faktor Zeit entscheidend dafür, welche Eindrücke überhaupt entstehen können. Denn der Raum entscheidet, welche Spielformen, verstanden als eine gestalterische, expressiv-wahrnehmende Handlung, sich überhaupt entwickeln können. So kann zum Beispiel durch eine üppige Möblierung von Räumen, wie sie in Kitas durchaus oder oft noch üblich ist, der Raum als Erfahrungsraum verloren gehen. Er wirkt oder dient dann eher im Sinne einer Kontrolle von Wahrnehmungs-, Handlungs- und Bewegungsimpulsen und steht dadurch nicht mehr als Medium der Wahrnehmung und Handlung, zum Spiel und der Gestaltung zur Verfügung.

Demgegenüber geht es aus einer ästhetischen Perspektive auf Bildung um die Realisierung räumlich-materieller Dispositionen, die vielfältige Wahrnehmungs- und Handlungsweisen ermöglichen und selbst auch das Medium Raum als Raum erfahrbar werden lassen. Gleichzeitig verweist die ästhetisch-bildungstheoretische Reflexion der beiden Aspekte Raum und Zeit darauf, dass auch das sogenannte vermeintliche Freispiel ein bedingtes Spiel ist. Denn neben der Bedeutung der normativen Aspekte, die in dem Da-Sein des Anderen und der Anderen stecken, wie in den letzten beiden Abschnitten ausgeführt wurde, ist das Freispiel auch davon abhängig, in welchen Zeit-Räumen es sich entwickeln und entfalten kann und darf. Insofern sind auch diese beiden ganz grundlegenden Bildungsmedien Raum und Zeit, und das mag an dieser Stelle nicht mehr überraschen, wiederum von der professionellen Haltung abhängig: Werden sie kontinuierlich reflektiert und wenn nach welchen Kriterien und Normen gestaltet?

Grenzen und Verbote: Ein kleiner Exkurs zu einer ethisch-ästhetischen Perspektive

Im Zusammenhang mit den hier ausgeführten Gedanken zu einer reflexiven professionellen Haltung wird noch auf einen Punkt eingegangen, der vielleicht die ein oder andere Leser*in beim Lesen der letzten beiden Abschnitte schon beschäftigt hat: Gibt es auch Grenzen oder auch Verbote? Selbstverständlich führt eine ästhetisch-bildungstheoretische Perspektive die Frage von Grenzen und auch von Verboten als kontinuierliches Thema mit sich, aber eben nicht im Sinne einer absoluten Moral, sondern als ein situativ-relational-ethisches. Da es bei einer ästhetischen Bildungsperspektive immer um die Frage des Berührtseins von etwas und das Handeln zu etwas geht, geht es damit immer auch implizit oder auch explizit um die Themen von Achtsamkeit und Respekt. Das heißt nicht, dass es nicht situativ genau auch um die Erfahrung von Grenzüberschreitungen geht oder gehen kann. Denn aus einer entwicklungspsychologischen Perspektive scheint es doch vielmehr so zu sein, dass zum

Kennenlernen und auch zum Lernen der Achtung von Grenzen diese manchmal auch situativ überschritten werden müssen. Insofern ist eine ethische Perspektive, also die Frage nach situativen Regeln, der kontinuierliche Begleiter einer ästhetischen Bildungsperspektive. Sie erfordert das situativ-relationale Setzen von Grenzen und auch Verboten, wenn die Achtsamkeit gegenüber *dem Anderen* oder gegenüber *des Anderen* ganz verloren zu gehen droht, oder auch die Grenzüberschreitung, um die es vielleicht gerade geht, gar nicht mehr wahrgenommen wird.

Abschließend und als Überleitung zum nächsten Kapitel, gerade auch vor dem Hintergrund des kurzen Exkurses zu Grenzen und Regeln, soll nochmals zusammenfassend auf die Frage eingegangen werden, warum es so wichtig ist, dass Kindern ein weites Feld an Wahrnehmungsmöglichkeiten und ästhetischen Erfahrungen ermöglicht wird. Damit verbunden ist die bildungstheoretische Notwendigkeit, für Grenz- und Regelsetzung im höchsten Maße professionelle Verantwortung zu übernehmen, indem kontinuierlich im Sinne einer professionellen Haltung individuell und im Team über diese, und dort, wo möglich, auch im Dialog mit den Kindern, reflektiert wird.

Eine elementar ästhetisch-bildungstheoretische Perspektive betont das Faktum der Wechselseitigkeit von Selbst- und Welterfahrung. Kinder erfahren sich selbst und die Welt in und über ihr spielerisch-exploratives Handeln. Mit und über diese Erfahrungen bilden sie sich ein Bild von sich und der Welt und zwar in zweifacher Hinsicht: Was ist Welt und was sind sie selbst und wer sind sie in dieser Welt und wie ist die Welt zu ihnen? Dadurch bilden sich nicht nur reiche, sinnesvolle, differenzierte, symbolische Begriffe und sprachlicher Ausdruck. In den ästhetisch-spielerischen Deutungsversuchen bilden sich auch hochrelevante Fähigkeiten: genaue Wahrnehmung und Beobachtung, Vertrauen in die eigenen Ideen, Respekt vor dem Anderen und im besten Fall die essentielle Erfahrung der Unterstützung, der Ermutigung und Inspiration von und durch Andere.

Der Aspekt der Ermutigung, Unterstützung und Inspiration von und durch Andere, als eine weitere und vielleicht anspruchsvollste Facette einer professionellen Haltung, führt auch zu einer weiteren wichtigen Einsicht einer elementar-ästhetischen Bildungsperspektive: dem bildungsbereichsübergreifenden Charakter von Phänomenen. Wie dieser in Wahrnehmung und Handlung konkret unterstützt und gefördert werden kann, darum geht es im nächsten Kapitel.

3.3 Eine bildungsbereichsübergreifende Perspektive

Es gibt keine bildungsbereichsspezifischen Phänomene, Phänomene sind immer bildungsbereichsübergreifend. Sie sind ein offenes und weites Wahrnehmungsereignis, das sich nicht einem bestimmten Bildungsbereich zuordnen lässt (Duncker, 2010). Insofern sind sie immer inklusiv und lassen sich von vornherein nicht exklusiv einem Bildungsbereich zuordnen, sie berühren mehr oder weniger potentiell immer alle Bildungsbereiche (Wagenschein, 1980). Dies liegt an der jeweils unterschiedlichen individuellen Akzentuierung in der ästhetischen Erfahrung eines Kindes, die ihm jeweils einen eigenen Zugang zu einem Phänomen eröffnet. Gerade aufgrund der mannigfaltigen Möglichkeiten in der jeweiligen Akzentuierung im Berührtsein durch ein Phänomen macht es Sinn, vom Feld eines Phänomens oder eben Phänomenfeld zu sprechen. Jedoch lassen sich im Anschluss daran, gerade um einen orientierenden Rahmen für die Arbeit mit einer Gruppe von Kindern zu haben, aber auch zu bieten, weitere Handlungen zu und mit dem Phänomenfeld anregen. Um dies zu verdeutlichen, wird erneut auf das schon bekannte Beispiel des tropfenden Wasserhahns eingegangen.

Für einen zunächst weiten bildungsbereichsübergreifenden als auch in Folge dann bildungsbereichsdifferenzierend-anregenden Umgang mit einem Phänomen braucht es zunächst die Offenheit in der Wahrnehmung der Pädagog*innen. Es kommt darauf an, die Kinder in der Situation, in der sie sich befinden, in ihrem Interesse nicht nur wahrzunehmen, sondern dieses in seinem Potential wertzuschätzen. Dafür ist es zunächst wichtig, dass die Pädagog*innen die Kinder im und immer wieder in deren Staunen, im Berührtsein durch das Phänomen verweilen lassen. Die große Differenziertheit und auch Feinheit, die im spezifischen Zugang zu einem Phänomen von Kindern oder auch eines Kindes zum Ausdruck kommt, ist ein Plädoyer dafür, diese Mannigfaltigkeit zunächst vor allem wahrzunehmen und ihr Zeit und Raum zu geben in ihrem Zugang zu, im Umgang mit und in der Ausdifferenzierung des Phänomenfelds.

Auf dieser Grundlage und mit dieser Haltung ist es dann in Bezug auf das Beispiel des tropfenden Wasserhahns möglich, ganz verschiedene bildungsbereichsspezifische Aspekte des Phänomenfelds im Sinne einer weiteren Unterstützung des Bildungshandelns der Kinder zu fokussieren, anzuregen oder auszudifferenzieren. So könnte zum Beispiel in Bezug auf das Beispiel mit dem tropfenden Wasserhahn aus einer mathematischen Perspektive das Zählen der Tropfen angeregt und eventuell die Tropfen mit einem Gefäß aufgefangen werden, um zu sehen, wie es sich ganz allmählich füllt. Es könnte

Wasser in das Waschbecken gefüllt werden, um die Wirkung der Tropfen im Wasser zur Wahrnehmung zu bringen. Durch eine Modulation der Tropfen in kleine Tropfen und große Tropfen könnte der Zusammenhang von Größe der Tropfen und Größe der Wellen auf der Wasseroberfläche in den Fokus genommen werden als eine grundsätzlich naturwissenschaftliche Perspektive von Relationalität: Große Tropfen, große Wellen, kleine Tropfen, kleine Wellen. Über den Klang der Tropfen beim Aufkommen auf der Keramik- beziehungsweise Wasseroberfläche könnte eine musikalische Akzentuierung des Phänomens fokussiert werden, und hier könnte über die Fallhöhe der Tropfen der Klang moduliert werden. Bei der gemeinsamen Betrachtung des Formenspiels der Wellen, die durch den Aufschlag der Tropfen auf der Wasseroberfläche entstehen, wird eine bildnerisch-künstlerische Ebene eingeschlagen. Diese bildnerisch-künstlerische Ebene könnte vertieft werden, indem farbige Tropfen in das Waschbecken gegeben werden und anschließend mit Papier die Farb-Wasser-Bewegungsspuren gesammelt werden. Der verschiedene Klang der Tropfen beim Aufschlagen auf die Wasseroberfläche oder auch auf die Keramik des Beckens könnte aufgenommen werden und von da aus könnten sich Tropfen-Klang-Geschichten entwickeln. Besonders, aber nicht nur die Tropfen-Klang-Geschichte zeigt, dass ein solch ästhetisch-bildungsbereichübergreifendes Handeln immer auch implizite Sprachbildung und Förderung ist. Denn intensive und vielgestaltige Eindrücke und Erfahrungen wollen ausgedrückt werden, auch sprachlich und führen so zu differenzierter Sprach- und sinnerfüllter Vorstellungsbildung.

Damit diese hier skizzierte Vielheit an Bildungsperspektiven in Bezug auf ein Phänomenfeld entwickelt werden kann, braucht es zunächst die Wertschätzung des Interesses und der Spontanität der Kinder in ihrem Bildungshandeln von Seiten der Pädagog*innen. Gleichzeitig braucht es Mut für das Handeln ins und im Ungewissen sowie die didaktischen, fachlichen Kenntnisse und Fähigkeiten der Pädagog*innen, das Bildungshandeln der Kinder zu begleiten, behutsam anzuregen und ausdifferenzierend zu inspirieren. Am wichtigsten jedoch ist, und damit ist schon ganz viel gewonnen, die eigene lebendige Entdeckerfreude im explorativen Umgang mit Phänomenen: Ein immer noch und immer wieder (Mit-) Staunen können und ein Auf-dem-Weg-Sein mit den Kindern in und bei Ihren Entdeckungen. Dies führt zu einem gemeinsamen wertschätzenden Umgang mit den auftauchenden Fragen, dafür ist es nicht notwendig, mitunter sogar hinderlich, wenn die Pädagog*innen schon im Vorhinein alles wissen.

3.4 Vor oder am Anfang aller Kompetenzbildung

Die anhand des Beispiels des tropfenden Wasserhahns skizzierten Ausdifferenzierungsmöglichkeiten des Phänomenfelds zeigen konkrete Ansätze, sowohl in Hinblick auf eine umfassende bildungsbereichsübergreifende als auch erste spezifisch fachlich-kompetenzorientierte Frühförderung. Die Verbindung beider Aspekte ist ein wichtiger Orientierungsfaden zeitgemäßer und wirklich zukunftsorientierter Bildung gegenüber unserer gegenwärtigen Situation in einer Welt, in der mehr und mehr deutlich wird, dass nur im Zusammenspiel verschiedener Perspektiven Antworten auf die drängenden Fragen und Probleme unserer Zeit gefunden werden können. Daher macht es Sinn, eine Perspektive der Verschränkung, der gegenseitigen Wechselwirkung und Zusammenhänge der verschiedenen Erfahrungszugänge, Handlungsweisen und Wissensperspektiven, wie es zum Beispiel das Konzept der Ästhetischen Forschung in Bezug auf ein Phänomenfeld ermöglicht, schon früh in der Kita anzulegen (Kämpf-Jansen, 2001). Umso mehr, da gerade die Schule diese Verschränkung wieder trennt beziehungsweise in ein Neben- und Hintereinander auflöst, ohne sie in der Regel wieder systematisch oder gar systemisch in Beziehung zu setzen.

Gerade aber vor dem Hintergrund der sinnvollen und wichtigen Verbindung von bildungsbereichsübergreifenden als auch bildungsbereichsspezifischen Frühförderung ist es an dieser Stelle nochmals wichtig, den Moment einer ästhetischen Perspektive auf Bildung vor oder am Anfang aller Kompetenzbildung hervorzuheben. Kompetenzen, und so auch ein bildungsbereichsübergreifendes, systemisches Verständnis, sind ja immer schon bestimmte gesellschaftlich gewünschte oder gewollte, als richtig und wichtig befundene Wahrnehmungs- und Ausdrucksweisen.

Demgegenüber ist der ästhetische Moment von Bildung anormativ oder vornormativ, er entspringt der unmittelbaren Freude oder Lust am sinnlichen Berührtsein und der Lust und Freude, auf diesen Eindruck mit einem eigensinnigen Ausdruck zu antworten. Es geht um die gestalterische Entdeckung der Mannigfaltigkeit der Welt und der dabei gleichzeitigen Bildung der Vielfalt des eigenen Selbst. Das ist natürlich Kreation und Kreativität pur, aber eben nicht im Sinne eines funktionalen Einsatzes von Kreativität zur oder als Problemlösung. Oder anders gesagt: Eine ästhetisch orientierte Bildung wird später im Transfer umso mehr Wirkung entfalten, desto freier sie ist, wenn sie (zunächst) nichts in einem funktionalen Sinne leisten soll oder muss. Das heißt, wenn es (zunächst) »nur« um den Eigensinn, die Lust an der sinnlichen Entdeckung des Selbst in der wahrnehmend-handelnden Entdeckung der Welt und Freude der Entdeckung der Welt durch das wahrnehmend-handelnde Selbst geht. In dieser können sich dann drei ganz grundlegend-elementare Momente einer ästhetisch orientierten Bildung entfalten:

1. Die Entwicklung einer großen Differenziertheit von Berührungs-, Wahrnehmungs- und Ausdrucksmöglichkeiten und darin und dabei ein Selbstverständnis für den Umgang mit offenen komplexen Situationen.
2. Eine basale ethische Grundierung in der Selbst- und Weltbeziehung, indem über das sinnliche Wahrnehmen und Handeln als spielerisch-suchende Deutung der Dinge eine Ahnung des Zusammenhangs von der Deutung der Welt, meiner Relation zu ihr und meines Selbstverständnisses in ihr entstehen kann. Dabei geht es auch um die Erfahrung in der Fülle und Differenziertheit der Welt, die implizite Bedingung der Möglichkeit zur Fülle und Differenziertheit der Erfahrung des eigenen Selbst zu begreifen.
3. In Verbindung mit der basalen ethischen Orientierung die Ausbildung eines tiefen sozialen Vertrauens: Ich werde in meinem Zur-Welt-Sein wahrgenommen, ernst genommen und in meinem Interesse sogar unterstützt. Gleichzeitig kann ich Andere anregen und unterstützen. Der aktuell hochrelevante und vielgeführte Diskurs um Salutogenese und Resilienz verdeutlicht diese Relevanz dieser basalen Bildungserfahrungen, gerade auch im Hinblick auf die Frage, welche Erwartungshaltungen an die Welt sich in der Ausbildung der eigenen Identität bilden (Antonovsky, 1997/1997, Fathi, 2019, Fröhlich-Gildhoff & Rönnau-Böse, 2009).

Zusammenfassen lassen sich diese drei Aspekte als genussvolle Freude an der gestalterischen Entdeckung der Diversität der Welt, von sich selbst und der Neugier, wer und was ich noch in der Bewegung zur Welt sowie in der vielfältigen Bewegung und im Berührtsein durch und von Welt sein könnte. Es geht dabei nicht um Festlegung und Exklusion, sondern um die Freude an der gegenseitigen Vielfalt, dem Sowohl-als-Auch. Diese grundlegend diversitätsbejahende Haltung einer elementar-ästhetischen Bildungsperspektive wird nochmals ganz konkret und praktisch deutlich, wenn daran gedacht wird, dass ein vermeintlicher Defekt, ein Mangelding wie ein tropfender Wasserhahn Herzstück eines reichen Bildungsgeschehen, mannigfaltiger Selbst- und Welterfahrung werden kann.

3.5 Literatur

Antonovsky, A. & Franke, A. (Hrsg.) (1997): *Salutogenese. Zur Entmystifizierung der Gesundheit* (Forum für Verhaltenstherapie und psychosoziale Praxis, Bd. 36). Tübingen: dgvt.
Cassirer, E. (2007): *Versuch über den Menschen. Einführung in eine Philosophie der Kultur.* Hamburg: Meiner Felix.
Dewey, J. (2000): *Demokratie und Erziehung.* Weinheim: Beltz
Dietrich, C., Krinninger, D. & Schubert, V. (2013): *Einführung in die Ästhetische Bildung.* Weinheim und Basel: Beltz Juventa.
Duncker, L, Maurer, F. & Schäfer, G. (1993): *Kindliche Phantasie und ästhetische Erfahrung. Wirklichkeiten zwischen Ich und Welt.* Langenaus-Ulm: Armis Vaas.
Duncker, L., Lieber, G., Neuß, N. & Uhlig, B. (Hrsg.) (2010): *Bildung in der Kindheit. Das Handbuch zum Lernen in Kindergarten und Grundschule.* Seelze: Kallmeyer/Klett.
Duncker, L. (2010): Kindliches Lernen und ästhetische Erfahrung. In: L. Duncker, G. Lieber, N. Neuß & B. Uhlig (Hrsg.), *Bildung in der Kindheit. Das Handbuch zum Lernen in Kindergarten und Grundschule* (S. 12–17). Seelze: Kallmeyer/Klett.
Fathi, K. (2019): *Resilienz im Spannungsfeld zwischen Entwicklung und Nachhaltigkeit – Anforderungen an gesellschaftliche Zukunftssicherung im 21. Jahrhundert.* Heidelberg: Springer.
Fuchs, T. (2000): *Leib – Raum – Person. Entwurf einer phänomenologischen Anthropologie.* Stuttgart: Klett-Cotta.
Fuchs, T. (2008): *Leib und Lebenswelt: Neue philosophisch-psychiatrische Essays.* Zug/Schweiz: Graue Edition.
Fröhlich-Gildhoff, K. & Rönnau-Böse, M. (2009): *Resilienz.* Reinhardt, München: Reinhardt.
Kämpf-Jansen, H. (2001): *Ästhetische Forschung, Wege durch Alltag, Kunst und Wissenschaft. Zu einem innovativen Konzept ästhetischer Bildung.* Baden-Baden: Tectum.
Kussmaul, M. (2017): Ästhetisch-künstlerische Bildung in der frühen Kindheit. In: J. Kettel (Hrsg.), *Missing_LINK 2016, Übergangsformen von Kunst und Pädagogik in der Kulturellen Bildung, Künstlerische Kunstpädagogik im Kontext* (S. 38–42). Oberhausen: Athena.
Liebau, E. (2013): *Die Kunst des Lernens* (Schriftenreihe der Landesstiftung Baden-Württemberg; 43: Musisch-ästhetische Modellprojekte in Kindergärten und anderen Tageseinrichtungen für Kinder).
Lippitz, W. (1999): Aspekte einer phänomenologisch orientierten pädagogisch-anthropologischen Erforschung von Kindern. Anmerkungen zur aktuellen These der Kindheitsforschung: »Das Kind als sozialer Akteur«. In: *Vierteljahresschrift für wissenschaftliche Pädagogik,* 75 Jg., Heft 2. S. 238–247
Lippitz, W. (2009): Fremdheit und Andersheit in pädagogischen Kontexten. In: K. Westphal & W.-A. Liebert (Hrsg.): *Gegenwärtigkeit und Fremdheit. Wissenschaft und Künste im Dialog über Bildung* (S. 69–88). Weinheim und Basel: Beltz Juventa.
Mattenklott, G. & Rora, C. (Hrsg.) (2004): *Ästhetische Erfahrung in der Kindheit. Theoretische Grundlage und empirische Forschung.* Weinheim und Basel: Beltz Juventa.
Merleau-Ponty, M. (1974): *Phänomenologie der Wahrnehmung.* Berlin: de Gruyter.
Mollenhauer, K. (1983): *Vergessene Zusammenhänge. Über Kultur und Erziehung.* Weinheim und Basel: Juventa.

Nießeler, A. (2010): Symbolische Formen in der kindlichen Weltaneignung. In: L. Duncker, G. Lieber, N. Neuß & B. Uhlig (Hrsg.), *Bildung in der Kindheit. Das Handbuch zum Lernen in Kindergarten und Grundschule* (S. 38–42). Seelze: Kallmeyer/Klett.

Schäfer, G. (2011): *Was ist frühkindliche Bildung? Kindlicher Anfängergeist in einer Kultur des Lernens.* Weinheim und Basel: Juventa.

Staege, R. (Hrsg.) (2016): *Ästhetische Bildung in der Kindheit.* Weinheim und Basel: Beltz Juventa.

Stenger, U. (2007): Zum Ereignischarakter von Bildungsprozessen, In: Ch. Wulf & Zirfas J. (2007): *Pädagogik des Performativen, Theorien Methoden Perspektiven* (S. 59–71) Weinheim: Beltz.

Stieve, C. (2008): *Von den Dingen lernen. Die Gegenstände unserer Kindheit.* Paderborn: Wilhelm Fink.

Wagenschein, M. & Berg, H. Ch. (Hrsg.) (1980): *Naturphänomene sehen und verstehen. Genetische Lehrgänge.* Stuttgart: Klett.

Waldenfels, B. (1997): Phänomenologie der Erfahrung, In: B. Waldenfels (Hrsg.): *Topographie des Fremden, Studien zur Phänomenologie des Fremden I* (S. 17–18). Berlin: Suhrkamp.

Waldenfels, B. (2010): *Sinne und die Künste im Wechselspiel, Modi ästhetischer Erfahrung.* Berlin: Suhrkamp.

Wolf, B. (2016): *Kinder lernen leiblich.* Freiburg/München: Karl Alber.

II

Methodische Kompetenz nach Bildungsbereichen

Die Auswahl der in diesem Band vorgeschlagenen Methoden entlang der einzelnen Bildungsbereiche beruht auf dem Prinzip des kindzentrierten Lernens und spricht altersspezifische Entwicklungs- und Bildungsthemen der Kinder an. Die Methoden werden der Lernnatur des Kindes angemessen und interaktiv dargeboten und sind sowohl individuell als auch in kleineren oder größeren Gruppen umsetzbar. Sie erlauben eine systematische Bildungsförderung, die eine Reflexion und Planung des pädagogischen Handelns voraussetzt (Roth & Strüber, 2015, Braun, 2012), so dass die neuen Themen und Inhalte auf vielfältige Weise präsentiert und mit bekannten Inhalten verknüpft werden können. Das Lernen wird nachhaltiger, wenn die Kinder sich auf unterschiedliche Art – emotional, körperlich, kognitiv, sprachlich – aktiv beteiligen. Durch verschiedene Beschäftigungen, seien es Bewegung und Sport, naturwissenschaftliche Themen, Verstehen von Kunstwerken, Thematisieren von verschiedenen »Erwachsenen«-Fragen oder Erzählen einer Bildergeschichte – werden gezielt einzelne Themen und Wissenserfahrungen angesprochen. Im kognitiven Bereich werden zum Beispiel Abstraktionsfähigkeit, Urteilsvermögen, Problemlöse- und Kritikfähigkeit eingeübt. Im sozialen Bereich rücken durch die Gruppenausrichtung der Angebote Erzählkompetenz und Gesprächsführung sowie Verhaltensregeln und der soziale Umgang in der Gruppe in den Mittelpunkt. Mittels der Vielfalt der hier besprochenen Methoden werden auch kreative Fähigkeiten wie die sinnliche Wahrnehmung, Fantasie, Körperwahrnehmung oder ästhetisches Empfinden angeregt.

Die Ausrichtung der methodischen Auswahl zielt darauf ab, dass jedes Kind sich aktiv beteiligt, seine Grenzen ausprobiert, Erfolge und Spaß mit neuem Erkenntnisgewinn erlebt. Eine emotional positiv gestaltete Umgebung, Zuwendung und ungeteilte Aufmerksamkeit der pädagogischen Fachkraft schaffen einen guten Rahmen für ein erfolgreiches und gewinnbringendes Handeln mit Kindern.

Mit dem gezielten Einsatz von verschiedenen Methoden und der Planung von Angeboten werden die Kinder in ihren verschiedenen Fähigkeiten gestärkt. Mit einer gruppenbezogenen Ausrichtung der meisten Angebote und deren Bezug zur Alltagswelt und den Erfahrungen der Kinder steht die Förderung des sozial-emotionalen Bereiches und der Alltagskompetenz stets im Vordergrund. Die vorgeschlagenen Methoden ermöglichen ko-konstruktiv, ganzheitlich und alltagsorientiert die Kinder gezielt und systematisch in neue Themen einzuführen und spielerisch den Kindergartenalltag zu bereichern. Pädagogische Fachkräfte können die vorgeschlagenen Übungen, Spiele und Projekte selbst gestalten oder auch den Kindern die Regie überlassen und ausgehend von ihren Interessen weiterentwickeln. In diesem Fall können Angebote einen eher offenen Verlauf nehmen und dann in weitere Beschäftigungsideen, geleitet durch Impulse der Kinder, übergehen. Viele von den vorgeschlagenen Methoden haben eine dialogische Ausrichtung und regen die Kinder an, weiterhin über die Themen und ausprobierten Beschäftigungen nachzudenken. Durch verschiedene Ausdrucksweisen der Kinder und des Einsatzes von Körpersprache, Stimme, Mimik und Intonation machen die Kinder auch die wertvolle Erfahrung, dass man durch eigenes (Sprach)Handeln etwas bewirken kann.

Dabei ist die Zone der nächsten Entwicklung jedes einzelnen Kindes zu berücksichtigen. Was kann das Kind schon, was kann ich ihm als Nächstes zumuten und wie viel Unterstützung benötigt es – all diese Fragen helfen den pädagogischen Fachkräften bei der Planung, die Angebote möglichst individuell für jedes Kind zu gestalten.

Nach der Durchführung der Angebote ist es für den weiteren Ablauf wichtig, einzuschätzen, ob weiterführende Aktivitäten zu behandelten Themen stattfinden sollen. Die eigene persönliche Reflexion der Qualität der Angebote, der

Kinderbeteiligung, der Weiterführung des Themas ist ein qualitativsicherndes Merkmal der pädagogischen Arbeit im Alltag.

Um schon erprobte Methoden in die systematische Praxis der Einrichtung einführen zu können, wird empfohlen, eine Fotodokumentation mit einer kurzen Beschreibung und eigener Bewertung des Angebots für andere Kolleginnen anzulegen. Eine andere Möglichkeit wäre, beschriftete Fotodokumentationen in Form von »sprechenden Wänden« zu gestalten. Hier bietet sich die Möglichkeit, dass die Familien und Kollegi*nnen weitere methodische Anregungen mitnehmen.

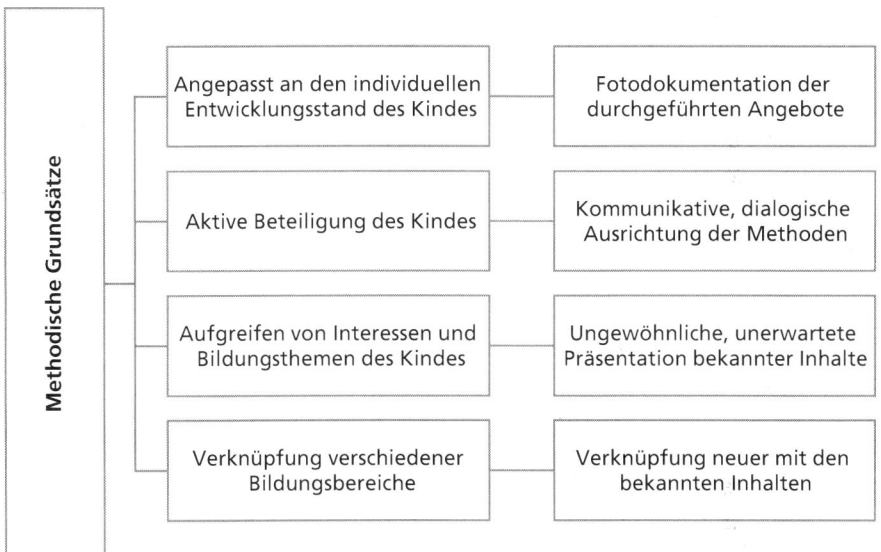

Abb. II.1: Methodische Grundsätze bei der praktischen Durchführung

1

Ästhetische Bildung und Kunst

Christian Widdascheck

1.1 Theoretisch-konzeptuelle Grundlagen. Was ist und was will ästhetisch-künstlerische Bildung?

Drei Phänomene sind in Kitas noch häufig zu beobachten, wenn es um den Bildungsbereich Kunst geht:

- oft noch eher vorgegebenes Basteln, insbesondere im Zusammenhang mit den Jahreszeiten und bestimmten Festen und Feiertagen im Jahresverlauf, zu erkennen an periodisch auftretenden (Fenster-)Basteleien, die durch ihre Einförmigkeit auffallen;
- Materialien für bildnerisch-künstlerisches Arbeiten, mit denen Kinder selbstständig und frei zugänglich arbeiten können, beschränken sich oft vor allem auf Farben und hier insbesondere Bunt- und Filzstifte;
- immer öfter wird in Kitas auch im Sinne bestimmter Künstler*innen oder künstlerischer Richtungen gearbeitet, wobei dabei oft nicht klar ist, was die

genaue Bildungsintention ist, warum eine bestimmte Künstlerin ausgewählt wurde.

Auf die mit diesen drei Beispielen umrissene Situation möchte der folgende Beitrag antworten und Erweiterungen und Alternativen aufzeigen, indem er konsequent eine Perspektive künstlerischer Bildung verfolgt. Dabei versucht dieser Beitrag im Wesentlichen, folgende Fragen zu klären:

- Was ist ästhetisch-künstlerisches Handeln und was sind mögliche Bildungserfahrungen in und durch ästhetisch-künstlerisches Handeln (Abschnitt 1)?
- Was bedeutet dies für die Einstellung und wie müssen die Rahmenbedingungen sein, damit ästhetisch-künstlerisches Handeln entstehen und bildsam werden kann (Abschnitt 2 und 3)?
- Wie können konkrete Handlungsimpulse, Arrangements und Themen gestaltet werden, damit das sich das Potential ästhetisch-künstlerischer Bildung realisieren kann (Abschnitt 4)?

Diese Intention des Beitrags kommt auf einer theoretischen Ebene schon in dem Bindestrich-Begriff *ästhetisch-künstlerischer Bildung* zum Ausdruck, der deshalb bewusst in dieser Form als Titel des Beitrags gewählt wurde.

Der Aspekt des Ästhetischen, als erster Teil des Bindestrich-Begriffs, betont die Notwendigkeit eines besonderen sinnlichen Berührtseins, damit sich der Bildungsprozess entfalten kann. Damit diese besondere Form der sinnlichen Berührung entstehen kann, braucht es wiederum Bedingungen. Eine zentrale dabei ist, dass ein Kind von einer sinnlichen Gegebenheit ergriffen wird und dadurch eine ästhetische Erfahrung für das Kind entsteht. Eine Ästhetische Erfahrung bedeutet, dass unsere sinnliche Wahrnehmung, die ja unser ständiger Begleiter ist, aus ihrer für den alltäglichen Lebensvollzug notwendigen Funktionalität ausbricht. Dadurch wird das, das wir gerade wahrnehmen, selbst zum Thema, zu etwas, was uns in einer offenen intensiven Art und Weise berührt. Indem es so aus seiner geklärten Alltäglichkeit herausfällt, in der schon immer klar ist, was etwas ist, was es bedeutet und für was es da ist, wird es in diesem Sinne fremd und befremdet. Es fordert heraus, mit ihm als Phänomen umzugehen, um im gestaltenden Handeln herauszufinden, was das Phänomen ist und was das Phänomen für einen bedeutet. Dies berührt letztendlich auch die Dimension, wer ich in Relation zu dem Phänomen bin. Das heißt, es geht in der ästhetischen Auseinandersetzung mit einem Phänomen um dreierlei: Es geht um den geteilten, phänomenalen Erfahrungsraum und ausgehend davon, was das Phänomen für sich ist und wer ich in Relation zu dem Phänomen bin?[6]

Der Aspekt des Künstlerischen, als zweiter Teil des Bindestrich-Begriffs, setzt genau an dieser Stelle an. Denn er betrifft die Frage, welche Handlungsformen und welche Wahrnehmungsweisen, die ja durch die Handlungsformen entstehen, dann zur gestalterischen Auseinandersetzung mit einem Phänomen zur Verfügung stehen, unterstützt, angeregt oder mitunter auch akzeptiert und toleriert werden. Dies ist insofern von höchster Relevanz, da, je diverser die künstlerischen Handlungsformen sind, die zur gestalterischen Auseinandersetzung mit einem Phänomen zur Verfügung stehen, desto differenzierter und vielfältiger wird das über die Wahrnehmung sich entwickelnde Verständnis für das Phänomen und für mich in Relation zu dem Phänomen.

Kindern ist es zu eigen, dass sie leicht in eine ästhetische Wahrnehmung von sinnlichen Gegebenheiten kommen, da sie die Welt und sich selbst erst kennenlernen und dadurch offener und weniger vorstellungsgeleitet sind (Dunker, 2010). In gewisser Weise ist ihre sinnliche Wahrnehmung dadurch für die ästhetische Erfahrungsdimension offener als die von Erwachsenen, da die sinnlichen Wahrnehmungen bei Kindern noch weniger durch Vorstellungen, geklärte Wahrnehmungsgestalten und eine funktionale Perspektive überformt sind. Genau dieser Aspekt kommt ja auch im sogenannten Freispiel von Kindern zum Ausdruck, denn Spielen entzündet sich aus einer ästhetischen Bildungsperspektive an der gestalterischen Auseinandersetzung mit einem Phänomen. Dieses Phänomen kann Wind sein, es kann das Mischen von Farben, die Berührung von Wasser, die Erfahrung von Bewegung im Raum oder können auch bestimmte Beziehungskonstellationen sein, wie beim Spielen mit der Familie.

Im explorierend-gestalterischen Spielen klären Kinder für sich diese Phänomene, um sich darüber und damit ein Bild von der Welt und von sich selbst zu bilden. Dieser Prozess ist niemals abgeschlossen, vielmehr noch, im Sinne einer Neu- und Umbildung des Welt- und Selbstverständnisses muss er sich sogar immer wieder eröffnen. Und je reicher die Handlungsformen sind, die Kindern in der gestalterischen Auseinandersetzung mit einem Phänomen zur Verfügung stehen, desto reicher sind die Erfahrungen und desto vielfältiger ist ihr Welt- und das eigenes Selbstverständnis, die Wahrnehmungswei-

---

6 Zur Vertiefung der hier nur kurz ausgeführten Überlegungen zu der ästhetischen Dimension von Bildung, sei auf den Abschnitt I, Kap. 4 des in diesem Buch voranstehenden Beitrags verwiesen.

sen von Welt und die Ausdrucksweisen zur Welt, die Kindern zur Verfügung stehen. Dafür sind die Künste und künstlerische Handlungsweisen in der Kita von elementarer Bedeutung, indem sie genau dafür ein unerschöpfliches Gestaltungsrepertoire an mannigfaltigen, diversen und differenziertesten Handlungs- und Wahrnehmungsweisen bieten.

Da dieser Beitrag von ästhetisch-künstlerischer Bildung im Kontext früher Bildung in Kitas handelt, ist es wichtig zu beachten, dass es bei künstlerischer Bildung hier vor allem um die Kunstformen in ihrer anfänglichen Berührung geht. Das heißt, es geht weniger um Theater, Tanz, Musik und bildende Kunst als abgegrenzte ausdifferenzierte Sparten, sondern vor allem um performative, tänzerische, musikalische und bildnerische Handlungsweisen und Gestaltungsformen in der Auseinandersetzung mit Themen und Phänomenen, die die Kinder vorfinden, einbringen und die ihnen angeboten werden. Diese übergreifende künstlerische Perspektive ist in der frühen Bildung in der Bildungsarbeit von großer Bedeutung, da Kinder in ihrem Bildungshandeln nicht nur ständig Bildungsbereiche unterwandern,[7] sondern genauso die künstlerischen Sparten. Insofern ist es hilfreich, das Handeln und Wahrnehmen, das mit den Künsten als elementarer Teil der Bildungsarbeit und für das Bildungshandeln von Kindern ermöglicht wird, als künstlerisches Spiel zu begreifen. Denn bei ästhetisch-künstlerischer Bildung im Kindesalter geht es also vor allem um ästhetisch-künstlerisches Spielen und ästhetisch-künstlerisches Spiel, die Exploration mit den Wahrnehmungs- und Ausdrucksmöglichkeiten durch und mit den Mitteln der Künste und der unterschiedlichen künstlerischen Handlungsformen in der sinnlichen Berührung von und mit Welt. Die Verbindung von Kunst und Spiel, beziehungsweise spielerischer künstlerischer Praxis, ist dabei deshalb so wichtig, da dann Spielen, insbesondere in Verbindung mit und durch die Mittel der Künste, als eine Gestaltungstätigkeit und Gestaltgebungspraxis erkannt und anerkannt wird. Diese inklusive Perspektive auf die Verbindung von Spiel und künstlerischer Tätigkeit verdeutlicht auch, dass sich ästhetisch-künstlerischer Bildung immer wieder in Bezugnahme zum Alltag und aus Alltagsthemen entwickelt und diese Verbindung auch immer wieder deutlich werden sollte.

Damit ist auch völlig klar, dass es vor dem Hintergrund dieser ästhetisch-künstlerischen Bildungsperspektive, die dieser Beitrag verfolgt, folglich im Kindesalter weder um das Erlernen und Beherrschen künstlerischer Techniken als Selbstzweck noch im Sinne eines klassischen bildungsbürgerlichen Verständnisses um das Kennen eines bestimmten künstlerischen Kanons geht.

---

7 Siehe dazu auch Kapitel 3.3, Abschnitt I.

1.2 Aus der Forschung

Systematische empirische Forschung zu ästhetisch-künstlerischer Bildung im Kontext Kita steht noch ganz am Anfang. Es gibt einzelne qualitative Forschungsansätze, die Bedingung und Voraussetzungen einzelner Settings befragen und über qualitative Forschungsmethoden versuchen, sich dem Prozess und Inhalt ästhetischer Erfahrung im Kontext Kita von Kindern annähern (Staege, 2016, Mattenklott & Rora, 2004). Dabei ist ein zentrales Anliegen, nicht nur aufzuzeigen, dass die ästhetische Dimension gerade für Bildungsprozesse in der frühen Kindheit konstitutiv ist, sondern herauszuarbeiten, über welche Wahrnehmungs- und Ausdrucksweisen von Kindern sich diese Dimension zeigt.

Empirische Untersuchungen zu den langfristigen Bildungseffekten für Kita-Kinder, die systematisch eine intensive ästhetisch-künstlerische Bildung genossen haben, gibt es bisher noch nicht.

Für den Bereich der Schule ist dies anders. Hierzu gibt es eine ausgewiesene deutschsprachige Forschung, die sich mit den Transferwirkungen künstlerischer Tätigkeiten beschäftigt (Rittelmeyer, 2010). Jedoch zeigt sich in den Forschungsergebnissen von Rittelmeyer zu den Transferwirkungen künstlerischer Tätigkeiten im Kontext von Schule ein wesentlicher Aspekt des Spannungsfeldes von empirischer Forschung zu der Wirkung und den Effekten künstlerischer Bildung. Es betrifft die Frage, ob es um Transfereffekte geht, das heißt inwiefern künstlerische Bildung zum Beispiel kognitive Funktionen oder emotionale Bildung stimuliert, oder ob die Effekte künstlerischer Bildung mit ihren eigenen und anhand ihrer eigenen Mittel gemessen werden: Das heißt unter anderem, inwiefern sich künstlerische Ausdrucksweisen oder die Wahrnehmungsweise von Kunst selbst ausdifferenziert.

Denn wenn die Künste als mannigfaltige Wahrnehmungs- und Ausdrucksformen in ihrem Eigensinn ernst genommen werden, wie dies zum Beispiel auch das Konzept der 100 Sprachen der Reggiopädagogik betont (Brockschnieder, 2017), dann darf sich der Effekt und die Frage nach der Wirkung künstlerischer Bildung nicht vor allem nach und auf außenkünstlerische Kriterien und Kategorien richten.

1.3 Die Einstellung gegenüber ästhetisch-künstlerischer Bildung

Ästhetisch-künstlerische, verstanden als Kulturelle Bildung eröffnet Kindern in einer biographischen Entwicklungsphase, die in dieser Intensität nicht wiederkehrt, die Möglichkeit, vielfältige und differenzierte Ausdrucks- und Wahrnehmungsweisen zu entdecken, auszubilden und lädt gleichzeitig dazu ein, einen erkundenden spielerisch-gestalterischen Umgang mit diesen zu verinnerlichen, im Sinne eines transkulturellen Bildungsverständnis.[8]

Wenn dies anerkannt wird, dann wird die immense Bedeutung ästhetisch-künstlerischer Bildung deutlich. Sie ist kein nettes Beiwerk in einer Kita, sondern hat elementar-grundlegende Bedeutung für die Realisierung einer wirklich so verstandenen kulturellen Bildungspraxis, die den Kindern die Chance gibt, sich und die Welt in vielfältiger und differenzierter Art und Weise wahrzunehmen und zum Ausdruck zu bringen. Für die Realisierung dieses Wechselspiels von Selbst- und Weltwahrnehmung und Welt- und Selbstausdruck ist letztendlich die Frage entscheidend, welche Möglichkeiten Kinder überhaupt bekommen, sich selbst entdecken bzw. wahrnehmen zu können und welchen Zugang sie zur Welt bekommen, ihnen zugestanden wird? Das bedeutet auch ganz praktisch: Zu welchen (kulturellen) Orten, Materialien, Medien Ausdrucksmöglichkeiten können Kinder im Sinne kulturelle Teilhabe eine Beziehung entwickeln?

Deshalb ist die Einstellung der Pädagog*innen entscheidend, ob sie die Bedeutung der Künste und ästhetisch-künstlerischer Handlungsweisen als elementaren Bestandteil jeglicher Bildungsarbeit in der Kita sehen oder als nur ein additives »nice to have«. Über eine theoretisch-intellektuelle Auseinandersetzung, zum Beispiel durch diesen Beitrag, kann sich die prinzipielle Einstellung zur ästhetisch-künstlersichern Bildung ändern und deren Bedeutung neu bewertet werden, den sie für kindliche Bildung hat.

Die eigene erfahrungsbasierte Auseinandersetzung mit künstlerischen Traditionen und Handlungsweisen ist aufbauend darauf oder in Ergänzung genauso wichtig, damit in der konkreten pädagogischen Arbeit ästhetisch-künstlerische Prozesse bei Kindern entsprechend wahrgenommen, wertgeschätzt und ausdifferenzierend begleitet werden können.

---

8 Dies kann in einem unbedingt nichtfunktionalen und nichtfunktionellen Sinne durchaus auch als ein wesentlicher Aspekt eines Bildungshabitus von Lebenslangem Lernen verstanden werden.

Deshalb ist die Frage relevant, welchen erfahrungsbasiert-lebensweltlichen Bezug die Pädagog*innen selbst zu den Künsten haben. Sind Museen für sie selbst vertraute Orte? Wie vielfältig ist die Musik, die man selbst kennt und hört? Sind Farben ein Ausdrucksmedium, mit dem auch noch im Erwachsenenalter eine Beziehung gepflegt wird? Gibt es eigene Erfahrungen mit Bewegung und Tanz? Gab es in der Biografie Erfahrungen mit Theater, rezeptiv oder produktiv? Was ist der eigene Bezug zu Literatur, Poesie und Büchern?

Der bekannte Satz aus der Reggio-Pädagogik, dass Kinder 100 Sprachen haben, verweist auf den Zusammenhang, dass Kindern potentiell die vielfältigsten Ausdrucksformen zur Verfügung stehen, diese sich jedoch aufgrund der jeweilgen kulturellen Sozialisation in der Regel oft stark dezimieren beziehungsweise nicht realisieren oder ausdifferenzieren können (Brockschnieder, 2017). Künstlerische Handlungsweisen und Ausdruckstraditionen im Kontext kultureller Bildung möchten genau dieser sozialisationsbedingten Verarmung von Ausdrucks- und Wahrnehmungsformen entgegenwirken, indem die Künste Ausdifferenzierungsformen für Wahrnehmungs- und Ausdrucksanlagen bieten und kulturell-alltagspraktisch bedingte Einschränkungen in Wahrnehmung und Ausdruck immer wieder befragen und erweitern. Deshalb ist die Frage, welche Einstellung aufgrund von intellektuell-theoretischer und persönlich-biographischen Erfahrungen pädagogische Fachkräfte gegenüber künstlerischen Ausdrucks- und Wahrnehmungsformen haben, hochrelevant.

Hier stellt sich die professionelle Aufgabe, in einem Team, gemeinsam offen und ehrlich zu sondieren, wer welche Erfahrungen und Vertrautheit in Bezug auf die Künste einbringen kann und wo Interesse besteht, dieses erstmals, wieder oder weiter zu vertiefen. Denn ohne ein Funken von wirklichem eigenem Interesse an einer Kunstform hat eine Beschäftigung mit dieser keinen Sinn, da es eben Künsten und künstlerischen Ausdrucksformen immanent ist, dass man sich mit diesen nicht rein äußerlich ohne innere Beteiligung auseinandersetzen und beschäftigen kann. Genau das macht ja ihren besonderen Wert und ihre Bedeutung für Bildungsprozesse aus: Sie leben durch und in emotionaler Beteiligung und insofern erfordern sie diese auch. Wenn sich also eine Kita oder auch ein Träger ästhetisch-künstlerischer als kultureller Bildung verpflichtet fühlt, dann ist die Frage des eigenen Zugangs der Pädagog*innen, ihres Interesses und aktiven Umgangs mit künstlerischen Formen ein zentrales Thema, nicht nur, aber auch für die Planung von Inhouse-Weiterbildungen oder externer Fortbildung.

Eine über diese verschiedenen Formen, Formate und Möglichkeiten sowohl theoretisch-intellektuelle als auch berufsbiografisch-praktische Auseinandersetzung mit ästhetisch-künstlerischer Bildung müsste sich dann:

- auf die Rahmenbedingungen, die für diese gegeben und geschaffen werden, und
- die konkrete Haltung und didaktische Handlungsformen der Pädagog*innen bei der Begleitung, Unterstützung, und Anregung der künstlerischen Handlungsformen von Kindern auswirken.

1.4 Rahmenbedingungen und pädagogische Haltung für ästhetisch-künstlerische Bildung

Neben der im letzten Kapitel immanent und explizit thematisierten Offenheit, Wertschätzung und Aufmerksamkeit gegenüber der Vielfalt an Wahrnehmungs- und Handlungsformen von Kindern, als notwendige Grundbedingungen für ästhetisch-künstlerische Bildung, geht es hier nun um die konkreten Rahmenbedingungen und die Haltung, die aus dieser Einstellung folgen, damit sich das Potential ästhetisch-kultureller Bildung entfalten kann. Grundlegend für alle dazu im Folgenden beschriebenen fünf Aspekte ist eine phänomenologische Perspektive, die immer nach der möglichen Erfahrung fragt, die mit einem Material, mit einer Technik oder mit einem Thema gemacht werden können. Diese Perspektive ist deshalb so wichtig, da die Frage nach der Erfahrung, die Kinder mit einer Sache machen, unmittelbar in Verbindung steht mit dem Bildungsprozess, der sich in, mit und über die Erfahrung bildet (Dewey, 1934/1988). Das heißt, in der phänomenologisch-erfahrungsbezogenen Perspektive, die für die folgenden fünf Aspekte leitend ist, drückt sich der stringente ästhetisch-künstlerische Bildungsfokus dieses Beitrags aus.

1.4.1 Material und Medium

Die Spezifik der Medien in den Künsten

Dieser Beitrag handelt von ästhetisch-künstlerischer Bildung in der Kita. Insofern geht es potentiell um kunstspartenübergreifende Wahrnehmungs- und Ausdrucksweisen, denn es ist dem ästhetisch-künstlerischen Handeln von Kindern immanent, ganz im Sinne der Unterwanderung von Bildungsbereichen, sich auch nicht an die Kategorie von Kunstsparten (u. a. Tanz, Musik, Theater) zu halten. Vielmehr ist es so, dass ästhetisch-künstlerisches Handeln von Kindern vielmehr die spezifische Medialität der verschiedenen Kunstformen in deren Anfänglichkeit berührt und betritt.

Jede Kunstform eröffnet durch die Situiertheit und die Akzentuierung der ihr eigenen Medialitäten und Handlungsweisen, beispielsweise dem spezifischen und differenzierten Umgang mit Ton und Zeit in der Musik, dem Körper, der Mimik, der Gestik und Sprache im Theater oder der Bewegung, Zeit und Raum im Tanz, jeweils ganz eigene Erfahrungswelten (Brandstätter 2008). Gerade vor dem Hintergrund der Anerkennung dieser Spezifik der Vielfalt und des Reichtums künstlerischer Wahrnehmungs- und Ausdrucksformen in den verschiedenen Künsten geht es um ästhetisch-bildnerisches künstlerisches Handeln. Wobei aufgrund des spartenübergreifenden beziehungsweise spartenunterwandernden ästhetisch-künstlerischen Handelns von Kindern andere Kunstformen immer wieder auch tangiert oder situativ mit einbezogen, in ihrer Spezifik aber nicht systematisch vorgestellt werden. Für das ästhetisch-bildnerische Handeln gilt ebenfalls die in diesem Kapitel eingangs bereits erwähnte phänomenologische Perspektive in Bezug auf die Erfahrungsspezifität der Medialität: So ist zum Beispiel die Arbeit mit Tonerde in aufbauender oder abbauender Technik etwas ganz Anderes wie das Malen mit Aquarellfarben, trocken oder nass in nass.[9]

Das Medium als ein Zusammenspiel mehrerer Faktoren

Die phänomenologisch-erfahrungsbezogene Perspektive bringt gerade in Bezug auf bildnerisch-künstlerische Medien eine ganz wesentliche Erkenntnis mit sich. Jedes bildnerisch-künstlerische Medium ist ein Zusammenspiel aus mehreren Faktoren. So ist zum Bespiel das Medium Tonerde als künstlerisches Material abhängig von der Menge an Wasser, die es enthält oder die ihr zugefügt wird. Die Erfahrung des Mediums Farbe ist abhängig von dem Auftragsmedium, dem Pinsel, den Fingern oder ob dazu mit einem anderen Gegenstand/Ding gearbeitet wird und dem Trägermaterial, sei es Papier oder Holz, auf das die Farbe aufgebracht wird.

Zentrale Faktoren in der Arbeit mit allen bildnerisch-künstlerischen Medien, vielleicht sogar die elementarsten immanenten Aspekte sind *Zeit*

---

9 Als ein wunderbarer reicher Fundus für ein im Sinne dieser Publikation offenes und differenziertes Verständnis von bildnerisch-künstlerischen Medien, Techniken und künstlerischen Handlungsweisen sei an dieser Stelle auf den 2. Band von Petra Kathke mit dem Titel *Sinn und Eigensinn des Materials* verwiesen.

und *Raum*. Denn je nachdem, wie Pädagog*innen Raum und Zeit für und zur spielerisch ästhetisch-künstlerischen Arbeit gestalten, kann sich der Erfahrungsraum in der Arbeit mit den künstlerischen Medien entfalten oder auch nicht. Denn es benötigt *Zeit*, damit Eindrücke auf Kinder wirken können, und es braucht Zeit, damit Kinder auf diese ästhetischen Erfahrungen eigen-sinnig[10] antworten können. Der *Raum* wiederum ist entscheidend, welche Wahrnehmungs- und Handlungsformen mit einem Material oder Medium naheliegen, möglich sind oder implizit oder explizit von vornherein ausgeschlossen. So ist es etwas ganz anderes, wenn Papier in seiner wohl kleinsten gängigen Raumform, als DIN A 4 Format auf dem definierten Raum und Rahmen einer Tischfläche liegt, oder größere Papierformate frei auf dem Boden. An dieser Stelle wird auch deutlich, ganz im Sinne kultureller Bildung, dass auch Räume kulturell-symbolisch aufgeladen sind. Die Tischplatte als Raum hat kulturell gesehen eine ganz andere Bedeutung als der Boden. Wenn es um die Bedeutung von Raum geht und auch den Möglichkeiten, die Räume bieten, ist es generell interessant in Erwägung zu ziehen, welche ästhetisch-künstlerischen Prozesse im Drinnen belassen werden oder gerade der Außenraum, das Draußen genutzt wird (Lange & Stadelmann, 2017). Mitunter hat dies den Vorteil, dass Schutzmaßnahmen vor Flecken oder Dreck und aufwendiges Putzen nach Ende der künstlerischen Arbeit damit entfallen, was wiederum sehr entspannend für die Pädagog*innen ist. Dies ist implizit oder auch explizit eine wichtige Grundbedingung, dass sich ein ästhetischer Bildungsprozess, der immer mit dem Moment des sich Einlassens beginnt, entfalten kann. Genauso braucht es auch weiter eine entspannte Atmosphäre, Zeit und Ruhe, damit Kinder eigensinnig-gestalterisch auf dieses Berührt-Sein antworten können. Dass Kinder in diesen ästhetischen Bildungsmodus kommen oder in diesem verbleiben können, ist unwahrscheinlicher, wenn Pädagog*innen angespannt sind. Vor allem aber kann im Modus der Anspannung ein ästhetischer Wahrnehmungsprozess von Seiten der Pädagog*innen gar nicht wertgeschätzt und ggf. über Impulse begleitet und dadurch in seiner Ausdifferenzierung unterstützt werden. In Bezug auf die Entscheidung für die Arbeit draußen bleibt die Witterung ein wesentlicher Aspekt für die Möglichkeiten und Grenzen der Arbeit im Freien, wobei hier mit einem auch temporären

---

10 Eigen-Sinnig ist hier ganz im Sinne des Wortes gemeint. Es geht um ein eigenes Antworten auf den Sinnzusammenhang, der sich aus der phänomenalen Wahrnehmung der ästhetischen Erfahrung ergibt. Dieses Verständnis hat insofern überhaupt nichts mit dem sonst oft üblichen Alltagsverständnis in pädagogischen Kontexten zu tun, in dem »eigensinnig« als Synonym für »starrköpfig« verwendet wird.

1 Ästhetische Bildung und Kunst

größeren Sonnen- oder Regenschutz die entsprechenden Spiel- und Handlungsräume erweitert werden können. Demgegenüber hat das Arbeiten im Drinnen den Vorteil der Witterungsunabhängigkeit, und mitunter ist das Ablenkungspotential nicht so groß wie im Draußen, es sei denn, es geht genau um die mitunter vielfältigen Phänomene, die draußen wahrgenommen werden können, als Inspiration und Anregung für die ästhetisch-künstlerische Arbeit, wie zum Beispiel Schattenwürfe.

Auswahl und Darbietung

In Bezug auf die Frage nach den künstlerischen Medien und den Materialien zur künstlerischen Arbeit geht es grundlegend um die Frage, welche überhaupt vorhanden und dadurch dann auch unmittelbar für die ästhetisch-künstlerische Arbeit zu Händen sind? Jedes Medium und jedes Material bietet aus einer phänomenologischen Perspektive eine eigene Erfahrungswelt, eigene Wahrnehmungs- und Ausdrucksmöglichkeiten. Dieser Aspekt betont die Bedeutung der Vielfalt unterschiedlicher künstlerischer Medien und Materialien, die Kindern zur Verfügung stehen sollten. Gleichzeitig ist es aber auch wichtig, dass es nicht zu viele unterschiedliche Medien gibt, die in Folge eher ein oberflächliches wenig einlassendes Handeln fördern würden. So geht es auch bei der Auswahl künstlerischer Medien und Materialien um die Balance zwischen Anregung und Überreizung (Duncker, 2010). Deshalb ist es aus einer Perspektive ästhetisch-künstlerischer Bildung durchaus sinnvoll, die Vielfalt gleichzeitig zur Verfügung stehender Medien und Materialien zu beschränken, beziehungsweise mit ihr bewusst umzugehen, mitunter auch dadurch, dass umgeräumt wird. Das heißt, den Kindern steht nicht immer alles zur Verfügung, sondern das Angebot, im Sinne eines Impulses, einer Inspiration, wird immer wieder neu arrangiert, präsentiert und damit inszeniert. Deshalb ist es sinnvoll, wenn die Materialien mitunter in Kisten[11] angeboten werden, die leicht und einfach auch mal weggeräumt werden können und dann wieder als Impuls eingebracht werden. Zu dem zur Verfügung stehenden künstlerischen Material gehören in jedem Fall auch viele dreidimensional-haptische Alltagsmaterialien. Die bewusste Auswahl und das Einbringen von Material und Medien und eine ansprechende Darbietung und Präsentation ist bedeutsam, da dadurch ästhetische Erfahrungen mit dem Material und den Medien, als Ausgangspunkt der ästhetisch-künstlerischen Arbeit, wahrscheinlicher wer-

---

11 Hierzu eignen sich insbesondere transparente Kunststoffkisten in verschieden Größen, je nach Material, die sofort ersichtlich machen, welches Material sich in ihnen befindet.

den.[12] Deshalb ist es wichtig, dass sie ansprechend, gut und übersichtlich sortiert und präsentiert sind, auch damit die Kinder mit den Materialien möglichst selbstständig arbeiten können und die Ordnung für alle nachvollziehbar ist und so auch von den Kindern mit aufrecht erhalten werden kann.[13]

1.4.2 Technik

Bei der Auswahl der Medien und Materialien geht es um das, was überhaupt an Materialien und Medien für die ästhetisch-künstlerische Arbeit da ist. Bei der Frage nach der Technik geht es demgegenüber um das, wie mit den Materialien und künstlerischen Medien gearbeitet wird und welche Erfahrungen und Ausdrucksmöglichkeiten damit eröffnet werden.

Wesentlich für die Auswahl der Techniken ist insofern die Frage, warum diese ausgewählt wurden und mit welcher Haltung und Einstellung diese den Kindern nahegebracht werden. Wichtig ist in diesem Zusammenhang, dass die Technik nicht in einem normativen Sinne vermittelt wird, im Sinne nur so darf *man* arbeiten, das macht *man* eben so, sondern dass eine Technik als eine Handlungsweise mit einem Material oder Medium verstanden wird, die bestimmte Erfahrungs- und Ausdrucksweisen ermöglicht, die wiederum bestimmte Wahrnehmungen eröffnen oder mit sich bringen, auch im Sinne kultureller Teilhabe. Deshalb sind Techniken im Sinne kultureller Bildung durchaus relevant. Aber nicht als normativer Selbstzweck, sondern um in Artikulationstraditionen einzuführen und Wahrnehmungsweisen zu erweitern, so zum Beispiel die sinnhafte und erfahrungsorientierte achtsame Einführung in die Collage, in das Aquarellieren oder eine Aufbautechnik mit Tonerde. Zur Arbeit mit Techniken gehört aber immer auch das Spiel mit und die Variation einer Technik. Denn bei kultureller Bildung im Sinne ästhetisch-künstlerischer Bildung geht es ja gerade um die kreative produktiv-reflexive Auseinandersetzung mit bestehenden kulturellen Praxen, zu denen künstlerische Techniken ja unbedingt zählen. Deshalb geht es darum, eine Technik gemeinsam mit den Kindern immer wieder neu zu entdecken, nicht nur zu

---

12 Christel von Dieken hat dafür den im übertragenen Sinne sehr sinnfälligen Ausdruck »der lecker präsentierten Materialien« geprägt (van Dieken, 2013).

13 Für die konkrete Einrichtung, Organisation, Präsentation und Darbietung vielfältiger Materialien, woher diese stammen und wie auch Eltern in diesen Prozess eingebunden werden können, bietet das Konzept der ReMida aus der Reggio-Pädagogik sehr gute konkrete, beispielhafte Anregungen (Brockschnieder, 2017).

1 Ästhetische Bildung und Kunst

erklären, sondern sich über die Technik und das, was sie an Erfahrungen ermöglicht, zu wundern, wie beim Schichten von Ölkreide und das anschließende Freilegen der unteren Farbschichten beim Entstehen von Kratzbildern. Ein professioneller Umgang mit der Auswahl der Techniken bedeutet immer zu fragen: Welchen Ausdruck ermöglicht eine Technik und welche Phänomene werden mit ihr deutlich? So zum Beispiel beim Kratzbild der Moment der Überraschung und Unberechenbarkeit, aber auch das Phänomen des Schichtens und der Überlagerung.

1.4.3 Künstlerische Handlungsformen

Bei der professionellen Verantwortung in Bezug auf die Materialen und Medien geht es zunächst vor allem um die Frage, was überhaupt an künstlerischen Medien und Materialien für die künstlerische Arbeit da ist und wie diese dargeboten werden. Dies sind Entscheidungen, die vorab getroffen, umgesetzt und auch immer wieder erweitert und verändert werden können. Die unmittelbare pädagogische Verantwortung in der direkten pädagogischen Interaktion ist beim Aspekt der Technik schon komplizierter und komplexer. Hier ist die Frage vielschichtiger, warum welche Technik und vor allem wie diese Kindern nahegebracht wird? Hinsichtlich der Frage nach den künstlerischen Handlungsweisen steigert sich dann die Komplexität der Frage nach der pädagogischen Verantwortung und Handlungsmöglichkeiten nochmals.

Mit künstlerischen Handlungsweisen sind alle Impulse gemeint, mit denen Pädagog*innen die künstlerische Gestaltung von Kindern inspirieren, anregen und begleiten können. Diese können indirekt-vorbereitende Impulse sein oder direkte Impulse, die die künstlerische Arbeit von Kindern unmittelbar begleiten. Bei der direkten Begleitung geht es darum, die Kinder im Sinne ihrer für ihre Gestaltung leitenden Intention inspirierend zu begleiten. Zum Beispiel kann dafür ein anderes Malmedium angereicht werden oder ein anderer Pinsel wird in das Wahrnehmungsfeld der Kinder gelegt, um eine weitere vertiefende, differenzierende Erfahrung zu ermöglichen, die in Beziehung steht mit dem Phänomen oder Thema, mit dem sich bisher auseinandergesetzt wurde. Bei indirekt-vorbereitenden Impulsen geht es darum, das künstlerische Material beispielsweise in einer bestimmten Art und Weise zu arrangieren beziehungsweise zu inszenieren, entweder im Raum oder auch zueinander. Dabei geht es im Sinne künstlerischer Handlungsweisen darum, dass mit überraschenden Arrangements, Materialkontrastierungen und Brechungen gearbeitet wird. So zum Beispiel, indem das Medium Papier, das in der Regel als Malgrund auf einem Tisch in einer bestimmten Größe, wohl meistens in DIN A4, in einem anderen größeren Format auf dem Boden dargeboten wird, so dass das Papier selbst zum Beispiel auch in Kombination mit Wasser zum zentralen Medium der künstlerischen Arbeit wird. Auch die bewusste Kombination von verformbarem Material und nicht verformbarem Material, beispielsweise Tonerde und Holz, entspricht in diesem Sinne einer künstlerischen Handlungsweise. Damit das künstlerische Handeln von Kindern durch künstlerische Handlungsweisen von und durch Pädagog*innen bereichert, inspiriert und ausdifferenzierend begleitet werden kann, braucht es die Wertschätzung und Interesse gegenüber der Spontanität der Kinder in ihrem Bildungshandeln von Seiten der pädagogischen Fachkräfte. Es braucht Mut für das Handeln ins und im Ungewissen sowie didaktisch-fachliche Kenntnisse und Fähigkeiten der Pädagog*innen, wie diese offenen, ästhetischen Erfahrungsprozesse begleitet und unterstützt werden können. Essentiell dafür sind eine eigene lebendige Entdeckerfreude im explorativ-künstlerischen Handeln und ein immer noch und immer wieder (Mit-)Staunen-Können.

1.4.4 Rezeptiv-produktives Vorgehen

Eine rezeptiv-produktive Orientierung ist eine solche konkrete Möglichkeit der Unterstützung offener ästhetisch-künstlerischer Bildungsprozesse. Sie hat zwei Ebenen. Zum einen ist es wichtig, sich zu vergegenwärtigen, dass jeder ästhetisch-künstlerische Gestaltungsprozess in sich aus dem Wechselspiel von Wahrnehmung (Rezeption) und Handeln (Produktion) besteht. Das heißt, Pausen in einem Gestaltungsprozess, das scheinbar untätige Nichtstun, das Zuschauen von Anderen sind wichtige Momente, die wahrgenommen, angenommen und wertgeschätzt werden müssen. Die andere Ebene eines rezeptiv-produktiven Vorgehens ist die Möglichkeit, die künstlerische Arbeit von Kindern gemeinsam zu betrachten, nachdem ein Werkprozess abgeschlossen wurde. Eine solche nachfolgende oder auch immer wiederkehrende gestaltete Situation gemeinsamer Rezeption, nach dem eigentlichen Gestaltungsprozess, kann ein wichtiger Aspekt in der Begleitung und Unterstützung ästhetisch-künstlerischer Bildung sein: eine implizite und explizite gemeinsame Auseinandersetzung mit Wahrnehmung, Wahrnehmungsweisen, Deutungen und Bedeutung anhand der entstandenen Werke.

Sollte es das Alter der Kinder schon zulassen, die im ästhetisch-künstlerischen Prozess entstanden Arbeiten zu betrachten, ist es wichtig, dabei folgende Aspekte zu beachten: Kinder dürfen nicht gezwungen werden, sofort nach der Fertigstellung eines künstlerischen Werkes etwas zu ihren Werken sagen zu müssen. Viel hilfreicher ist es, die Werke zunächst einfach wirken zu lassen. Mit etwas Abstand kann das Empfinden der Werke und der Erfahrungsprozess seiner Gestaltung leichter zur Sprache kommen, ohne durch ein zu schnelles Vorgreifen oder sprachlich-reflexives Eingreifen wichtige und wesentliche Empfindungs- und Erfahrungsdimensionen des künstlerischen Prozesses zu verdecken oder zu beschneiden.

Ein gewisser zeitlicher Abstand ist zudem hilfreich für einen neuen Blick auf die eigenen Werke, der auch neue und andere Perspektiven ermöglicht. Dabei sind auch Vergleiche der Werke von Kindern im Sinne einer gemeinsamen Betrachtung interessant, um einen Blick für Nuancen und Differenzen zu entwickeln, selbstverständlich im Sinne der Wertschätzung von Vielfalt, nicht des Bewertens, des direkten Vergleichens oder Beurteilens. Dies wäre zugleich auch eine nachhaltige und bildungstheoretisch sinnvolle Lösung für die oft in Kitas verbreitete destruktive Kultur des Vergleichs und der Entwertung eigener und andere Werke, die von einem vermeintlichen Standpunkt der Objektivität als weniger gelungen abgetan werden. Bei einer solchen gemeinsamen Werkbetrachtung kann aber durchaus beschreibend thematisiert werden, wenn anscheinend der Gestaltungsprozess eines Kindes nicht so intensiv war und es daher eher oberflächlich-schnell gearbeitet hat, beziehungsweise nach kurzer Zeit schon fertig war. Es geht also nicht um Loben, schon gar nicht um Lobhudelei, sondern um ernsthaftes Interesse am und für den Gestaltungsprozess des Kindes und um Anerkennung für das, was in diesem entstanden ist.

Bei einer potentiellen gemeinsamen Werkbetrachtung ist es daher wichtig, nicht sofort nach dem *Was* zu fragen, im Sinne, was hast *Du* da gemalt oder gemacht, sondern gemeinsam zunächst in die Entdeckung des *Wie* einzusteigen. Wie wurde zum Beispiel in einem Bild mit dem Medium Farbe umgegangen, welche Farbtöne wurden verwendet, wie die Farbe gemischt, gibt es Unterschiede in der Auftragsart oder der Deckung der Farbe.

Das symbolische *Was* kommt bei dieser gemeinsamen Entdeckung des *Wie* der Gestaltung des Bildes dann sowieso zur Sprache, jedoch häufig viel differenzierter, als wenn sofort das Was im Fokus der Werkbetrachtung steht. Zudem liegt in der Fokussierung auf dem Wie der Schlüssel, um welche Erfahrung es dem Kind in der Gestaltung des Werkes ging: Insofern erzählt das Wie in der Regel um welchen Bildungsprozess, um was es im Was (der symbolischen Ebene) geht.

Damit die Werke nach ihrer Fertigstellung weiter als Inspiration wirken können, ist eine angemessene Präsentationsform sinnvoll, damit sie weiter und weitere künstlerisch-gestalterische Prozesse anregen und bereichern können. Damit wäre dann der Bogen vom produktiv-rezeptiven, bei dem erst die Gestaltung, dann die gemeinsame Betrachtung folgt, zum rezeptiv-produktiven

Vorgehen geschlagen, bei dem erst die Betrachtung eines künstlerischen Werkes im Fokus steht und dann die Gestaltung als Antwort auf die Rezeption folgt.

Den Fokus auf eine ansprechende, aber durchaus auch offene Form der Präsentation zu setzen, ist nicht nur im Sinne eines rezeptiv-produktiven Ansatzes sinnvoll, sondern auch um die künstlerischen Werke der Kinder nicht zu Kunstwerken zu stilisieren. Denn es wird hier die Meinung vertreten, dass Kinder zwar in unglaublicher Art und Weise künstlerisch handeln und gestalten, aber nicht im eigentlichen Sinne Kunst machen. Damit soll das künstlerische Handeln in keiner Weise abgewertet werden, sondern wird gerade in seiner besonderen existenziellen Bildungsdimension für Kinder anerkannt.

1.4.5 Thema

Damit sich das Bildungspotential ästhetisch-künstlerischer Bildung entfalten kann, ist die Frage, um welches Thema es gerade geht, von größter Relevanz. Das Thema kann dabei entweder von den Pädagog*innen gesetzt werden, als Impuls aus der Beobachtung des Bildungshandelns der Kinder aufgenommen werden, oder es ergibt sich spontan aus einer ästhetischen Erfahrung mit einem Material, Medium oder Situation. Letztendlich ist es weniger wichtig, wie das Thema entstanden ist, viel wichtiger ist es, dass es dann von Seiten der Pädagog*innen ernst genommen wird und dass Themen, die ja durchaus für beide Seiten, Kinder und Pädagog*innen, einen sinnvollen und sinnstiftenden Rahmen und Orientierung geben, viel inneren Spielraum bieten. Wobei dieser Aspekt des inneren Spielraums ästhetisch-künstlerischer Bildung immanent ist, da sie sich sonst gar nicht ereignen kann. Vor diesem Hintergrund kann dann aus einer phänomenologisch-erfahrungsfokussierenden Perspektive Thema dann ganz verschiedenes sein:

- Thema kann ein künstlerisches Material sein, so zum Beispiel eine materialorientierte Arbeit mit Tonerde.
- Thema kann eine bestimmte Technik mit einem Medium sein, so zum Beispiel Farbmischung oder das lasierende Schichten von Farben, genauso wie das Weben.
- Thema kann eine bestimmte künstlerische Handlungsweise mit einem Material sein, so zum Beispiel das Reißen von Papier und die Fragen und Gestaltungsmöglichkeiten, die aus dieser Handlungsform entstehen
- Thema kann ein bestimmter Gegenstand sein, zu dem und mit dem künstlerisch gearbeitet wird, so zum Beispiel Herbstlaub.

- Thema kann ein Phänomenfeld sein, das konkret wahrgenommen werden kann, wie die Jahreszeiten, zum Beispiel der Herbst oder aber das Phänomen Familie.

Dieser differenzierte Blick auf die Frage, was das Thema der ästhetisch-künstlerischen Bildung ist, dient einer genauen Wahrnehmung, aber auch der Förderung didaktischer Phantasie, um was es gerade gehen und welche Impulse im Sinne der Begleitung und Ausdifferenzierung des Bildungsprozesses hilfreich sein könnten, die im Zusammenhang mit dem Thema stehen. Es ist eine Möglichkeit zur Verlangsamung und zur Entschleunigung, da gerade auch die Bedeutung von Unterthemen in den Themen, die bearbeitet werden, dadurch deutlich werden und wie Themen ineinander übergehen. Denn selbstverständlich ist es so, dass wenn zum Beispiel das Phänomenfeld Herbst bearbeitet wird, alle anderen der vier beschriebenen Arten von Themenmöglichkeiten potentiell berührt werden oder berührt werden können. Sich dies zu vergegenwärtigen und dann jedem der thematischen Aspekte seinen Raum und seine Zeit zu geben, ist ein wichtiger Beitrag, die Intensität und Diversität der Bildungserfahrung zu steigern. Dadurch kann dann auch auf die ganz verschiedenen Aufmerksamkeiten und individuellen Interessenlagen von Kindern innerhalb eines Themas eingegangen werden, ohne den orientierung- und haltgebenden Rahmen eines Themas zu verlassen, der in Arbeit mit Gruppen von Kindern unerlässlich ist. Dies kann zu einer großen Entspannung auf Seiten der Pädagog*innen führen, da sich ein Bildungsprozess langsam in seiner Fülle entfalten kann, in der Verbindung aus Orientierung und Offenheit und nicht ständig neue Angebote gemacht werden müssen.

1.5 Praktische Empfehlungen und Übungen

Im Folgenden werden nun anhand von neun exemplarischen Beispielen konkrete Ausgestaltungsmöglichkeiten und Fokussierungen ästhetisch-künstlerischer Arbeit vorgestellt. Bei den Beispielen geht es dabei entweder um die ästhetisch-künstlerische Arbeit mit einem konkreten Material bzw. künstlerischen Medium, um die Fokussierung bestimmter Techniken oder Handlungsweisen oder ein rezeptiv-produktives Vorgehen.

Als Brücke aus dem letzten Kapitel, in dem anhand von fünf Punkten die konkreten Rahmenbedingungen und Haltung beschrieben wurde, die ästhetisch-künstlerische Arbeit braucht und gleichzeitig als Klammer für die folgenden neun Beispiele dient, wird eingangs eine ästhetisch-künstlerisch orientierte Projektarbeit als besondere Form und Möglichkeit ästhetisch-künstlerischer Bildung im Sinne kultureller Bildung beschrieben. Denn für die Konzeption und Durchführung einer ästhetisch-künstlerisch orientierten Projektarbeit sind alle der im letzten Kapitel aufgeführten fünf Punkte notwendig und können potentiell und je nachdem, wie sich das Projekt entwickelt, alle in die dann im Folgenden beschriebenen Beispiele einfließen.

Projektarbeit

Mit Projektarbeit ist hier die Auseinandersetzung mit einem Gegenstand, Thema oder Themenfeld gemeint, die die Grenzen bildnerisch-künstlerischer Arbeit überschreitet, die Alltagsrelevanz eines Projektthemas in den Blick nimmt und bewusst auch wissensbasierte Dimensionen in der Beschäftigung mit dem Projektthema einbezieht. Projektarbeit ist insofern immer bildungsbereichsübergreifend und trifft sich so einerseits mit dem kunstspartenübergreifenden Ansatz ästhetisch-künstlerischer Bildung von und mit Kindern und anderseits den Bezügen zum Alltag und Alltagsthemen ästhetisch-künstlerischer Bildung von Kindern. Dies ist ganz im Sinne eines erweiterten Verständnisses kultureller Bildung, das Alltagskultur und Alltagspraxen berücksichtigt und gleichzeitig die besondere Bedeutung ästhetisch-künstlerischer Handlungsweisen betont, um Alltag und alltägliche Handlungsweise zu klären und im Sinne einer transkulturellen Bewegung immer wieder zu be- und hinterfragen. Dieses Projektverständnis entspricht insofern weitestgehend dem Verständnis von Projektarbeit in der Reggiopädagogik (van der Beek & Schäfer, 2013). In einer gewissen Ähnlichkeit zu dem Projektverständnis der Reggiopädagogik und trotzdem eigenständig bietet das kunstpädagogische Konzept der Ästhetischen Forschung von Kämpf-Jansen eine besondere konzeptionelle Rahmung für die Gestaltung von Bildungsprojekten (Kämpf-Jansen, 2001). Kämpf-Jansen beschreibt mit diesem Konzept ein sich prozesshaft entwickelndes Bildungsgeschehen, bei dem darauf geachtet wird, dass es sich im Wechselspiel und in gegenseitiger Bezugnahme von drei unterschiedlichen Handlungsweisen gestaltet: alltäglichen, künstlerischen und wissenschaftlichen. Dies ist insofern interessant, da dieses Konzept damit eine sowohl offene als auch verbindliche didaktische Rahmung für die Gestaltung eines vielfältigen Bildungsprozesses im Rahmen eines Bildungsprojektes gibt. Gleichzeitig regt es dazu an, diesen durch vielgestaltige Impulse im Dialog mit den Kindern, dem Themenfeld und ihrem Interesse, zu begleiten, anzuregen und zu fördern. Der Akzent auf ästhetisch-künstlerische Handlungsweisen im Konzept der Ästhetischen Forschung unterstützt dabei

1 Ästhetische Bildung und Kunst

die Intention, dass gerade die Künste und künstlerische Handlungen im Rahmen des Bildungsprojektes eine bedeutsame und zentrale Rolle spielen. Dies scheint auch deshalb sinnvoll zu sein, da gerade die künstlerische Gestaltung die besondere Möglichkeit bietet, Sinn und Bedeutung in der Beschäftigung mit einem Thema zu stiften. Denn künstlerische Gestaltung zeigt und verdeutlicht immer Beides zugleich: Das Thema selbst und die persönliche Bedeutung oder den Bezug zum Thema. Wenn dies gelingt, leistet Projektarbeit über intensive Momente des Verstehens von komplexen Zusammenhängen die Entwicklung und Kultivierung systemisch-komplexen Begreifens und Denkens. Über die künstlerisch-gestalterischen Momente einer ästhetisch-künstlerisch akzentuierten Projektarbeit werden zudem hochrelevante salutogenetische Wirkmomente entfaltet: bedeutsame Erfahrungen von Sinnhaftigkeit, Selbstwirksam- und Handlungsfähigkeit (Antonovsky, 1997).

Anhand des im voranstehenden Beitrag immer wieder aufgegriffenen Beispiels des tropfenden Wasserhahns eines Waschbeckens in einer Kita, mit dem dort die Bedeutung einer elementar-ästhetischen Bildungsperspektive entwickelt und veranschaulicht wurde, soll abschließend hier nun der Beginn eines Bildungsprojekts im Sinne des Konzeptes Ästhetische Forschung skizziert werden.[14]

Über eine Fokussierung auf den Klang der Tropfen beim Auftreffen im Keramikbecken könnte eine musikalische Akzentuierung des Phänomens fokussiert werden, wie der Klang sich moduliert, wenn zum Beispiel über einen verschlossenen Stöpsel irgendwann die Tropfen nicht mehr auf die Keramik auftreffen, sondern auf die Wasseroberfläche. Diese verschiedenen Klänge könnten aufgenommen werden. Daran anschließend könnten die Tropfen aufgefangen und gezählt werden, wie viele Tropfen eigentlich in der Minute fallen und welches Volumen sich ergibt, wenn diese Tropfen eine Stunde lang aufgefangen werden. Reicht das dann schon zum Händewaschen? Parallel dazu könnte das Malen mit Aquarellfarben begonnen werden, als das Malmedium, in dem Wasser die größte Rolle spielt. Vielleicht fallen durch die Beschäftigung mit dem Phänomen Wasser bei Spaziergängen in der Umgebung andere Erscheinungsformen von Wasser auf: Ein Bach, ein Teich, ein See? Auch von diesen Gewässern könnten Töne gesammelt werden. So könnte in Verbindung der verschiedenen Wasserklangaufnahmen eine Wassertongeschichte oder Wasserklangmusik entstehen. In Ergänzung, als Inspiration oder im Nachklang dazu könnte beispielsweise ein Musikstück wie die Moldau gehört werden und

---

14 Die hierzu kurz beschriebene Szene aus einer Kita kann im Kap. 3.2, Abschnitt I nachgelesen werden.

vielleicht mit Aquarellfarben im Sinne eines rezeptiv-produktiven Vorgehens Bilder zu dieser Musik gemalt werden.

Der Phantasie und der Kombination der verschiedenen Medien, Handlungsformen, Techniken und künstlerischen Impulssetzungen sind im Rahmen der Arbeit in und mit einem Bildungsprojekt keine Grenzen gesetzt und eine wunderbare Möglichkeit, die Fantasie einer ästhetisch orientierten Didaktik und die professionelle Verantwortung für die Bildungsintention der Projektarbeit zu realisieren. Zentral dabei ist, dass alle drei Handlungsweisen – alltägliche, künstlerische und wissenschaftliche – beachtet werden. Der Verlauf und das Ineinanderwirken dieser drei Handlungsweisen richten sich immer wieder an den Fragen und Gestaltungsformen aus, die aus und in der sinnlichen Auseinandersetzung mit dem Phänomenfeld entstehen. Dies ist wichtig, damit keine zu großen Sprünge im Projektverlauf entstehen und so der phänomenale Faden nicht abreist, an dem sich das Projekt als ein gemeinsamer dialogisch-partizipativer Prozess mit den Kindern bildet, als Gestalt des gemeinsamen Interesses am Phänomen im Zu- und Miteinander.

1.5.1 Tonerde

Tonerde ist ein äußerst vielfältiges ästhetisch-künstlerisches Medium und bietet eine große Fülle an Möglichkeiten. Zum einen handelt es sich um eine materialorientierte Arbeit, bei der es primär um die Erfahrung des Materials und der mit ihr in unmittelbarer Verbindung stehenden Haptik geht. Die materialorientierte Arbeit mit Tonerde bietet Kindern die Möglichkeit, in einer Lebenswelt, die durch die Zunahme digitaler Medien immer mehr zum Bild wird, unmittelbare, intensive, lustvolle und sehr unterschiedliche haptische Erfahrungen zu machen. Das Feld der Haptik ist gerade in der Kindheit deshalb so wichtig für die Entwicklung, da in ihm Selbst- und Welterfahrung unmittelbar verbunden sind. Ich berühre etwas, begreife etwas und bin darin und dadurch unmittelbar selbst berührt (Brockmann, 2004). Zum anderen bietet die Arbeit mit Tonerde die Möglichkeit, intentional figürlich zu arbeiten, was die Fantasie anregt, das Erfinden und Erzählen von Geschichten, aber auch die Verarbeitung intensiver Erfahrungen ermöglicht.

Formale Struktur:

- Gruppengröße: Je nach Platz von Einzelarbeit bis zu einer Gruppe von ca. 12 Kindern.

- Räumliche Voraussetzungen: Es muss dreckig werden dürfen, damit auf dieser Ebene kein Stress entsteht. Deshalb ist das Draußen als Ort für die Arbeit mit Tonerde durchaus zu erwägen. Gearbeitet werden kann im Stehen, am Tisch oder auch auf dem Boden.
- Materialien: Tonerde in ausreichender Menge, handwarmes Wasser und ggf. Werkzeuge, Unterlagen zum Arbeiten.
- Zeitdauer: In der Regel entscheidet das Kind selbst, wie lange es tätig sein möchte. Eventuell können die Tonarbeiten auch über mehrere Tage weitergeführt werden, wenn sie dazwischen abgedeckt werden und so vor dem Austrocknen geschützt sind. Bei Gruppenarbeiten ist eine verbindliche Kernzeit der gemeinsamen Arbeit sinnvoll.

Durchführung der Aktivität:
Für die materialorientierte Arbeit muss die Tonerde geschmeidig sein, damit sie einlädt, mit ihr explorativ-erkundend zu arbeiten. Eine einladende Atmosphäre, die gekennzeichnet ist durch Zeit und Wertschätzung, ist ebenfalls von grundlegender Bedeutung für das Entstehen von intensiven und vielfältigen Erfahrungsprozessen. Die materialorientierte Arbeitsform mit Tonerde kann auch schon mit ganz kleinen Kindern praktiziert werden, da frischer Ton absolut ungiftig und unbedenklich ist, auch wenn er in den Mund genommen und sogar in kleinen Mengen gegessen wird. Bei jüngeren oder ganz kleinen Kindern ist es sinnvoll, dass jedem Kind sein Arbeitsplatz mit einer Menge an Tonerde vorbereitet wird. Für ältere Kinder ist es eine tolle Erfahrung ihrer Kraft, wenn Sie sich selbst aus dem großen Tonquader ihre Tonerde herausgreifen und graben können. Insgesamt ist darauf zu achten, dass die Kinder genügend Platz haben und nicht durch die soziale Dynamik zu sehr abgelenkt und gelenkt werden. Daher ist es für die materialorientierte Arbeit sinnvoll, Einzelarbeitsplätze vorzubereiten, die durchaus unterschiedlich gestaltet sein können, stehend, am Tisch oder auf dem Boden. Tonerde hat einen enormen Aufforderungscharakter. Insofern ist neben der Einrichtung des Arbeitsplatzes und einer ansprechenden Darbietung des Materials kein weiterer Impuls nötig, damit die Kinder beginnen, sich intensiv mit dem Material auseinanderzusetzen. Tonerde wird jedoch, wenn länger mit ihr gearbeitet wird, automatisch trocken und rissig. Daher ist es notwendig, handwarmes Wasser bereitzustellen. Dieses sollte einerseits selbstständig erreichbar sein, gleichzeitig ist es durchaus sinnvoll, den Prozess der Wasser-Zugabe zu begleiten, damit die Kinder merken, wie sich die Konsistenz des Tons durch mehr Wasser immer mehr verflüssigt. Insofern ist es gut, größere flache Gefäße in Griffweite zu haben, falls sich der Ton unter Zugabe des Wassers bei einigen Kindern in Matschepampe

verwandelt, was eine ganz intensive und lustvolle sinnliche Erfahrung sein kann.

Variationen:
Figürliches Arbeiten mit Tonerde: Wenn es um figürliches Arbeiten mit Tonerde geht, ist es vor allem wichtig, dass die Tonerde weder zu feucht noch zu trocken ist. Dies ist der Fall, wenn sie beim In-die-Hand-Nehmen kaum Spuren auf den Händen hinterlässt. Daher ist es sinnvoll, das Wasser nicht frei zur Verfügung zu stellen, sondern gemeinsam mit den Kindern die Tonerde wieder zu befeuchten, wenn sie zu trocken wird, zum Beispiel mit einer Sprühflasche. Auch für die figürliche Arbeit ist in der Regel kein weiterer inhaltlicher Impuls nötig, da der Ton die Kinder geradezu auffordert, etwas mit ihm zu formen. Bei der Arbeit mit Tonerde mit kleinen Kindern ist es wichtig zu beachten, dass diese aufgrund ihrer kognitiven und motorischen Fähigkeiten noch keine vollplastischen Arbeiten gestalten können, sondern eher reliefartig arbeiten. Um dieser entwicklungspsychologisch bedingten Tatsache entgegenzukommen, macht es Sinn, die Tonerde für die figürliche Arbeit mit kleineren Kindern in Scheiben zu schneiden und das Material den Kindern so darzubieten. Die figürliche Arbeitsform mit Tonerde führt zu einer weiteren Differenzierungsmöglichkeit, dem Einsatz von Modellierwerkzeugen, durch die andere Formgebungen möglich werden als allein durch die Hände.

Gruppenarbeiten:
Gruppenarbeiten können unterschiedlich ausgestaltet werden. Er beginnt mit einem gemeinsamen Thema, als ein offen-verbindlicher und verbindender Rahmen, in dem sich Kinder frei ausdrücken können, zum Beispiel Tiere. Eine Verstärkung des Gruppencharakters der Gruppenarbeit ist die Arbeit zu einem gemeinsamen Thema, zum Beispiel die reliefartige Gestaltung von Fliesen, bei denen die Grundfläche vorgegeben ist und die dann nach der Fertigstellung der individuellen Fliesen anschließend zu einem Gruppenbild zusammengelegt werden können. Dabei kann der Aspekt der Gruppenarbeit verstärkt werden, indem gemeinsam geschaut wird, ob eventuell im Zusammenlegen des Gesamtbildes der Fliesen aus den Einzelstücken noch Motive fehlen, die noch gemeinsam nachgearbeitet werden.

1.5.2 Variationen mit Farben

Das Medium der Farbe oder vielmehr die Medien der Farben eröffnen eine ganz eigene vielfältige Erfahrungswelt – mit Aquarellfarben, Acrylfarben,

1 Ästhetische Bildung und Kunst

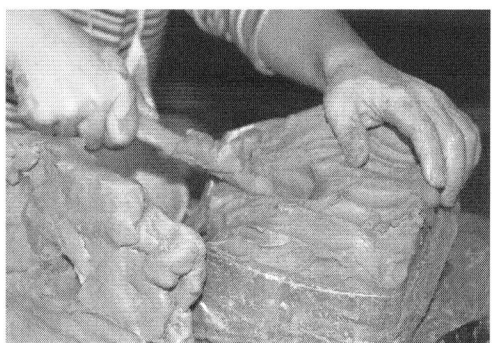

Abb. II.2: Tonerde, materialorientiert

Abb. II.3: Tonerde, figürlich

Pastellkreiden, Tusche oder Ölkreiden. Neben der Fülle der Farbmedien bietet die Arbeit mit Farbe auch die Variation zwischen konkreter materialorientierter versus abbildender Gestaltung.

Formale Struktur:

- Gruppengröße: 1 bis 9 Kinder.
- Räumliche Voraussetzungen: ein Tisch, eine freie Ecke, Platz auf dem Boden. Je nach Malmedium und Fokus der Arbeit mit Farbe sehr verschieden. In der Regel ist auch hier hilfreich, wenn das Arbeiten mit Farbe Spuren hinterlassen kann, damit hinterher nicht stundenlang geputzt werden muss. Deshalb verträgt sich die Arbeit mit flüssiger Farbe nicht gut mit Teppichböden.
- Materialien: abhängig von der Art der Farbe, als Trägermaterial kann Papier, Holz oder auch Tonerde benutzt werden. Als Werkzeug können Pinsel, Tücher, Bürsten oder die Hand zum Einsatz kommen.
- Zeitdauer: ganz unterschiedlich, je nach Intention der Arbeit.

Durchführung der Aktivität:
Insgesamt ist es wichtig, dass die Gesamtarbeitssituation durch Wertschätzung und Interesse für die vielfältigen und unterschiedlichen Zugänge der Kinder zum Phänomen Farbe und Farbigkeit geprägt ist. Ist das der Fall, können die Kinder tief in die Erfahrung der Arbeit mit Farben eintauchen und Farben dadurch nicht nur als Mittel kennenlernen, etwas abzubilden, sondern dem Phänomen verschiedener Farbigkeiten und Farbempfindungen begegnen.

Deshalb ist es für die konkrete Arbeit mit dem Medium Farbe, bei dem es nicht um das Abbilden geht, sinnvoll, mit flüssigen Farben zu arbeiten und am Anfang nur wenige unterschiedliche Farben zu geben. So ist es möglich, mit nur einer Farbe zu beginnen, mit der monochrome einfarbige Bilder gestaltet werden, wodurch die verschiedenen Nuancen und Intensitäten einer Farbe entdeckt werden. Nach einer Weile oder beim nächsten Mal kann eine zweite Farbe hinzugegeben werden, wodurch gleichzeitig die Aufmerksamkeit für das Phänomen der Farbmischung entsteht. Eine intensive Auseinandersetzung mit Farbmischungen und Farbnuancen kann auch einem zu einfachen pauschalisierenden Verständnis von vermeintlich eindeutigen Farbwirkung entgegenwirken, wie es oft zum Beispiel in Verbindung mit den Primärfarben verbreitet ist: So ist nicht jedes Rot warm und kraftvoll und nicht jedes Blau kalt und traurig. Natürlich können und werden aus diesen freien Farbspielen auch immer mal gegenständliche Abbildungen entstehen, was gar kein Problem ist. Vielmehr geht es ja darum, Kindern Farbe auch als einen Erfahrungsraum nahe zu bringen und nicht nur als Medium um etwas abzubilden.

Variationen:
Auftragsmedien und Trägermaterialien: Für Variationen in der Arbeit mit der Welt der Farben in Bezug auf die Frage der Kontrollierbarkeit und für die Entscheidung zwischen konkreter und abbildender Arbeit kommen zwei wichtige Variablen ins Spiel: Das Auftragsmedium und das Trägermaterial. Trägermaterial für Farben können verschiedene Papiere, aber auch Hölzer oder Pappe sein. Auftragsmedium können die Finger sein, unterschiedliche Pinsel, ein Stock, eine Zahn- oder Spülbürste. Die Wahl des Farbmediums selbst, aber auch das Auftragsmedium und das Trägermaterial spielen eine entscheidende Rolle, welche Gestaltungsformen entdeckt und realisiert werden, und ob eine eher abbildende Vorgehensweise unterstützt oder angebahnt wird, oder es eher um das spielerisch-malerische explorieren des Zusammenspiels von Auftragsmedium, Trägermaterial und Farbe geht.

1.5.3 Papier

Papier wird traditionell in der ästhetisch-künstlerischen Arbeit wohl zumeist als Trägermaterial für Zeichnungen oder Bilder verwendet. Papier kann aber nicht nur als Trägermaterial aktiven Einfluss auf die Gestaltung eines Bildes nehmen, es kann selbst unmittelbares Gestaltungsmaterial für ästhetisch-künstlerisches Arbeiten sein.

Formale Struktur:

- Gruppengröße: kleine oder auch größere Kindergruppen in Abhängigkeit von der gewählten Arbeitsform mit Papier.
- Räumliche Voraussetzungen: von Tischarbeiten mit Papier bis zu ganzen Räumen.
- Materialien: verschiedene Papiere. Für das Gestalten ganzer Papierräume eignen sich Restrollen aus Zeitungsdruckereien, die in der Regel kostenfrei abgeholt werden können.
- Zeitdauer: von einer Stunde bis über mehrere Wochen, je nach Fokus und Ausgestaltung der Arbeit.

Durchführung der Aktivität:
Kindern wird Papier und verschiedene Papiere dargeboten. Durch Vorhandeln oder Mithandeln kann die künstlerische Handlungsweise des Faltens als Impuls gesetzt werden. Für das Falten bietet die japanische Papierfaltkunst des Origami eine weite und differenzierte Inspirationsquelle. So ist im Fall der ästhetisch-künstlerischen Arbeit mit Papier durchaus sinnvoll, in diese künstlerische Technik einzuführen, aber nicht um diese akribisch auszuführen, sondern um sie als Ausdrucksrepertoire zu haben. Denn am Ende geht es nicht darum, diese möglichst exakt zu reproduzieren, sondern die gelernten Formen und Techniken auch als Spielweisen zur Exploration eigener und neuer Ausdrucksformen zur Verfügung zu haben.

Variationen:
Besonders atmosphärisch und anregend wird die ästhetisch-künstlerische Arbeit mit Papierfaltungen, wenn noch Licht hinzugenommen wird und das Falten von Papier durch die Technik des Scherenschnitts ergänzt wird. Dadurch wird das Phänomen Schatten mit zum Thema. So können reiche, phantasievolle und phantasieanregende Welten als eine Mischung aus abstrakten, utopischen und abbildenden Elementen entstehen, die unter anderem auch dazu einladen, Geschichten zu erfinden, zu erzählen und gestalterisch-bildnerisch weiterzuspinnen. Diese repräsentierenden »kleinen« Papierwelten aus Faltungen und oder Scherenschnitt können auch zu realen Spielwelten wachsen, wenn ganze Räume zur Verfügung gestellt werden und das Thema als Projekt über mehrere Tage, besser noch Wochen entwickelt wird. Dafür ist es dann sinnvoll, dass das Papier durch das mit ihm verwandte Material Pappe ergänzt wird. So können dann reale Spielräume und Phantasiewelten entstehen, vielleicht mit Anklängen von pflanzlichen und tierischen Repräsentationen, in denen und mit denen sich performativ-theatrale Spielformen entfalten

und entwickeln können, wenn solche bejaht, zugelassen und mitunter auch angeregt werden.

1.5.4 Wildes Basteln

Es geht bei dieser ästhetisch-künstlerischen Arbeit um ein freies, intrinsisch motiviertes Basteln mit ganz verschiedenen Materialien: Aus der Kombination von formbaren und nicht formbarem Material und auch der Mischung von traditionellen, künstlerischen Medien wie Farbe oder Tonerde in Kombination mit gesammeltem Abfall oder Restmaterialien. Beim Wilden Basteln geht es nicht um standardisierte, häufig Jahreszeiten-gebundene vorgegebene Bastelarbeiten im Herbst, zur Weihnachtzeit, zum Frühling oder zu Ostern. Beim Wilden Basteln wird den Kindern vielmehr ein offener, freilassender, durch vielfältige Materialien anregender Zeit-Raum gegeben, in dem ganz eigene und eigensinnige Kreationen entstehen können. Diese Gestaltungen erzählen dann mitunter Geschichten, bringen eigene Erfahrungen, Wünsche und Bedürfnisse eines Kindes zum Ausdruck oder zeugen auch von dem spezifischen Interesse oder Anliegen eines Kindes an einem Thema. So entstehen beim und durch das Wilde Basteln auch phantastische Maschinen oder Objekte, die im Spiel ganz real etwas können: Zeitreisen, Unsichtbares sichtbar machen, Unterwasser atmen oder Plastikmüll aus dem Meer entfernen.

Formale Struktur:

- Gruppengröße: Einzelarbeit oder größere Kindergruppen.
- Räumliche Voraussetzungen: ein Arbeitsplatz bzw. -fläche für die Entwicklung des freien wilden Kreationsprozesses.
- Materialien: Ein reiches Materiallager an frei zugänglichen 3-d Materialien im Sinne einer ReMida.[15]
- Zeitdauer: Jedes Kind entscheidet selbst, wie lange es tätig sein möchte.

Durchführung der Aktivität:
Beim Wilden Basteln geht es um ein Basteln, das sich aus dem Zusammenspiel von Material, Gegenstand, dem Interesse oder auch einer ersten Idee des

---

15   Eine ReMida ist eine ansprechend organisierte und für Kinder zugängliche Sammlung von ganz unterschiedlichen Materialien. Das Konzept der ReMida stammt aus der Reggio-Pädagogik (vgl. Brockschnieder 2017).

1 Ästhetische Bildung und Kunst

Kindes entwickelt. Das heißt, die Gestaltung bildet sich hier entweder aus der Konkretisierung einer ersten Idee im Gestaltungsprozess oder als eine erste Realisierung einer Idee in der Begegnung mit Material, die zuvor noch gar nicht da war. Folglich ist die zentrale Voraussetzung für die Durchführung dieser Aktivität ein reiches, ansprechend geordnetes und zugängliches Materiallager, das sich aus einer Fülle ganz verschiedener Materialien, Alltagsgegenstände, gesammelter Materialien aus Spaziergängen im Wald und auch Rest- bzw. Abfallmaterial zusammensetzt und auf das die Kinder selbstständig zugreifen können. Zum Wilden Basteln gehört auch, dass Kinder sowohl formbare Materialien (wie Tonerde) als auch nichtverformbare Materialien (wie Holz) kombinieren können und dürfen.

Variationen:
Es kann je nachdem, was durch das Wilde Basteln an Werken und Gestaltungen entstanden ist, angeregt werden, dieses aktiv in ein Spiel einzubeziehen oder aus und mit diesen Werken Spielsituationen entstehen zu lassen oder und zu gestalten. Diese können je nachdem, wenn beispielsweise utopisch-fantastische Apparate gestaltet wurden, eher im Bereich des performativen Rollenspiels angesiedelt sein, oder, wenn es sich um fantasievolle figürliche Gestaltungen handelt, auch als Bereicherung und Anregung für Spielwelten dienen.

Abb. II.4: »Wilde Bastelei«

1.5.5 Spielmaterial gestalten

In diesem Beispiel geht es auch um Basteln, jedoch von vornherein mit der primären Intention, dass Kinder ihr Spiel durch intentional gestaltete Objekte bereichern und weiterentwickeln. Das heißt, die Idee ist es, mit dieser ästhetisch-künstlerischen Handlungsweise eine Kultur in der Kita zu etablieren, dass, wenn Kindern etwas für das Spiel, in dem sie sich gerade befinden, fehlt, dieses an einem dafür vorbereiteten Ort in der Kita gestalten können.

Formale Struktur:

- Gruppengröße: 1 bis 6 Kinder.
- Räumliche Voraussetzungen: ein Tisch oder ein Platz im Theaterraum für die Variation und Kreation von Kostümen.
- Materialien: je nachdem, in welchem Raum zu welchem Bildungsbereich Material gestaltet wird. Zum Beispiel für Kostüme: Papier, Stoffe und Kreppband. Für den Bauraum: Pappe, Buntstifte, Kreppband und selbsttrocknende Modelliermasse.
- Zeitdauer: frei zu gestalten, je nach dem Gestaltungsobjekt.

Durchführung der Aktivität:
Sämtliches Material und sämtliche Werkzeuge können im Prinzip verwendet werden, wenn es darum geht, Spielszenen, die sich in Entwicklung und im Werden befinden, durch eigene Gestaltungen zu bereichern oder zu variieren.

Konkret bedeutet das, dass zum Beispiel angeregt wird, für eine Spielszene mit Bauklötzen, einen Hintergrund mit Farben und Pappe zu gestalten oder fehlende Bauklötze zu gestalten. Fehlende Tiere oder Figuren können aus ganz unterschiedlichem Material kreiert werden, sei es eher schnell improvisierend aus Papier und Klebeband oder kunstvoll ausgestaltet aus Draht und Stoff. Gut geeignet sind hier selbsttrocknende plastische Massen, die an der Luft durch enthaltende selbstabbindende Kunststoffe hart werden und sich so auch zur Herstellung von Spielfiguren eignen. Insgesamt geht es darum, Spielformen und Spielweisen durch ganz eigene reale Gestaltungen zu bereichern und auszudifferenzieren.

Variation:
Bei dem Kreieren von Spielmaterial kann es sich auch um Kostüme handeln, die mit Hilfe von Stoff oder/und Papier und Pappe variiert werden und zum Beispiel mit Kreppband als Verbindungsmaterial verändert oder ganz neu entworfen werden. Beim Rollenspiel mit Kostümen und Objekten geht es dabei

darum, die Möglichkeit zu geben, auch Rollenstereotypen spielerisch zu erweitern und auch verlassen zu können. Dies hat im Hinblick auf eine diversitätsbewusste Arbeit eine besondere Relevanz: Hier werden unmittelbar die Fragen berührt: Wer bin ich, wer könnte und wer darf ich sein und wie werde ich in welchen Ausdrucksformen wahr- und angenommen.

1.5.6 Handwerken

Handwerkliche Themen werden in der Regel vor allem als etwas betrachtet, bei dem es auf Geschick und Fingerfertigkeit und das Erlernen von Techniken ankommt. Gleichzeitig sind aber auch diese Handlungsweisen vor dem Hintergrund der in diesem Beitrag vertretenen ästhetisch-künstlerischen Perspektive auf Bildung interessant. Dies ist der Fall, wenn eine handwerkliche Technik nicht nur rein äußerlich vermittelt wird, sondern die Phänomene, die eine Technik mit sich bringt, ernst genommen und zur Erfahrung kommen können: So zum Beispiel das Auf und Ab beim Weben und das Phänomen des Gewebes, das dabei entsteht, oder das Entstehen der Maschen beim Häkeln.

Formale Struktur:

- Gruppengröße: 1 bis 9 Kinder.
- Räumliche Voraussetzungen: je nachdem, welche handwerkliche Technik ausgewählt wird.
- Materialien: je nachdem, im und aus dem Kontext welcher Technik die ästhetisch-künstlerische Arbeit entwickelt werden soll.
- Zeitdauer: abhängig von der Art der handwerklichen Technik. In der Regel ist es sinnvoll, wenn es eine Kernzeit gibt, in der gemeinsam gearbeitet wird, und dann den Kindern freisteht, ob sie darüber hinaus noch weiterarbeiten wollen. Gerade handwerklich-technische Werkprozesse gestalten sich sinnvoller Weise über mehrere Tage.

Durchführung der Aktivität:
Für die Entwicklung von ästhetisch-künstlerischen Prozessen aus handwerklicher Arbeit kann im Prinzip auf alle traditionellen handwerklichen Techniken zurückgegriffen werden, die üblicherweise in einer Kita vorkommen. So zum Beispiel das Basteln von Strohsternen, das Flechten, das Weben oder auch das Herstellen von Laternen. Für die Ermöglichung einer ästhetisch-künstlerischen Arbeit mit handwerklichen Techniken und Themen ist es entscheidend, die Phänomene, die im Kontext zielorientierter Herstellung von

handwerklichen Objekten auftreten, aber in der Regel nicht beachtet werden, entweder aufzugreifen, wenn Kinder diese thematisieren, oder sie selbst zum Thema zu machen, zum Beispiel das Phänomen des Verbindens von Holz durch das Nageln. Damit dies möglich wird, muss aber beim gemeinsamen handwerklichen Arbeiten auch der Raum da sein für Variationen der Technik und Abweichungen von der exakten Ausführung einer Technik. Ist dies der Fall, kann die handwerkliche Arbeit zum Impuls für einen sich daran anschließenden ästhetisch-künstlerischen Gestaltungsprozess werden, wie zum Beispiel die weiterführende Arbeit mit dem Phänomen des Schattens, das beim Herstellen von Laternen entdeckt wird.

1.5.7 LandArt

Bei LandArt als ästhetisch-künstlerische Handlungsform geht es im Kern darum, draußen zu einer konkreten Situation in und mit der Natur bzw. Kulturlandschaft ästhetisch-künstlerisch zu handeln.

Deshalb beginnt LandArt immer mit einer Phase intensiver Wahrnehmung der Gegebenheiten und Eigenheiten des Ortes, in dem und mit dem gestalterisch gehandelt wird. LandArt entspricht so insgesamt eindeutig einem rezeptiv-produktiven Vorgehen. Das heißt, zunächst geht es um die Wahrnehmung der Örtlichkeit, in der und mit der gearbeitet wird, und dann folgt die ästhetisch-künstlerische Gestaltung in der Regel mit Materialien, die wiederum vor Ort gefunden wurden.

LandArt bietet sich dazu an, mehr oder weniger explizit das menschliche Kultur-Naturverhältnis zu thematisieren. Denn LandArt macht sehr deutlich, dass wir immer verändernd in Welt eingreifen, ja wir gar nicht anders können, als Welt zu verändern. Die Frage, die in diesem Kontext aufgeworfen werden kann, ist, mit welcher Aufmerksamkeit, Intention und Haltung dies geschieht?

Formale Struktur:

- Gruppengröße: 1 bis 9 Kinder.
- Räumliche Voraussetzungen: draußen in einem Park, im Wald, auf einer Wiese.
- Materialien: Material, das vor Ort draußen gefunden und vorgefunden wird.
- Zeitdauer: Es gibt eine verbindliche Zeit, in der Kinder einzeln oder in kleinen Gruppen an einem konkreten Ort, der sie interessiert, arbeiten. Danach gibt es einen gemeinsamen Rundgang, um die entstanden Landart-Werke anzuschauen.

Durchführung der Aktivität:
Aufgrund des rezeptiv-produktiven Vorgehens bei dieser Form ästhetisch-künstlerischen Arbeitens braucht es eine gewisse Abstraktionsfähigkeit, weshalb sich LandArt besonders für ältere Kinder eignet. Wichtig ist es, dass die Kinder angeregt werden und darin begleitet, die Örtlichkeit, eine Wiese, eine Lichtung im Wald oder ein Areal in einem Park, genau, differenziert und umfassend wahrzunehmen, bevor sie zu einer für sie besonders interessanten Stelle durch Hinzufügen von Materialien, die sie vor Ort finden, oder durch Wegnahme von Material die Stelle gestalten. Auch auf diese beiden Möglichkeiten, des Hinzufügens oder Wegnehmens, ist hinzuweisen, damit ein differenzierter Gestaltungsprozess entstehen kann. Insofern gliedert sich der Gesamtprozess in drei Phasen. Erstens eine Zeit für das Wahrnehmen und das Kennenlernen des Ortes, an dem gearbeitet wird, sowie die Zeit für die Auswahl einer Stelle, an der die LandArt umgesetzt wird. Zweitens die Gestaltungsphase und drittens am Ende der Rundgang, bei dem die entstandenen LandArt-Werke gemeinsam angeschaut und wertschätzend über die Arbeiten gesprochen werden kann.

Variationen:
Ausgangspunkt ist ein längerer Aufenthalt im Wald, ein Waldspaziergang eines Waldtages. Es beginnt mit einer intensiven Rezeptionsphase, in der die Vielgestaltigkeit und Eigenartigkeit von Bäumen wahrgenommen wird. Ein Kind oder mehrere Kinder suchen sich in Folge einen Baum aus, der aufgrund seiner Wuchsbesonderheiten im unteren Bereich des Stammes das Interesse geweckt hat. Diese Stellen werde mit Hilfe von mitgebrachter Tonerde und evtl. anderen Naturmaterialen, die noch vor Ort gefunden werden, zu figürlichen Gestaltungen ausgeformt, die dem Charakter des Baumes und seinem Wuchsort entsprechen. Dazu können Geschichten erfunden werden. Dies kann sich bis zu kleinen szenischen performativen Darbietungen entwickeln, mit oder ohne improvisierte Kostüme aus einer Kombination aus Naturmaterialen und eventuell mitgebrachten Schnüren und Tüchern.

1.5.8 Antworten auf Kunst

Wie das letzte Beispiel LandArt folgt dieser Abschnitt des Kapitels ebenfalls einem rezeptiv-produktiven Vorgehen. Es beginnt mit einer Phase, in der gemeinsam ein Kunstwerk wahrgenommen wird. Danach arbeiten die Kinder zu diesem. Ausgangspunkt können dabei ganz verschiedene künstlerische Ausdrucksformen sein: Das heißt, das Rezeptionsereignis, zu dem dann künstlerisch gearbeitet wird, kann durch ein Bild, ein Gedicht oder ein Musikstück entstehen. Das heißt auch, es muss sich nicht nur um bildnerisch-künstlerische Ausdrucksformen handeln. Als Medien, mit denen künstlerisch-gestalterisch auf das Kunstwerk geantwortet wird, werden jedoch im Folgenden aufgrund der Ausrichtung dieses Beitrags bildnerisch-künstlerische Ausdrucksformen fokussiert. Trotz dieser Einschränkung in den folgenden Ausführungen steht natürlich außer Frage, dass das rezeptiv-produktive Vorgehen auch auf andere Kunstformen erweitert werden kann, so kann zum Beispiel auf die Wahrnehmung eines Bildes mit tänzerischer Bewegung geantwortet werden.

Formale Struktur:

- Gruppengröße: eine Gruppe bis 9 Kinder.
- Räumliche Voraussetzungen: je nachdem, auf welche Kunstform mit welchen Medien geantwortet wird, sehr verschieden. Wird zum Bespiel bildnerisch auf ein Musikstück mit großen Papierbahnen geantwortet, auf denen gezeichnet oder gemalt werden kann, ist dies etwas ganz anderes, als wenn auf eine Kunstpostkarte ein Resonanzbild in DIN A 4 gemalt wird.
- Materialien: ganz verschieden, je nachdem, mit welchem Medium auf ein Kunstwerk geantwortet wird.
- Zeitdauer: verbindlicher Rahmen, in dem ein künstlerisches Werk gemeinsam wahrgenommen wird, und dann darauf mit eigener künstlerischer Gestaltung geantwortet wird. Am Ende werden die entstandenen Werke gemeinsam betrachtet, damit die Vielfalt der Antwortmöglichkeiten auf das eine Werk deutlich wird und dieser Reichtum gemeinsam bestaunt werden kann.

Durchführung der Aktivität:
Es beginnt mit der Auswahl eines künstlerischen Werkes. Dies kann ein Musikstück sein, das gemeinsam angehört wird, ein Kunstposter, das aufgehängt wird, oder ein Gedicht, das vorgetragen wird. Auf die Wahrnehmung des Werkes haben dann die Kinder die Möglichkeit, mit den zuvor ausgewählten und zur Verfügung stehenden Medien ihre Antwort zu gestalten. Dabei zeigen sie, was sie an dem Werk am meisten berührt hat. Wichtig ist dabei zu bedenken, dass durch die Auswahl der jeweiligen Medien, die für das Antworten auf das Kunstwerk zur Verfügung gestellt werden, auch der Fokus des Interesses der Kinder verändert werden kann. So zum Beispiel, wenn für das Antworten auf ein Musikstück flüssige Farbe und große Bahnen Makulaturpapier auf dem Boden dargeboten werden, im Unterschied zu Buntstiften und DIN A4 Papier auf einem Tisch. Interessant ist dann bei der abschließen-

den Betrachtungsrunde gemeinsam zu schauen, ob der Fokus eines Kindes eher auf dem *Wie* des Werkes lag, zum Beispiel der Strichführung bei einem Bild, dem Klang der Worte eines Gedichtes oder dem Rhythmus eines Musikstücks oder auf dem *Was*, der inhaltlich-symbolischen Dimension des Werkes. Im Sinne einer Wertschätzung für die Unterschiedlichkeit in der Vielfalt der Bedeutungsakzentuierungen kann bei der gemeinsamen Betrachtung so auch übergreifend deutlich werden, welcher Aspekt des Kunstwerkes für ein Kind wohl besonders wichtig war.

Variationen:
Ein ganz besonders beeindruckendes Setting für das Antworten auf Kunst ist das bildnerisch-künstlerische Arbeiten im Museum. Dafür ist es wichtig, dass zunächst das Original gemeinsam wahrgenommen wird. Dies kann verbal geschehen. Aber je nachdem, ob es sich um ein Bild oder eine Skulptur handelt oder einen Kulturgegenstand, kann das Rezeptionsereignis auch durch spielerische Impulse oder das Nachahmen einer Skulptur oder das Nachstellen einer Handlung angeregt und bereichert werden. Daran anschließend ist es dann besonders intensiv, wenn direkt vor dem Original, im unmittelbar wahrnehmenden Kontakt zu den Bildern, der Skulpturen oder auch Kulturgegenstände gearbeitet werden kann. Hier eignen sich dann natürlich vor allem trockene Malmedien wie Bleistift oder Buntstifte, da sie keine oder kaum Spuren hinterlassen und insofern in der Regel in Museen geduldet werden. Viele Museen haben mittlerweile auch oft eigene Räumlichkeiten, in denen künstlerisch gearbeitet werden kann. Dann ist es auch möglich, mit Materialien wie Tonerde oder flüssigen Farben, die potentiell mehr Spuren hinterlassen, zu arbeiten. Jedoch besteht dabei der Nachteil, dass der Eindruck des Originals mitunter schnell verblasst. Dies umso mehr, je jünger die Kinder sind.

1.5.9 Künstlerisches Arbeiten zu einem Alltagsphänomen

Hier geht es wiederum um einen rezeptiv-produktiven Ansatz in der künstlerisch-gestalterischen Arbeit. Ausgangspunkt beziehungsweise Wahrnehmungsfeld sind hier aber nicht künstlerische Werke, sondern Alltagsphänomene. Ein passendes Alltagsphänomen für eine künstlerisch-gestalterische Auseinandersetzung kann im Prinzip alles sein und werden. Entscheidend ist, dass es das Interesse von Kindern weckt und dass ein*e Pädagog*in Ideen und Einfälle hat, wie sich die Wahrnehmung für das Alltagsphänomen der Kinder durch künstlerische Handlungsweisen weiter ausgestalten kann. In diesem Sinne kann es sich beim Alltagsphänomen sowohl um buntes Herbstlaub handeln als auch um den schon in diesem Beitrag erwähnten tropfenden Wasserhahn. Dadurch schließt dieser Abschnitt zugleich auch den Bogen zum Beginn dieses Kapitels, der Vorstellung einer ästhetisch-künstlerisch akzentuierten Projektarbeit. Denn die ästhetisch-künstlerische Arbeit zu und mit Alltagsphänomenen kann genau der Ausgangspunkt für eine ästhetisch-künstlerisch akzentuierte Projektarbeit bilden.

Formale Struktur:

- Gruppengröße: Gruppen von bis zu 9 Kindern.
- Räumliche Voraussetzungen: ganz davon abhängig, zu welchem Alltagsphänomen ästhetisch-künstlerisch gearbeitet wird.
- Materialien: abhängig davon, zu welchem Alltagsphänomen wie gearbeitet wird.
- Zeitdauer: Eine verbindliche Kernzeit ist sinnvoll, die individuell dann noch ausgedehnt werden kann.

Durchführung der Aktivität:
Wenn das Alltagsphänomen zum Beispiel Herbstlaub ist, könnte zum Beispiel das Laub zunächst gesammelt und dann daraus verschiedene Farbverläufe gelegt werden. Es können Abdrücke mit Farbe oder Eindrücke in Ton hergestellt werden. Wie bei jeder künstlerischen Handlungs- beziehungsweise Gestaltungsform, die gewählt wird, sollten sich die Pädagoginnen kontinuierlich fragen, vor dem Hintergrund welcher Bildungsintention diese eingeführt, unterstützt oder angeregt wird.

Abb. II.5: Alltagsphänomen Laub

Das Ende dieses Abschnitts, in dem neun exemplarische Beispiele und Handlungsfelder ästhetisch-künstlerischer Arbeit mit Kindern vorgestellt wurden, verweist zum einen wieder auf seinen Anfang, die Projektarbeit, in die die Beispiele einfließen können und aus denen je nach Thema, Umfang und Kontext ein Bildungsprojekt gestaltet werden kann. Zum anderen können einzelne Aspekte und Themen dieses Beitrags in der aufgeführten Literatur zum Weiterlesen noch vertieft werden.

1.6 Tipps zum Weiterlesen

Dietrich, C., Krinninger D. & Schubert V. (2013): *Einführung in die Ästhetische Bildung.* Weinheim und Basel: Beltz Juventa.

Heyl, T. & Schäfer, L. (2016): *Frühe ästhetische Bildung. Mit Kindern künstlerische Wege entdecken.* Berlin-Heidelberg: Springer.

Kathke, P. (2001): *Sinn und Eigensinn des Materials. Band 2: Papier und Pappe, Farben, Stoffe und Textilien, Schnur, Draht und Faden.* Weinheim und Basel: Beltz.

Scholl, C. (2015): *KinderKunst: Das Mitmachbuch für den Kindergarten.* Bern: Haupt Verlag.

Seitz, M. (2006): *Kinderatelier: Experimentieren, Malen, Zeichnen, Drucken und dreidimensionales Gestalten.* Seelze: Kallmeyer/Klett.

Staege, R. (Hrsg.) (2016): *Ästhetische Bildung in der Kindheit.* Weinheim und Basel: Beltz Juventa.

van Dieken C. & Effe B. (2010): Kinderkunstwerkstatt: ein Handbuch zur ästhetischen Bildung von Kindern unter drei Jahren. Kiliansroda: verlag das netz.

1.7 Literatur

Antonovsky, A. & Franke A. (Hrsg.) (1997): *Salutogenese. Zur Entmystifizierung der Gesundheit* (Forum für Verhaltenstherapie und psychosoziale Praxis, Bd. 36). Tübingen: dgvt.

Brandstätter, U. (2008): *Grundfragen der Ästhetik: Bild-Musik-Sprache-Körper.* Köln-Weimar-München: Böhlau.

Brockmann, A.-D. (2004). »Sinnen-Bewusstsein und Sinneswandel in der Arbeit am Tonfeld.« In: H. Deuser (Hrsg.), *Bewegung wird Gestalt. Der Handlungsdialog in der Arbeit am Tonfeld®* (S. 184–222). Bremen: Döring.

Brockschnieder, F.-J. (2017): *Reggio-Pädagogik in der Kita, pädagogische Ansätze auf einem Blick.* Überarbeitete Neuausgabe. Freiburg im Breisgau: Verlag Herder GmbH.

Bockhorst H., Reinwand V.-I. & Zacharias W. (2012): *Handbuch kulturelle Bildung.* München: kopaed.

Cassirer, E. (2007): *Versuch über den Menschen. Einführung in eine Philosophie der Kultur.* Hamburg: Meiner Felix.
Dewey, J. (1934/1988): *Kunst als Erfahrung.* Frankfurt a. M: Suhrkamp.
Duncker, L. (2010): Kindliches Lernen und ästhetische Erfahrung. In: L. Duncker, G. Lieber, N. Neuß & B. Uhlig (Hrsg.), *Bildung in der Kindheit. Das Handbuch zum Lernen in Kindergarten und Grundschule* (S. 12–17). Seelze: Kallmeyer/Klett.
Goldworthy, A., Friedman T. (1996): *Holz.* Leipzig: Zweitausendeins.
Goldworthy, A. (2001): *Time.* Leipzig: Zweitausendeins.
Kathke, P. (2001): *Sinn und Eigensinn des Materials. Band 2: Papier und Pappe, Farben, Stoffe und Textilien, Schnur, Draht und Faden.* Weinheim und Basel: Beltz
Kämpf-Jansen, H. (2001): *Ästhetische Forschung, Wege durch Alltag, Kunst und Wissenschaft. Zu einem innovativen Konzept ästhetischer Bildung.* Baden-Baden: Tectum.
Lange, U. & Stadelmann, T. (2017): *Kunst ohne Dach.* Kiliansroda: verlag das netz.
Mattenklott, G. & Rora, C. (Hrsg.) (2004): *Ästhetische Erfahrung in der Kindheit. Theoretische Grundlage und empirische Forschung.* Weinheim und Basel: Beltz Juventa.
Rat für kulturelle Bildung (2014): Schön, dass ihr da seid. Kulturelle Bildung: Teilhabe und Zugänge.
Rittelmeyer, C. (2010): *Warum und wozu ästhetische Bildung? Über Transferwirkungen künstlerischer Tätigkeiten. Ein Forschungsüberblick.* Oberhausen: Athena
Schäfer, G. E. (1993): Universen des Bastelns – Gebastelte Universen. In: L. Duncker, F. Maurer & G. E. Schäfer (Hrsg.), *Kindliche Phantasie und ästhetische Erfahrung. Wirklichkeiten zwischen Ich und Welt.* (2. Auflage). (S. 135–161). Langenau – Ulm: C&s Verlag / Armin Haas Verlag.
van Dieken, C. & van Dieken, J.: *Ganz nah dabei – Raumgestaltung in Kitas für 0–3 Jährige.* Berlin: Cornelsen (als DVD).
von der Beek, A. & Schäfer, G. E. (2013): *Didaktik in der frühen Kindheit: Von Reggio lernen und weiterdenken.* Kiliansroda: Verlag das Netz.

2

Beziehungsaufbau und soziale Kompetenz

Stephanie Nock & Lukas Nock

2.1 Theoretisch-konzeptuelle Grundlagen und Forschungsüberblick

Der Mensch ist ein soziales Wesen. Er ist auf den Kontakt und den Austausch mit anderen Menschen angewiesen. Dabei gründet sein Gemeinschaftsstreben auf einem doppelten Bedürfnis: zum einen der Sehnsucht nach Geborgenheit, zum anderen dem Wunsch, aktiv zum Gemeinwohl beizutragen. Obwohl die menschliche Sozialnatur biologisch fest verankert scheint, ist ihre Herausbildung doch hochgradig voraussetzungsvoll, und die zeitlose Frage nach der richtigen Erziehung eine der ältesten der Menschheitsgeschichte. Aristoteles sprach in diesem Zusammenhang etwa vom Menschen als *Zoon politikon*, Alfred Adler prägte den Begriff vom *Gemeinschaftsgefühl* als Ergebnis gelungener Erziehung und Grundvoraussetzung aller weiteren höheren Entwicklungsaufgaben. Neuere Begriffe wie *Sozialkompetenz*, *Empathie* oder *emotionale Intelligenz*, die den aktuellen sozialwissenschaftlichen Diskurs dominieren, berühren dabei dasselbe Ausgangsproblem: Wie bzw. wodurch wird ein Mensch gemeinschaftsfähig?

Diese Frage soll in den folgenden Abschnitten im Kontext der sozialemotionalen Entwicklung des Kindes vor allem aus bindungstheoretischer Perspektive näher beleuchtet werden. Als zentraler Einflussfaktor wird ein empathischer und feinfühliger Umgang von pädagogischen Fachkräften mit den ihnen anvertrauten Kindern herausgearbeitet. Fokussiert werden hier vor allem Bedeutung und Voraussetzung der Beziehungsebene bzw. der Interaktion zwischen Kindern und ihren Fürsorgepersonen als wesentliches Fördermedium sozialer Kompetenzen und einer positiven Bindungsentwicklung.

2.1.1 Emotionale Entwicklung als Fundament der Sozialkompetenz

Die eingangs aufgeworfene Frage nach den pädagogischen Voraussetzungen von Sozialkompetenz und Gemeinschaftsfähigkeit ist auf das engste verbunden mit der sozio-emotionalen Entwicklung des Menschen. Emotionale Kompetenzen – verstanden als die Gesamtheit der Fähigkeiten, eigene Gefühle wahrzunehmen, auszudrücken und selbständig zu regulieren sowie die Gefühle anderer zu registrieren und zu verstehen (personale Kompetenz) – werden dabei als die Ausgangsbasis für soziale Kompetenzen betrachtet. Letztere wiederum meinen ein Bündel von persönlichen Fähigkeiten und Einstellungen, mit deren Hilfe das eigene Verhalten von einer primär selbstbezogenen auf eine gemeinschaftliche Handlungsorientierung ausgerichtet werden kann.

Sozialkompetenz ermöglicht also die Vermittlung zwischen individuellen Handlungszielen und den Werten einer Gemeinschaft (interpersonale Kompetenz). Wesentlich hierfür sind zum einen die *Konfliktfähigkeit* und zum anderen die *Kooperationsbereitschaft* eines Menschen. Beide wiederum fußen auf emotionalen Grundlagen wie etwa Empathie, Frustrationstoleranz oder der Fähigkeit zur Affektregulierung, deren Entstehungskontext in den folgenden Abschnitten vorgestellt werden soll.

2.1.2 Bindungsentwicklung und Feinfühligkeit

Die Bindungstheorie wurde von John Bowlby, Mary Ainsworth und James Robertson entwickelt. Ihre Anfänge reichen bis in die 1940er Jahre zurück. Grundlegend ist die Annahme, dass Menschen über ein angeborenes Bedürfnis verfügen, enge und von intensiven Gefühlen geprägte Beziehungen zu

2 Beziehungsaufbau und soziale Kompetenz

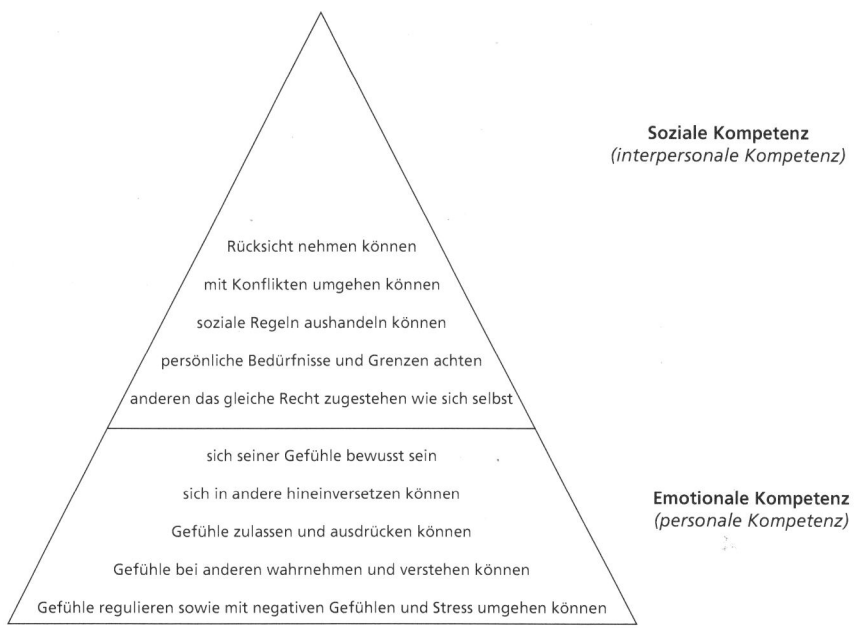

Abb. II.6: Soziale und emotionale Kompetenzen (nach Bischoff et al., 2011, S. 5)

Mitmenschen aufzubauen (Bowlby, 2010). Gegenstand der Bindungstheorie ist der Versuch, Erklärungsansätze zur Entstehung, Struktur und Dynamik menschlicher Beziehungen zu entwickeln. Dabei fokussiert sie die emotionalen Bedürfnisse des Kindes gegenüber seinen Fürsorgepersonen sowie deren Reaktionen hierauf und spricht den frühen Eltern-Kind-Interaktionen eine prägende Rolle für das spätere Leben zu – u. a. hinsichtlich der Entwicklung sozialer Kompetenzen. Die Persönlichkeitsentwicklung des Menschen ist im bindungstheoretischen Sinne primär eine Folge seiner sozialen Erfahrungen (Grossmann & Grossmann, 2004, S. 65).

Im Entwicklungsverlauf der sozial-emotionalen Bindung lassen sich vier Etappen unterscheiden (Rauh, 2002, S. 197):

1. Unmittelbar nach der Geburt ist der Säugling noch nicht an eine spezifische Person gebunden. Gleichwohl sendet er zahlreiche Signale (Lächeln, Weinen, Greifen usw.) an seine personale Umwelt, um mit dieser in Kontakt zu treten und sich ihrer Nähe zu versichern. Diese *Vorphase personenunspezifischer Bindung* dauert etwa bis zur zwölften Lebenswoche an.
2. Zwischen dem dritten und sechsten Lebensmonat lernt das Kind allmählich, seine Interaktionspartner zu unterscheiden. Bereits in dieser Phase lässt

sich der Säugling bspw. leichter von ihm vertrauten Personen beruhigen als von Fremden. Waren seine Kontaktinitiativen in der Vorphase noch reflexhaft und unspezifisch, werden sie in dieser *Phase des Bindungsaufbaus* zunehmend intentional und selektiv.
3. Mit Vollendung des ersten Lebenshalbjahrs beginnt die *Phase der eindeutigen Bindung* im Zusammenhang mit dem motorischen Entwicklungsschritt der Lokomotion und dem kognitiven der Objektpermanenz. Das Kind beginnt, konkrete Personen zu vermissen, aktiv deren Nähe zu suchen bzw. Fremdkontakt zu vermeiden (Fremdeln). Dabei entsteht eine Hierarchie von einigen wenigen Bezugspersonen, an deren Spitze eine Hauptbindungsperson (zumeist die Mutter) steht (Brisch, 2008, S. 90). Vor Beginn des eigentlichen Sprechens (12.–18. Monat) erreicht diese Phase ihren Höhepunkt.
4. Ab dem 18. Lebensmonat kommt es zum *Aufbau wechselseitiger Beziehungen* bzw. zur weiteren Bindungsdifferenzierung. Diese Etappe wird auch *Phase der zielkorrigierten Partnerschaft* genannt, weil das Kind zunehmend fähig wird, Absichten, Ziele und Pläne seiner Bezugspersonen zu verstehen, diese von den eigenen zu unterscheiden und seine Bindungsbedürfnisse auszuhandeln. Mithilfe wachsender geistiger (vor allem sprachlicher) Fähigkeiten gelingt es den Kindern, eine erste, zaghafte Toleranz gegenüber kurzen Trennungsepisoden zu entwickeln, wobei Trennungsangst und Fremdeln erst nach dem dritten Lebensjahr wirklich abnehmen.

Entscheidend ist hier die Feststellung, dass zwar das kindliche Bindungsbedürfnis angeboren, die Bindungsentwicklung jedoch einem sozialen Lernprozess unterworfen ist:

> »Das Kind kommt somit nicht mit einer Anlage zur sicheren Bindung auf die Welt, sondern ist (insbesondere in frühen Jahren) in höchstem Maß abhängig von bestimmten ›Qualitätsmerkmalen‹ des zwischenmenschlichen Umgangs mit seinen Bezugspersonen« (Huber, 2010, S. 16).

Bindung entsteht im Zusammenspiel zweier interaktionaler Verhaltenssysteme: dem so genannten Bindungssystem auf Seiten des Kindes und dem Fürsorgesystem auf Seiten der Bezugsperson. Das Bindungssystem des Kindes hat zum Ziel, Nähe und Sicherheit der Bezugsperson herzustellen, indem das Kind bestimmte Verhaltensweisen einsetzt, um seine Bedürfnisse nach Nähe und Sicherheit zu stillen. Diese Verhaltensweisen (etwa Weinen, Anklammern, Nachkrabbeln etc.) kommen zum Einsatz, wenn das Kind die eigenen Sicherheitsbedürfnisse bedroht sieht, und sie klingen ab, wenn das Kind sie befriedigt weiß (Lohaus et al., 2010). Komplementär dazu hält das elterliche Fürsorgesystem ein Verhaltensrepertoire zur Regulation jener kindlichen Bindungsbedürfnisse bereit (Berührungen, Blickkontakt, Ansprache etc.). Eltern erfüllen dadurch eine Zentralfunktion in der frühen Entwicklung, indem sie die Kinder nicht nur bei der Organisation der äußeren Welt, sondern insbesondere bei der Bewältigung und Regulation ihrer Innenwelt unterstützen. Babys und Kleinkinder sind oftmals regelrecht überflutet von ihren unterschiedlichen und teilweise gegensätzlichen Gefühlen: Bindungspersonen kommt hier die Aufgabe zu, »sich von diesem Bündel an widersprüchlichen Emotionen und Motiven des Kindes gefühlsmäßig ›anstecken‹ zu lassen, dieses Gefühlschaos innerlich zu halten (›Containing‹ [vgl. Bion, 1997; Anm. d. Verf.]) und dem Kind in einfühlsamer und beruhigender Weise seinen Gefühlszustand zu ›spiegeln‹« (Huber, 2010, S. 54). Peter Fonagy und Mary Target prägten mit Blick auf die hierfür erforderlichen Kompetenzen den Begriff der *Mentalisierung* (Fonagy et al., 2004). Damit ist die Fähigkeit gemeint, sich das eigene Verhalten und das des anderen sowie deren Wechselbeziehung zu erklären, indem man es in Bezug zu inneren Zuständen (Gefühlen, Bedürfnisse, Überzeugungen etc.) setzt.

Daneben ist die *Feinfühligkeit*, mit der auf kindliche Initiativen reagiert wird, entscheidend. Das von Ainsworth geprägte Konzept der Feinfühligkeit umfasst vier zentrale Aspekte (Ainsworth, 2003, S. 414). Feinfühlig handeln Bezugspersonen demnach dann, wenn folgende, aufeinander aufbauende Kriterien erfüllt sind:

> *Differenzierende Wahrnehmung kindlicher Signale*: Dies erfordert von der Fürsorgeperson eine hohe Aufmerksamkeit, Verfügbarkeit und Zugänglichkeit gegenüber allen Äußerungen des Kindes (Verhalten, Mimik, Gestik etc.) sowie die Fähigkeit und den Willen, Unterschiede bzw. Veränderungen im Ausdruck zu erfassen.
> *Richtige Interpretation kindlicher Signale*: Der Bezugsperson gelingt es, die den kindlichen Äußerungen zugrundeliegende Bedürfnislage zu erkennen. Voraussetzung ist hierbei zum einen, sich in das Kind hineinversetzen zu können, zum anderen, eigene Empfindsamkeiten, Wünsche, Phantasien usw. zurückzustellen.
> *Angemessene Reaktion auf kindliche Signale*: Es erfolgt eine altersangemessene, d. h. in Tempo, Dauer und Intensität dem Kind angepasste, und anlassbezogene Reaktion – z. B. Eingehen auf das Bindungsverhalten bei Angst durch Beruhigung oder Explorationsunterstützung bei Langeweile durch Ermutigung. Grundlegend ist hierbei vor allem ein variantenreiches Verhaltensrepertoire aufseiten der Bezugsperson.
> *Prompte Reaktion auf kindliche Signale*: Neugeborene sind weder zum Bedürfnisaufschub noch dazu in der Lage, einen Zusammenhang zwischen

> ihrem Verhalten und den Umweltreaktionen hierauf herzustellen. Beides erlernt das Kind erst allmählich im Laufe seiner Entwicklung nicht nur durch die Angemessenheit, sondern auch durch die Unmittelbarkeit der Reaktion auf seine Initiativen.

Im Laufe seines frühen Lebens verinnerlicht das Kind die unzähligen Interaktionserfahrungen mit seinen Bindungspersonen und entwickelt in diesem Prozess ein so genanntes *inneres Arbeitsmodell von Bindung*:

»Vorstellungen (mentale Repräsentationen) des Verhaltens und der damit verbundenen Affekte von sich, der Bindungsperson sowie der Beziehung zwischen diesen. [...] Kinder verallgemeinern dabei die in Bindungsbeziehungen gemachten Erfahrungen von Unterstützung und Wertschätzung oder auch Zurückweisung durch die Bezugspersonen auf die Erwartung von allgemeiner Wertschätzung bzw. Ablehnung durch andere« (Huber, 2010, S. 17).

Und sie richten ihr Verhalten daran aus. Dieses innere Arbeitsmodell legt den Grundstein des *Urvertrauens*: Die erfahrene Gewissheit, über eine »sichere Basis« zu verfügen, ermöglicht es dem Kind, allmählich unabhängiger zu werden und dem Unbekannten stärker mit Neugier und weniger mit Angst zu begegnen.

Mentalisierungsfähigkeit und *Feinfühligkeit* bilden also die interaktionalen Grundlagen im Kontext einer positiven Bindungsentwicklung. Auf diese Weise wird das Kind in die Lage versetzt, seinen eigenen Zustand geordneter zu erleben, was zur Ich-Stärkung, zur Entwicklung von Selbstregulationsfähigkeit und zur Ausbildung sozialer Kompetenzen beiträgt. Das langfristige Gelingen dieses sensiblen Interaktionsverlaufs, mithin einer sicheren Bindungsentwicklung des Kindes, hängt dabei sowohl von Verhaltensdispositionen des Kindes ab (seinem Temperament) als auch vom Fürsorgehandeln der Bezugspersonen.

Sind die inneren Arbeitsmodelle und Bindungsmuster von Kindern anfangs noch flexibel, verfestigen sie sich im weiteren Entwicklungsverlauf zunehmend zu so genannten *Bindungsrepräsentationen*.[16] Diese werden zum unbewussten Bauplan zukünftiger Beziehungen, indem sie die Selbstwirksamkeits-

---

16 Zur Beurteilung der Bindungsqualität entwickelte Ainsworth ein standardisiertes Verfahren, das als *Fremde-Situations-Test* bekannt geworden ist (Ainsworth & Wittig, 1969) und eine Klassifikation in vier Bindungsstile erlaubt: *Sichere Bindung* (Typ B), *Unsicher-vermeidende Bindung* (Typ A), *Unsicher-ambivalente Bindung* (Typ C) und *Desorganisierte Bindung* (Typ D).

annahmen und den sozial-emotionalen Erwartungshorizont gegenüber anderen Menschen sowie den Stellenwert begründen, den die eigenen Bedürfnisse darin einnehmen.

2.1.3 Entstehung und Förderung von sozialen Kompetenzen

Ab einem Alter von etwa drei Jahren, wenn Kinder immer öfter *Warum?* fragen, mehr und mehr *selber machen* wollen, ihren Eltern gerne bei Hausarbeiten assistieren und sich in Als-ob-Spielen erste soziale Rollen zulegen, beginnt eine Phase größter Prägungsoffenheit für soziale Lernprozesse (vgl. dazu Kasten, 2008; 2009). Mit dem allmählichen Abklingen der Trotzphase im *vierten Lebensjahr* werden Kinder zunehmend kooperationsfähig und kompromissbereit. Ihre Fähigkeit zum Belohnungsaufschub wächst, sie empfinden Vorfreude im Hinblick auf nahende Ereignisse, können immer besser teilen, »mein« und »dein« unterscheiden bzw. akzeptieren, und ihre Lebenswelt dehnt sich parallel zu ihren kommunikativen Kompetenzen immer weiter aus. In dieser Phase sind Erzieher/innen dazu angehalten, dem Kind möglichst weite Erfahrungs- und Entdeckungsmöglichkeiten zu eröffnen, auf seine Beschäftigungsvorlieben einzugehen und diese zu fördern.

Im fünften Lebensjahr nehmen Mobilität und Selbständigkeit der Kinder weiter zu. Sie schätzen Freundschaften und das Spiel in der Gruppe. Ihre Fähigkeiten, sich mit anderen zusammenzuschließen, nehmen ebenso zu wie die, zu mogeln und zu schwindeln. Dabei sind sie immer besser in der Lage, zu registrieren, was das Gegenüber fühlt, weiß und wahrnimmt, und ihre moralische Sensibilität sowie die Empfänglichkeit für soziale Normen steigen an.

Im sechsten Lebensjahr vollzieht sich noch einmal ein enormer Entwicklungsschub, sowohl mit Blick auf das kindliche Spektrum der sprachlichen, kommunikativen und zwischenmenschlichen Kompetenzen als auch hinsichtlich der Ausdifferenzierung innerer moral- und wertebezogener Handlungsorientierungen. Soziale Beziehungen werden vielfältiger und wichtiger, insbesondere Freundschaften zunehmend stabil. Mit zunehmendem Alter lernen Kinder, sich in immer neuen sozialen Situationen angemessen zu verhalten und erwerben dabei eine Fülle neuer sozialer Kompetenzen.

Abbildung II.7 gibt einen Überblick über die Basiselemente sozialen Handelns, die vor allem im Kindergartenalter entwickelt werden. Dazu gehören etwa die Fähigkeiten, zu anderen Kindern Kontakt aufzunehmen, sich an Regeln zu halten, Konflikte auszutragen, sich als gleichwertiges Gruppenmitglied zu erleben oder mit anderen etwas zu teilen.

II Methodische Kompetenz nach Bildungsbereichen

Soziale Sensibilität
- Gefühle anderer wahrnehmen
- Sich in die Lage eines anderen hineinversetzen
- Die Bedürfnisse anderer erkennen und im eigenen Verhalten berücksichtigen
- Wünsche anderer anerkennen

Toleranz und Rücksichtnahme
- Leistungen anderer akzeptieren und anerkennen
- Die Andersartigkeit anderer respektieren
- Die Bedürfnisse anderer tolerieren und sich darauf einlassen
- Auf schwächere Rücksicht nehmen

Regelverständnis
- Den Sinn von Regeln verstehen
- Regeln für ein Spiel aufstellen können
- Gruppenspiele mit einfachen Regeln spielen
- Flexibel mit Regeln umgehen und sie der jeweiligen Situation anpassen

Kontakt- und Kooperationsfähigkeit
- Beziehungen zu anderen aufnehmen
- Im Spiel unterschiedliche Rollen einnehmen
- Hilfe annehmen und anfordern
- Andere unterstützen
- Gemeinsame Aufgaben lösen
- Eigene Gefühle ausdrücken und anderen mitteilen
- Sich verbal mit anderen auseinandersetzen

Frustrationstoleranz
- Bedürfnisse aufschieben, zugunsten anderer Werte zurückstellen
- Mit Misserfolgen umgehen lernen
- Sich in eine Gruppe einordnen können
- Mit Konflikten umgehen lernen und sie konstruktiv zu lösen versuchen

Abb. II.7: Basiskompetenzen sozialen Handelns (nach Zimmer, 2011, S. 36)

Vor dem Hintergrund einer sicheren Bindungsentwicklung (▶ Kap. 2.1.2) werden viele dieser Fähigkeiten im Familien- bzw. Kita-Alltag mitunter ganz nebenbei gelernt. Durch die folgenden Anregungen soll dennoch exemplarisch gezeigt werden, wie die Entwicklung sozialer Kompetenzen zusätzlich gefördert werden kann:

- Kinder lernen vor allem durch das, was ihnen vorgelebt, wird und weniger durch das, was man ihnen sagt. Ein liebevoller und respektvoller Umgang zwischen Fachkraft und Kind wird sich positiv auf das kindliche Sozialverhalten auswirken. Ein Kind schaut sich nicht nur von seinen Eltern ab, wie Beziehungen gepflegt und aufrechterhalten werden, wie man Konflikte austrägt und Fehler handhabt, sondern auch von seinen Erzieher*innen.
- Über die gemeinsame Erledigung kleinerer Aufgaben (Tisch decken, Getränke holen, Deko anbringen etc.) lernen Kinder nicht nur Anweisungen und Regeln zu befolgen, sondern auch Verantwortung zu übernehmen sowie Stolz auf den eigenen Beitrag und die Freude am gemeinsamen Werk.
- Rollenspiele fördern die kindliche Fähigkeit zur Perspektivenübernahme.
- Kinder müssen nicht pausenlos von den Erzieher*innen unterhalten werden. Eine zentrale Fähigkeit ist es, eigenständige Wege aus der Langeweile zu finden und sich eine gewisse Zeit alleine beschäftigen zu können.

- Kinder müssen Konflikte austragen können. Die Aufgabe von Erzieher*innen besteht nicht darin, jeden Streit im Keim zu ersticken oder den Kindern Lösungen vorzugeben. Vielmehr sollten sie die Kinder dazu anzuleiten, im Rahmen ihrer Möglichkeiten selbst sozialverträgliche Lösungen zu entwickeln.
- Nicht alle Kinder haben dasselbe Kontaktbedürfnis. Während manches Kind erst in der Großgruppe richtig auftaut, verspürt ein anderes immer wieder auch Rückzugsbedürfnisse bzw. fühlt sich regelmäßig eher im Zweierkontakt mit seiner besten Freundin am wohlsten.

Konkrete Übungen zur Unterstützung des sozialen Lernens finden sich am Ende dieses Beitrags (▶ Kap. 2.3).

2.1.4 Pädagogische Relevanz der sozial-emotionalen Entwicklung

Die Bedeutung der sozial-emotionalen Entwicklung als Gegenstand frühkindlicher Pädagogik ist evident, haben sich die mit den früheren Beziehungserfahrungen einhergehenden Bindungsqualitäten doch als maßgeblich erwiesen u. a. für die

- Empathiefähigkeit (Bischof-Köhler, 2011),
- soziale Kompetenz (Kärtner, 2011, Ahnert, 2010),
- Entwicklung von kognitiven Fähigkeiten (Brisch & Hellbrügge, 2003; 2008),
- Anfälligkeit für psychopathologische Störungen (Strauß, 2008),
- Gestaltung von Freundschafts- und Paarbeziehungen sowie den späteren Umgang mit den eigenen Kindern (Brisch, 2012).

Mit Blick auf die kindliche Lernentwicklung und Begabungsentfaltung ist besonders das antagonistische Verhältnis zwischen Bindungs- und Explorationsverhalten bedeutsam. So wird die angeborene Motivation, die Umwelt zu erkunden, Neues zu entdecken und zu begreifen, gehemmt, wenn das kindliche Bindungssystem aktiviert ist. Die Bedeutung von Bindung erschöpft sich in dieser Perspektive also nicht in ihrer Funktion zur Emotionsregulierung. Vielmehr setzt sichere Bindung »Aufmerksamkeitsressourcen frei, die für die volle Entfaltung und Nutzung der vorhandenen intellektuellen und kognitiven Fähigkeiten nötig sind« (Schleiffer, 2012, S. 12), und wird damit zur fundamentalen Grundlage expansiven Lernens. Bindung steht darüber hinaus in engem Zusammenhang mit Hirnreifungsprozessen, die für den weiteren Kompetenzerwerb unabdingbare Selbststeuerungsfähigkeiten hervorbringen – u. a. Frustrationstoleranz, Aufmerksamkeitslenkung, Affektregulation (Drake et al., 2014). Dadurch fällt bindungssicheren Kindern das Lernen leichter, sie machen häufiger Erfolgserlebnisse, die wiederum Erwartungen an zukünftige Lernprozesse prägen und sich entsprechend positiv auf die Lernmotivation auswirken. Auch Misserfolge können so als Ansporn, Lernanstrengungen selbst als lustvoll und befriedigend erlebt werden.

Die Folgen einer positiven bzw. restringierten Bindungsentwicklung sind psychologisch, pädagogisch und mittlerweile auch neurologisch intensiv erforscht: »Viele psychische Erkrankungen haben ihren Ursprung in der Kindheit. Vor allem negative Bindungserfahrungen hinterlassen im adulten Gehirn eine ›Stressnarbe‹« (Wettig, 2006), während eine gute Bindungsqualität als wichtiger Resilienzfaktor aufscheint (Laucht, 2003, S. 67, Grossmann & Grossmann, 2007, 133 ff., Fröhlich-Gildhoff & Rönnau-Böse, 2009, 30 f.).

Bindungsstörungen werden dabei in einen ursächlichen Zusammenhang mit unterschiedlichen psychiatrischen Auffälligkeiten gebracht. Von signifikanten Zusammenhängen zwischen »unsicherer Bindung und Symptomen der Depression und Aggression sowie [...] zwischen ambivalenter Bindung und Angststörungen« (Klein, 2008, S. 95) ist etwa die Rede, wobei »Kinder mit desorganisierter Bindung [...] sowohl mehr aggressives und feindseliges Verhalten als auch verstärkt dissoziative Symptome im Jugendalter« (a.a.O.) zeigen. Vor dem Hintergrund internationaler Studien stellen Bindungsdefizite vor allem auch einen Risikofaktor für Schwierigkeiten im Bereich der sozialen Beziehungsgestaltung dar: So werden im Kontext von *peer violence* unsicher-ambivalent gebundene Kinder häufiger zu Opfern, unsicher-vermeidende sowie unsicher-desorganisierte Kinder eher zu Tätern (Weinfield et al., 1999, Troy & Sroufe, 1987), wobei Letztere insgesamt eine erhöhte deviante Anschlussdisposition mitbringen (Sroufe et al., 2000, Weinfield et al., 2000). Metaanalysen weisen darüber hinaus eindrücklich auf die Rolle von Bindung im Entstehungszusammenhang von Delinquenz hin (Hoeve et al., 2012).

Wie bereits weiter oben erwähnt, geht die Bindungsentwicklung mit der Ausprägung von Beziehungsmustern einher, die sich mit zunehmendem Alter verfestigen und die eine Tendenz zur *sich selbst erfüllenden Prophezeiung* mit sich bringen. So können bspw. sicher gebundene Kinder aufgrund ihrer positiven Erwartungshaltung anderen Menschen gegenüber viel eher mit positiven Reaktionen rechnen, was sie wiederum in ihren Annahmen über sich selbst und die Welt bestätigt. Dagegen könnten unsicher-vermeidende Kinder aufgrund ihrer scheinbaren Selbstgenügsamkeit und Introvertiertheit etwa im KiTa-Alltag gewissermaßen »übersehen« werden, was sie letzten Endes in ihrer Auffassung bestärkt, die Dinge lieber mit sich selbst auszumachen. Rigide *Time-Out*-Maßnahmen oder andere Formen sozialer Isolation bei aggressiven

Verhaltensauffälligkeiten können schließlich im Kontext eines unsicherambivalenten oder gar desorganisierten Bindungsstils eher zur Stabilisierung als zur Lösung des Problems beitragen, indem das Kind in seinem inneren Chaos aus Ohnmacht, Bindungswunsch und Trennungswut alleine gelassen wird.

Für die pädagogische Arbeit ist es daher von entscheidender Bedeutung, dass Fachkräfte innere Arbeitsmodelle und Beziehungsmuster wahrnehmen, interpretieren und angemessen darauf reagieren können. Denn jedes feinfühlige Beziehungsangebot birgt die Chance einer korrigierenden Bindungserfahrung. Die Ergebnisse internationaler Studien weisen eindrücklich darauf hin, wie wichtig es für die weitere sozio-emotionale, aber auch schulische Entwicklung insbesondere verhaltensauffälliger Kinder und solchen aus schwierigen Verhältnissen ist, dass die Fachkräfte eine vertrauensvolle und stabile Beziehung zu ihnen aufbauen und pflegen (Burchinal et al., 2002, Hamre & Pianta, 2001).

2.2 Haltungen, Einstellungen und Rahmenbedingungen

Die elementarsten Bindungen entstehen in der Regel zwischen Kindern und ihren Eltern. Doch im weiteren Entwicklungsverlauf wächst die Beziehungsvielfalt in der kindlichen Lebenswelt immer weiter an: »So dehnt sich zunächst der unmittelbare Kreis z. B. durch Geschwister und Großeltern aus. Anschließend kommen im erweiterten Kreis der Bezugspersonen weitere ›Helfer am Nest‹ [...] hinzu« (Hörmann, 2014, S. 5). Dazu zählen vor allem auch die pädagogischen Fachkräfte in Kindertageseinrichtungen, dies umso mehr vor dem Hintergrund des stetigen Anstiegs der Betreuungszeiten und der Ausweitung des Betreuungsalters. Allein im Zeitraum zwischen 2006 und 2017 hat sich etwa die Betreuungsquote bei den Kindern zwischen drei und sechs Jahren von 87,3 auf knapp 94 Prozent, bei den Kindern unter drei Jahren von 13,6 auf über 33 Prozent erhöht (BMFSFJ, 2018). Wie in den vorangegangenen Abschnitten gezeigt, ist die Bindungsentwicklung im klassischen KiTa-Alter keineswegs abgeschlossen, und speziell der Betreuungstrend im Krippenalter verdeutlicht die besondere Gestaltungsverantwortung, in der Kindertageseinrichtungen mit Blick auf die Bindungsentwicklung stehen.

2.2.1 Beziehungsqualität und -angebot

Beziehungsaufbau und Bindungsförderung erfordern im pädagogischen Alltag von Erzieher*innen in Kindertageseinrichtungen eine pädagogische Grundhaltung, »die der Interaktion einen Eigenwert beimisst« (Weltzien, 2014, S. 16 f.). Diese Grundhaltung beinhaltet zum einen die Erkenntnis, dass Bindung und Beziehung sich nicht »von alleine« ergeben oder schon immer impliziter Arbeitsgegenstand sind, egal was die Fachkräfte im Einzelnen mit dem Kind auch tun. Bindungssensible Interaktion knüpft vielmehr an explizite personale und erzieherische Kompetenzen an, die im Zweifelsfall geschult werden müssen (Drieschner, 2011, S. 23 ff.).

Neben den grundlegenden Elementen der *Feinfühligkeit* zeichnen sich bindungskompetente Fachkräfte durch eine Reihe weiterer Eigenschaften und Fähigkeiten aus. So sollten pädagogische Fachkräfte dazu in der Lage sein, zugleich eine ganze Kindergruppe zu betreuen und dabei ganz bewusst immer wieder Eins-zu-Eins-Interaktionen herzustellen. In solchen Situationen sind sie jederzeit autonomieachtend, »fürsorglich und wertschätzend, engagiert und affektiv kompetent. Sie verfügen neben Taktgefühl über einen ausreichenden Selbstwert, der es ihnen ermöglicht, die allfälligen Kränkungen, die gerade im Umgang mit hoch bindungsunsicheren Kindern nicht ausbleiben, ohne nachhaltige Beschädigung zu überstehen« (Schleifer, 2012, S. 19 f.). Pädagogische Fachkräfte sollten grundsätzlich fähig sein, ihr fachliches Handeln zu reflektieren. Dazu gehört eine intensive Auseinandersetzung mit der eigenen Sozialisation und den daraus hervorgegangenen eigenen Bindungsrepräsentationen und Beziehungsmustern (Fröhlich-Gildhoff, 2011).

Pädagogische Fachkräfte haben im Rahmen ihrer professionellen Rolle vor allem fünf zentrale Beziehungsaufgaben zu erfüllen (Ahnert, 2010). Diese werden im Folgenden zusammen mit einigen Reflexionsfragen (Hörmann, 2014) dargestellt:

> *Zuwendung*: Sie bildet das emotionale Fundament jedweder Beziehungsgestaltung zwischen Fachkraft und Kind, auf dessen Grundlage ein positives Selbsterleben, Neugier und Freude am Miteinander entstehen können. *Reflexionsfragen*: Bin ich räumlich für das Kind verfügbar? Habe ich Zeit, um mich mit seinen Anliegen zu befassen? Habe ich selbst Freude an der Interaktion? Gibt es Kinder, mit denen ich nichts zu tun haben will?
> *Sicherheit*: Verfügbarkeit, Verlässlichkeit, Schutz usw. sind wesentliche Qualitäten, die eine von Sicherheit geprägte Fachkraft-Kind-Beziehung kennzeichnen. Das Erleben von Sicherheit ermöglicht den Kindern u. a,.

ihrer Eigeninitiative zu folgen. *Reflexionsfragen*: Bin ich in Blickweite des Kindes? Kann ich das Kind trösten, wenn es traurig ist, bzw. ermutigen, wenn es Angst hat? Erkenne ich, wenn seine Stimmung umschlägt?

Stressreduktion: Da Kinder noch nicht in der Lage sind, ihre Emotionen selbst zu regulieren, sind sie dabei auf Unterstützung angewiesen. Die Aufgabe der Stressreduktion erfordert von der Fachkraft vor allem Einfühlungsvermögen und hilft dem Kind dabei, wieder in die Beruhigung und die Exploration zu kommen (▶ Kap. 2.1.2; ▶ Kap. 2.1.4). *Reflexionsfragen*: Weiß ich, was dem jeweiligen Kind am besten dabei hilft, wieder zur Ruhe zu kommen? Kenne ich seine Lieblingsplätze oder Gegenstände?

Explorationsunterstützung: Eigenständiges Erkunden und Lernen erfordern eine sichere Ausgangsbasis. Diese bieten pädagogische Fachkräfte dem Kind, wenn sie es ihm einerseits ermöglichen, bei Angst und Unsicherheit zu ihnen zurückzukehren, und sie es andererseits immer wieder aufs Neue zur Exploration ermutigen. *Reflexionsfragen*: Ermuntere ich das Kind, die Umgebung zu erkunden, ohne es dazu zu drängen? Erkenne ich, wann ein Kind bereit ist, auf andere zuzugehen und wann nicht? Bin ich aufmerksam und bereit, wenn es wieder zu mir zurückkommen möchte?

Assistenz: Kinder geraten immer wieder an die Grenzen ihrer Handlungsfähigkeit. Hierbei kommt den Fachkräften die Aufgabe zu, ihnen durch zusätzliche Informationen und Unterstützung zu assistieren. Kinder werden vorrangig bei solchen Fachkräften Assistenz suchen und annehmen, zu denen sie eine sichere Bindung haben. *Reflexionsfragen*: Kenne ich die aktuellen Fähigkeiten des Kindes? Lasse ich es sich ausprobieren? Weiß ich, wann ein Eingreifen wirklich nötig ist und wann nicht? Wie kann ich sichergehen, dass ich das Kind weder über- noch unterfordere?

Zur Umsetzung der oben skizzierten Beziehungsaufgaben hat sich als gleichermaßen elaborierte wie alltagstaugliche Methode das Konzept *Marte Meo* (Aarts, 2016) im pädagogischen Kontext bewährt. Dieser ressourcenorientierte Ansatz geht auf Maria Aarts zurück und wurde ursprünglich für die Arbeit mit entwicklungsverzögerten Kindern konzipiert. Einige Grundbausteine dieser Methode lassen sich sehr gut in das pädagogische Arbeitshandeln in Kindertageseinrichtungen integrieren (Bünder et al., 2013, von Gizycki, 2018):

Wahrnehmen: Die Fachkraft nimmt sich zu Beginn einer Interaktionssequenz zurück, beobachtet das Kind aktiv und wartet dessen Initiativen ab. Es geht darum, sich von den Kontaktangeboten inspirieren zu lassen und dadurch eine stabile Interaktionsbasis zu schaffen, die von den Entwicklungsbedürfnissen und dem Fähigkeitsstand des Kindes ausgeht. Dabei ist jeder Versuch des Kindes, mit seiner Umwelt in Kontakt zu treten, als Initiative zu verstehen.

Bestätigen: Es ist wichtig, die kindlichen Kontaktbotschaften verbal bzw. nonverbal zu bestätigen, damit sie nicht wieder erlöschen. Diese Bestätigung macht die Initiative auch in den Augen des Kindes bedeutsam, sie erhöht seine Konzentration und bildet die Basis für einen emotionalen Austausch.

Benennen: Mit der Bestätigung einher geht das Benennen der kindlichen Handlungen und Emotionen. Indem die Fachkraft das Tun und Erleben des Kindes in Worte fasst, schlägt sie eine Brücke zwischen der Innenwelt des Kindes und seiner Außenwelt. Dies erhöht die Selbstwahrnehmung und die kindliche Erfahrung von Selbstwirksamkeit. Darüber hinaus fördert die sprachliche Begleitung von Handlungen bzw. Emotionen die Wortschatzentwicklung und die Fähigkeit, eigene Gefühlszustände differenziert wahrzunehmen und zu regulieren.

Sich abwechseln: Gelingende Kommunikation setzt die Fähigkeit voraus, zuzuhören, abzuwarten und eigene Impulse zurückzustellen. Damit Kinder dies lernen und nicht um Aufmerksamkeit konkurrieren, müssen die Fachkräfte dafür sorgen, die Kommunikation zwischen ihnen und den Kindern bzw. zwischen den Kindern untereinander als Wechselspiel zu strukturieren. Unter Berücksichtigung der zuvor genannten Aspekte (Wahrnehmen, Bestätigen und Benennen) werden entsprechend Handlungsabfolgen benannt, aufeinander bezogen und sprachlich begleitet.

Lenken und Leiten: Eine positive Entwicklung des Kindes erfordert den strukturierenden Einfluss von Erwachsenen. Dabei stehen Konsequenz und Strenge keineswegs im Widerspruch zu Wohlwollen und Feinfühligkeit. Die Aufgabe des Leitens und Lenkens lässt sich in drei zentrale Anforderungen unterteilen. Zum einen bedürfen Kinder einer altersangemessenen *Anleitung*. Darunter fällt etwa die Zergliederung von Aufgaben in bewältigbare Handlungsschritte und deren verbale Begleitung. Dazu gehört zum anderen das Setzen von *Start- und Endsignalen* für unterschiedliche Handlungsepisoden. Innerhalb eines Orientierungsrahmens von klaren *Grenzen und Regeln* erleben die Kinder schließlich Kontinuität, Vorhersagbarkeit und Schutz.

In diesem Zusammenhang verweisen Bünder et al. (2013, S. 85 ff.) darüber hinaus auf die Rolle von übergeordneten Grundelementen in der Kommunikation: zum einen auf die *Angemessenheit des Tonfalls*, zum anderen auf eine *konstruktive Dialogtechnik*. Ersteres meint hier die dem Kind gegenüber zum Ausdruck gebrachte Stimmung und die damit verbundenen Beziehungsbotschaften. Wie müssen Worte klingen, um Trost, Anteilnahme, Beruhigung oder Sicherheit zu vermitteln? Wird eine Warnung dagegen angemessen fest und deutlich intoniert, um auch als solche ernstgenommen zu werden? Eine konstruktive Ausgestaltung des Dialogs bezieht sich auf die Darbietungsform und den Inhalt der Erwachsenenbotschaften. Sind die Aussagen schlüssig und verständlich? Stehen sprachliche Botschaften in Einklang mit nonverbalen Signalen? Für alle hier skizzierten Beziehungsaufgaben und Interaktionselemente ist also von zentraler Bedeutung, von welcher Grundhaltung sie getragen sind. Es ist daher nicht nur wichtig, *was* gesagt und getan wird, sondern gleichermaßen, *wie* das geschieht.

2.2.2 Strukturqualität

Die Umsetzung eines entsprechenden Beziehungsangebots ist nicht nur von personalen Faktoren abhängig, sondern ebenso von den Rahmen- und Arbeitsbedingungen der jeweiligen Einrichtung, durch die die pädagogischen Fachkräfte überhaupt erst in die Lage versetzt werden, bindungsfördernd arbeiten zu können.

> »Dazu braucht es überschaubare räumliche Verhältnisse, vorhersehbare Abläufe und gemäßigte Reizpegel. Für einen Säugling oder ein Kleinkind bedeutet dies, dass die Gruppe klein und der Personalschlüssel groß sein sollte« (Brisch, 2013, S. 88).

Folgende Aspekte, die vor allem in das Aufgabengebiet des Einrichtungsmanagements fallen, sollten darüber hinaus besondere Berücksichtigung finden:

- *Konzeptionelle Verankerung*: Handlungsleitende Fachkonzepte in Kindertageseinrichtungen sollten die Themen Bindung und Feinfühligkeit explizit aufgreifen und als etwas bestimmen, das nicht einfach wie selbstverständlich im KiTa-Alltag »mitschwimmt«, sondern einen grundständigen und werthaltigen Arbeitsinhalt darstellt. Dabei ist es wichtig, dass Fragen der Beziehungsgestaltung und Bindungsentwicklung im kollegialen Austausch, bei Teambesprechungen und im Kontext der Elternarbeit regelmäßig thematisiert werden.
- *Arbeitsorganisation*: Vertrauens- und Beziehungsaufbau benötigen ausreichend Zeit, Stabilität und Kontinuität. Entsprechende Zeitkapazitäten sind

dabei nicht nur eine Frage des Personalschlüssels, sondern auch der Arbeitsorganisation und Aufgabenverteilung. Das Einrichtungsmanagement sollte daher idealerweise dafür Sorge tragen, die pädagogischen Fachkräfte soweit als möglich von organisatorisch-administrativen Tätigkeiten zu entlasten, um häufiger und intensiver im unmittelbaren Kontakt mit den Kindern arbeiten zu können. Jenseits von Krankheitsvertretungen sollten Gruppenwechsel möglichst vermieden werden, um den Kindern eine Umgebung von kontinuierlichen Bezugspersonen zu bieten.

- *Personalplanung und -entwicklung:* Bei Neueinstellungen sollte die pädagogische Eignung weniger von formal-qualifikatorischen Aspekten, sondern vielmehr davon abhängig sein, inwieweit eine Fachkraft willens und in der Lage ist, ein bindungsförderndes Einrichtungskonzept mitzutragen und umzusetzen. Feinfühligkeit und Mentalisierungsfähigkeit (▶ Kap. 2.1.2) sollten ebenso Einstellungskriterien sein, wie entsprechendes Fachwissen zur sozio-emotionalen Entwicklung des Kindes. Mit Blick auf die Personalentwicklung sollte regelmäßige Fortbildung, Supervision und kollegiale Beratung zu bindungsrelevanten Themen erfolgen.

2.3 Praktische Empfehlungen und Übungen

2.3.1 Möchtest Du mit mir spielen?

Die Übung soll Kinder zur Kontaktaufnahme ermutigen und zu wechselseitiger Sensibilität und Fürsorge anregen. Von den pädagogischen Fachkräften angeleitet laden die Kinder sich gegenseitig zum gemeinsamen Spiel ein, wodurch selbstinitiierte Spielkontakte entstehen sollen. Dabei lernen die Kinder, nicht nur Initiativen zu geben, sondern auch die Initiativen anderer Kinder abzuwarten sowie ihre Spielideen aufeinander abzustimmen, und erfahren ein positives Selbsterleben als gleichermaßen kompetente wie attraktive Spielkameraden.

Formale Struktur:

- Gruppengröße: 10–20 Kinder
- Räumliche Voraussetzungen: Spielecke mit ausreichend Platz
- Materialien: 5–10 Stühle sowie altersgerechtes, für freies und angeregtes Spielen geeignetes

- Spielzeug in ausreichender Menge
- Zeitdauer: 10–20 Min.

Durchführung der Aktivität:
Die Fachkraft ruft alle Kinder in der Gruppe zusammen und erklärt ihnen, dass heute ein besonderer Spieltag sei. Sie teilt die Gruppe in zwei Hälften, wobei die eine Hälfte in die Spielecke geht, während sich die andere Hälfte zunächst auf die Stühle in Sichtweite zur Spielecke setzt. Von den Kindern in der Spielecke soll sich jedes ein Spielzeug aussuchen bzw. eine Spielidee ausdenken (»Womit will ich heute spielen?« »Was will ich heute spielen?«). Daraufhin geht jedes Kind mit seinem Spielzeug bzw. seiner -idee zu einem der anderen Kinder auf den Stühlen und fragt es, ob es mit ihm spielen möchte (»Willst Du mit mir Feuerwehr spielen?«).

Die Aufgabe der pädagogischen Fachkräfte besteht nun darin, darauf zu achten, dass sich zum einen die wartenden Kinder nicht selbst einem Spielpartner zuordnen, sondern tatsächlich den Einladungen folgen, und dass zum anderen kein Kind außen vor bleibt. Wenn einmal eine Einladung abgelehnt wird, sollten die Fachkräfte nicht sofort mit einer Lösung aufwarten (»Dann fragen wir doch einfach mal die Lena. Die will bestimmt mitspielen!«). Vielmehr sollten sie die beteiligten Kinder über Fragen dazu anleiten, selbst eine sozialverträgliche Lösung zu entwickeln.

2.3.2 Die heiße Kartoffel

Im Vordergrund dieser aktivierenden Gruppenübung stehen Kooperation, Gemeinschaftserleben und Verantwortungsübernahme des Einzelnen für das Erreichen von Gruppenzielen. Die Bedeutung der wechselseitigen Abstimmung und Handlungskoordination im Gruppenkontext soll auf körperlicher Ebene erfahrbar werden. Die Kinder lernen, ihr Handeln auf die Fähigkeiten der anderen Kinder abzustimmen und so eine gemeinsame Aufgabe zu bewältigen.

Formale Struktur:

- Gruppengröße: 10–20 Kinder
- Räumliche Voraussetzungen: freie Fläche, um eine Reihe bilden zu können
- Materialien: eine dicke Kartoffel
- Zeitdauer: 10–20 Min.

Durchführung der Aktivität:
Die Fachkraft erklärt den Kindern, dass beim Kochen eine Kartoffel aus dem Topf gefallen und aus der Küche in den Gruppenraum gerollt ist. Alle Kinder müssen nun helfen, sie wieder zurück in den Topf zu bringen. Aber Vorsicht: Die Kartoffel ist sehr heiß! Damit sich niemand daran die Finger verbrennt, muss die Kartoffel so schnell wie möglich von Hand zu Hand weitergereicht werden.

Die Kinder sollen sich nun hintereinander in einer Reihe aufstellen. Das Kind an vorderster Stelle erhält die Kartoffel und das Spiel startet. Aufgabe ist es zunächst, die Kartoffel über den eigenen Kopf an das jeweils hintere Kind durchzureichen, ohne sich dabei umzudrehen. Landet die Kartoffel auf diesem Weg schließlich beim letzten Kind, gibt dieses sie nun seinem Vordermann durch dessen Beine zurück, was dieser ihm gleichtut, bis die Kartoffel wieder vorne angekommen ist. Die Reihe lässt sich beliebig oft wiederholen.

2.3.3 Gefühlskarten

Emotionswahrnehmung und -ausdruck sind wesentliche Grundlagen für soziales Lernen im Kindesalter. Mithilfe von Gefühlskarten sollen die Kinder üben, einige Basisemotionen wie Freude, Überraschung, Wut, Traurigkeit, Angst und Ekel zu erkennen, im Ausdruck anderer wahrzunehmen und zu unterscheiden.

Formale Struktur:

- Gruppengröße: 10–20 Kinder
- Räumliche Voraussetzungen: Stuhl- oder Sitzkreis
- Materialien: Bastelutensilien zur Gestaltung der Emotionskarten, ggf. Stühle
- Zeitdauer: 10–20 Min.

Durchführung der Aktivität:
Die Fachkräfte erstellen Gefühlskarten, auf denen Basisemotionen kindgerecht abgebildet sind (etwa durch Porträtfotos, Smileys oder Zeichnungen entsprechender Gesichtsausdrücke). Bei der Gestaltung dieser Karten sollten bestimmte Merkmale berücksichtig sein, die die jeweiligen Gefühlszustände möglichst eindeutig repräsentieren:

- Überraschung: hochgezogene Augenbrauen, weit geöffnete Augenlider und geöffneter Mund als Ausdruck von Verblüffung, Sprachlosigkeit, Verwunderung etc.

- Angst: Augenbrauen, Lider und Mund ähnlich wie bei Überraschung, dabei ist aber die Gesichtsmuskulatur (insbesondere die Lippen) deutlich angespannt.
- Wut: heruntergezogene Augenbrauen mit Furche dazwischen, Lippen gespannt und starrer Blick als Ausdruck von Verärgerung und Frustration.
- Ekel: gerümpfte Nase, angehobene Wangen und hochgezogene Oberlippe drücken Abneigung und Widerwillen aus.
- Traurigkeit: Augenbrauen zur Gesichtsmittelachse hin hochgezogen, Lider und Mundwinkel hängen herunter, Wangen sind schlaff.
- Freude: hochgezogene Mundwinkel, gehobene Wangen und Lachfältchen drücken Glück, Begeisterung und Heiterkeit aus.

Auf dieser Grundlage führen die Fachkräfte mit den Kindern ein Frage-und-Antwort-Spiel zu den dargestellten Emotionen durch (»Wie geht es der Frau auf diesem Bild heute?«, »Was für ein Gefühl hat dieser Mann hier?«, »Warum verzieht der Junge denn die Augenbrauen?«, »Wieso hat das Mädchen die Augen so weit aufgemacht?«).

2.3.4 Das Spiegelbild

Diese Paarübung soll Kinder dazu anleiten, Gefühle wahrzunehmen, auszudrücken und zu benennen. Im Sinne der Förderung von Emotionswissen und Mentalisierungsfähigkeit lernen die Kinder Basisemotionen wie Freude, Überraschung, Wut, Traurigkeit, Angst und Ekel voneinander zu unterscheiden und spielerisch darzustellen sowie Umgangsweisen damit.

Formale Struktur:

- Gruppengröße: 10–20 Kinder
- Räumliche Voraussetzungen: Stuhl- oder Sitzkreis
- Materialien: Emotionskarten (siehe Übung 3.3), ggf. Stühle
- Zeitdauer: 10–20 Min.

Durchführung der Aktivität:
Die Kinder bilden einen Stuhl- oder Sitzkreis. Die Fachkraft bittet zwei Kinder in die Mitte. Diese bilden das erste Übungspaar, wobei sich die beiden Kinder mit etwas Abstand gegenüberstehen. Hinter dem Rücken von Kind A hält die Erzieherin eine Gefühlskarte hoch, so dass sie alle Kinder (außer Kind A) sehen können. Die Aufgabe besteht nun darin, dass Kind B versuchen muss, das

Gefühl auf der angezeigten Karte mimisch und gestisch darzustellen, während Kind A dabei erraten muss, um welches Gefühl es sich handelt. Im Anschluss werden die Kinder dann gefragt, woher das jeweils dargestellte Gefühl denn kommen könnte (»Warum bist Du manchmal traurig?«, »Worüber freust Du dich denn so?«, »Was findest Du eklig?« etc.). Auch die Kinder im Stuhlkreis können beim Sammeln von Beispielen beteiligt werden. Abgeschlossen wird die Sequenz mit der Frage, wie man mit dem jeweiligen Gefühl umgehen kann (»Und was machen wir, wenn jemand mal traurig ist?« etc.). Die Aufgabe der Fachkräfte besteht hier vor allem darin, den Kindern durch Fragen bei der Entwicklung von gefühlsadäquaten Reaktionen zu assistieren. Nachdem eine Basisemotion auf diese Weise durchgespielt wurde, können sich die Kinder wieder in den Kreis setzen, und ein neues Paar darf in die Mitte.

2.3.5 Das Spielzeug hat heute Urlaub

Zur Förderung von Kontaktinitiativen und der Beziehungsvielfalt in der Gruppe bietet es sich an, immer wieder Spielzeiten festzulegen, zu denen kein Spielzeug zur Verfügung steht. Die Kinder sind dadurch stärker auf die unmittelbare Interaktion mit ihren Spielkameraden verwiesen und auf ihre Kreativität (etwa in Rollenspielen) zurückgeworfen. Dadurch entsteht ein größerer sozialer Austausch, was insbesondere schüchternen, ansonsten eher zurückgezogenen Kindern dabei helfen kann, Freundschaften zu knüpfen.

Formale Struktur:

- Gruppengröße: 10–20 Kinder
- Räumliche Voraussetzungen: freie Fläche
- Materialien: keine
- Zeitdauer: eine Spielzeit pro Woche

Durchführung der Aktivität:
Die Fachkräfte räumen für diesen Tag im Vorfeld sämtliches bewegliches Spielzeug (Brettspiele, Konstruktionsspielzeug, Puppen, Autos etc.) in die Schränke. Sie erklären den Kindern anhand einer kurzen Geschichte, dass das Spielzeug heute in den Urlaub gefahren ist, um sich ein bisschen auszuruhen und ein paar alte Freunde zu besuchen. Die Kinder werden dazu ermuntert, sich eigene Spiele auszudenken und miteinander zu spielen, bis das Spielzeug aus dem Urlaub zurück ist.

Die Hauptaufgabe der pädagogischen Fachkräfte liegt darin, das interaktive Spiel der Kinder zu unterstützen, sie ihren sozio-emotionalen Fähigkeiten entsprechend anzuregen, sich mit den anderen Kindern über mögliche Spiele auszutauschen und sich darauf zu einigen, was sie spielen möchten.

2.3.6 Ich folge Dir

Zur Förderung der Eigeninitiative und des Selbstwirksamkeitserlebens der Kinder begibt sich die Fachkraft bewusst für einige Minuten im Gruppenraum mit einem Kind in eine Eins-zu-Eins-Situation, z. B. mit einem Memory-Spiel, einem Kinderbuch oder einem vom Kind frei ausgewählten Spielzeug. Die Fachkraft nimmt sich bewusst zurück und konzentriert sich auf das Wahrnehmen der kindlichen Signale. Dadurch wird dem Kind auf eine für es angemessene Art und Weise gezeigt, dass die eigenen Signale von der Bezugsperson registriert und richtig verstanden werden. Dies gelingt durch das Folgen der kindlichen Initiativen durch die Fachkraft und das kindgerechte Benennen dieser. Dadurch erlebt das Kind eine Wertschätzung seiner eigenen Initiativen und möglichen Spielideen, was sich selbstbewusstseinsstärkend auswirkt. Weiter werden die Kinder dabei unterstützt, sich selbst besser wahrzunehmen.

Formale Struktur:

- Gruppengröße: 1 Bezugsperson, 1 Kind
- Räumliche Voraussetzung: Rückzugsmöglichkeit vom Großgruppengeschehen
- Materialien: Zugang zu bestehendem Spielmaterial im Raum
- Zeitdauer: 5–10 Min.

Durchführung der Aktivität:
Die Fachkraft lädt das Kind zu einer gemeinsamen Spielzeit in einer ruhigen Ecke des Raumes ein, die vom Gruppengeschehen etwas abgeschirmt ist. Die Fachkraft setzt sich in die Nähe des Kindes, *beobachtet* es beim Auswählen eines Spielzeugs und *benennt* Initiativen des Kindes auf der Handlungs- (z. B. »Ah, jetzt schaust Du Dich erst mal bei den Büchern um«) und auf der emotionalen Ebene (z. B. »Ich merke, Du bist gerade etwas verunsichert, welches Spiel Du heute spielen magst«). In diesem Schritt *folgt* die Fachkraft dem Signal des Kindes einerseits verbal und andererseits mit dem Blick, um weitere Initiativen des Kindes wahrzunehmen.

2.3.7 Ich sehe was, was Du auch siehst

Ein angeleitetes Gruppengeschehen wie bspw. der Morgenkreis bietet sich dafür an, die Kinder bewusst aufeinander aufmerksam zu machen und sie für die Bedürfnisse und Gefühle der anderen zu sensibilisieren. Dies bietet die Möglichkeit, gerade schüchterne und etwas introvertierte Kinder für andere Kinder als mögliche Spielepartner interessant zu machen und lautere und stärker aufmerksamkeitsfordernde Kinder auf die Interessen der anderen Kinder aufmerksam zu machen. Die geteilte Aufmerksamkeit fördert das Gruppengefühl.

Formale Struktur:

- Gruppengröße: 3–7 Kinder
- Räumliche Voraussetzung: Raum, in dem alle Kinder im Kreis Platz haben
- Materialien: Sitzkissen für die Kinder
- Zeitdauer: variabel

Durchführung der Aktivität:
Die Fachkräfte laden die Kinder zu einem gemeinsamen Morgenkreis ein und leiten die Kinder dazu an, sich ein Sitzkissen zu holen und sich in einen gemeinsamen Kreis zu setzen. Im gesamten Verlauf des Morgenkreises hat eine Fachkraft die Verantwortung für den Ablauf des Morgenkreises, während eine zweite Fachkraft die Aufgabe hat, die Kinder aufeinander aufmerksam zu machen, indem sie Initiativen der Kinder verbalisiert und für die Gruppe sichtbar macht (»Na, wer fehlt denn noch in unserem Kreis? Ja, genau, die Emilia – ich glaube sie stellt gerade das Buch zurück in die Leseecke, wer möchte schon mal ein Kissen für sie holen?« oder »Mensch, der Cengiz hat schon zweimal versucht, was zu sagen, aber ich glaube, wir waren alle so laut, dass wir das überhört haben. Wollen wir nun alle mal hören, was der Cengiz uns sagen möchte?«).

2.3.8 Wie geht's dir und wie geht's mir?

Die eigenen Emotionen und die eines Anderen wahrzunehmen sind wesentliche Grundlagen für soziales Lernen im Kindesalter. Schon früh sind Kinder in der Lage, andere zu trösten oder anderweitig zu unterstützen, wenn sie spüren, dass ein anderes Kind traurig ist oder Hilfe braucht. Diese Fähigkeit, sich einzufühlen, soll mit einer gemeinsamen »Wie geht's dir und wie geht's mir«-Fragerunde unterstützt werden.

Formale Struktur:

- Gruppengröße: 3–7 Kinder
- Räumliche Voraussetzung: Sitzkreis sollte möglich sein
- Materialien: 1 Sonnen- und eine Wolken-Karte
- Zeitdauer: ca. 10 Min.

Durchführung der Aktivität:
Die Fachkraft lädt die Kinder zu einem gemeinsamen Sitzkreis ein. Sobald alle Kinder Platz genommen haben, nimmt die Fachkraft entweder eine Wolkenkarte oder eine Sonnenkarte, je nachdem wie es ihr heute geht. Sie teilt der Gruppe ihr aktuelles Befinden mit und zeigt den Kindern dabei die passende Karte. Diese dürfen sich nun erkundigen, warum es der Fachkraft heute so geht, und ein kurzer Austausch kann entstehen. Dann reicht die Fachkraft die beiden Karten an ein Kind aus dem Kreis weiter und das Kind darf berichten, wie es ihm heute geht. Wieder dürfen die Kinder sich erkundigen, warum es dem Kind so geht, und es beginnt ein erneuter kurzer Austausch. So geht es der Reihe nach weiter, bis alle Kinder sich mitgeteilt haben.

2.3.9 Ich krabble dich frei!

Ein einfaches Fangen-Spiel, bei dem das Kind, welches gefangen wurde, erstarrt und erst wieder weiterspielen darf, wenn ein anderes Kind durch seine Beine hindurch gekrabbelt ist. Ein solches Spiel fördert die Aufmerksamkeit der Kinder füreinander und unterstützt prosoziales Verhalten. Spielerisch lernen die Kinder, einander zu helfen.

Formale Struktur:

- Gruppengröße: 5–20 Kinder
- Räumliche Voraussetzung: Freispiel im Garten oder auf einer Wiese
- Materialien: keine
- Zeitdauer: variabel

Durchführung der Aktivität:
Die Fachkraft lädt die Kinder zum gemeinsamen Fangen-Spiel ein und erklärt den Kindern die Regeln. Ein Kind wird zum Fänger ausgewählt (bei größeren Gruppen können mehrere Fänger bestimmt werden). Dieses Kind muss bis drei zählen, um den anderen Kindern die Möglichkeit zu geben, sich räumlich vom

Fänger zu distanzieren, und das Spiel beginnt. Wird ein Kind gefangen, bleibt es breitbeinig an Ort und Stelle stehen und muss warten, bis es von einem weiteren Kind befreit wird, indem dieses durch die Beine des gefangenen Kindes durchkrabbelt.

2.3.10 Die Wut-Rakete

Eine wichtige Aufgabe der Bezugspersonen ist nicht nur, die Kinder bei der Bewältigung der Organisation der äußeren Welt zu unterstützen, sondern insbesondere auch bei der Bewältigung und Regulation ihrer Innenwelt. Dazu kann es hilfreich sein, sich mit den Kindern gerade auch mit schwierigen Gefühlen wie z. B. der Wut auseinanderzusetzen. Durch das Malen einer Wut-Rakete kann sich ein Gespräch zwischen Fachkraft und Kind darüber entspannen, was die Wut beim jeweiligen Kind auslöst, was es manchmal so schwermacht, diese zu kontrollieren, was passiert, wenn die Wut-Rakete startet, und ob es Dinge gibt, die die Rakete besänftigen und vor einer »Zündung« bewahren können.

Formale Struktur:

- Gruppengröße: 3–5 Kinder
- Räumliche Voraussetzung: Tisch und Stühle
- Materialien: Stift und Papier
- Zeitdauer: 30–40 Min.
- Besonderheit: erst im Vorschulalter geeignet

Durchführung der Aktivität:
Die Fachkraft lädt 3–5 Kinder zu einem gemeinsamen Mal-Vorhaben ein. Zu Beginn leitet sie die Kinder dazu an, sich zu überlegen, wann sie schon einmal richtig wütend waren. In der Gruppe werden Situationen von den Kindern gesammelt, die erzählen können, wann sie zuletzt wütend waren und wie es ihnen dabei ergangen ist. Was waren die Auslöser, was hat geholfen, sich wieder zu beruhigen etc.? Im Anschluss haben die Kinder Zeit, eine eigene Wut-Rakete zu malen. In einem gemeinsamen Erzählkreis können sich die Kinder gegenseitig ihre Wut-Rakete vorstellen und die dazugehörigen Geschichten erzählen.

2.4 Tipps zum Weiterlesen

Aarts, M. (2016): *Marte Meo Handbuch*. Eindhoven: Aarts Produktions.
Bion, W. R. (1997): *Lernen durch Erfahrung*. Frankfurt a. M.: Suhrkamp.
Bowlby, J. (2010): *Bindung*. München: Reinhardt.
Fonagy, P., Gergely, G., Jurist, E.L. & Target, M. (2004): *Affektregulierung, Mentalisierung und die Entwicklung des Selbst*. Stuttgart: Klett-Cotta.
Grossmann, K.E. & Grossmann, K. (Hrsg.) (2003): *Bindung und menschliche Entwicklung. John Bowlby, Mary Ainsworth und die Grundlagen der Bindungstheorie*. Stuttgart: Klett-Cotta.
Weltzien, D. (2014): *Pädagogik: Die Gestaltung von Interaktionen in der Kita. Merkmale - Beobachtung - Reflexion*. Weinheim: Beltz.

2.5 Literatur

Ahnert, L. (2006): Anfänge der frühen Bildungskarriere Familiäre und institutionelle Perspektiven. In: *Archiv frühe Kindheit*, 6.
Ahnert, L. (2010): *Wieviel Mutter braucht ein Kind? Bindung - Bildung - Betreuung: öffentlich und privat*. Heidelberg: Springer.
Ainsworth, M. D., & Wittig, B. A. (1969): Attachment and exploratory behavior of one-year-olds in a strange situation. In: B. M. Foss (Ed.), *Determinants of infant behavior* (Vol. 4, pp. 113–136). London: Methuen.
Ainsworth, M.D. (2003): Feinfühligkeit versus Unfeinfühligkeit gegenüber den Mitteilungen des Babys (1974). In: K. E. Grossmann & K. Grossmann, (Hrsg.), *Bindung und menschliche Entwicklung* (S. 414–421). Stuttgart: Klett Cotta.
Bion, W.R. (1997): *Lernen durch Erfahrung*. Frankfurt a. M.: Suhrkamp.
Bischoff, A., Menke, R., Madeira Firmino, N., Sandhaus, M., Ruploh, B. & Zimmer, R. (2012): *Sozial-emotionale Kompetenzen. Fördermöglichkeiten durch Spiel und Bewegung*. nifbe-Themenheft 12. Osnabrück: nifbe.
Bischof-Köhler, D. (2011): *Soziale Entwicklung in Kindheit und Jugend. Bindung, Empathie, Theory of Mind*. Stuttgart: Kohlhammer.
Bowlby, J. (2010): *Bindung*. München: Ernst Reinhardt Verlag.
Brisch, K. H. & Hellbrügge, T. (Hrsg.) (2003): *Bindung und Trauma. Risiken und Schutzfaktoren für die Entwicklung von Kindern*. Stuttgart: Klett-Cotta.
Brisch, K. H. & Hellbrügge, T. (Hrsg.) (2008): *Der Säugling. Bindung, Neurobiologie und Gene*. Stuttgart: Klett-Cotta.
Brisch, K. H. (2008): Bindung und Umgang. In: Deutscher Familiengerichtstag (Hrsg.), Brühler Schriften zum Familienrecht (Band 15, S. 89–135). Bielefeld: Gieseking.
Brisch, K. H. (2013): Kinderkrippe als sicherer Hafen? Bindung und frühkindliche außerfamiliäre Betreuung. In: *Die Zeitschrift für Frauen in der Medizin*, 2(2), 85–91. DOI: 10.1055/s-0033-1347140.

Brisch, K. H. (Hrsg.) (2012): *Bindungen – Paare, Sexualität und Kinder.* Stuttgart: Klett-Cotta.

Bünder, P., Sirringhaus-Bünder, A. & Helfer, A. (2013): *Lehrbuch der Marte-Meo-Methode. Entwicklungsförderung mit Videounterstützung.* Göttingen: Vandenhoeck & Ruprecht.

Bundesministerium für Familien, Frauen, Senioren und Jugend (BMFSFJ) (2018): Kindertagesbetreuung Kompakt. Ausbaustand und Bedarf 2017. Ausgabe 03. (https://www.bmfsfj.de/blob/126672/b3269db29ac336a256ac863802957533/kindertagesbetreuung-kompakt-ausbaustand-und-bedarf-2017-ausgabe-3-data.pdf), Zugriff am: 31.08.2019.

Burchinal, M. R., Peisner-Feinberg, E., Pianta, R. C. & Howes, C. (2002): Development of academic skills from preschool through second grade: Family and classroom predictors of developmental trajectories. In: *Journal of School Psychology,* Volume 40, Issue 5, 415–436.

Drake, K., Belsky, J. & Fearon, R. M. P. (2014): From early attachment to engagement with learning in school: The role of self-regulation and persistence. In: *Developmental Psychology,* 50, 1350–1361.

Drieschner, E. (2011): *Bindung und kognitive Entwicklung – ein Zusammenspiel. Ergebnisse der Bindungsforschung für eine frühpädagogische Beziehungsdidaktik.* München: DJI.

Fonagy, P., Gergely, G., Jurist, E. L. & Target, M. (2004): *Affektregulierung, Mentalisierung und die Entwicklung des Selbst.* Stuttgart: Klett-Cotta.

Fröhlich-Gildhoff, K. & Rönnau-Böse, M. (2009): *Resilienz.* München: UTB.

Fröhlich-Gildhoff, K., Nentwig-Gesemann, I. & Pietsch, S. (2011): Kompetenzorientierung in der Qualifizierung frühpädagogischer Fachkräfte. (https://www.weiterbildungsinitiative.de/uploads/media/WiFF_Expertise_Nr_19_Froehlich_Gildhoff_ua_Internet__PDF.pdf), Zugriff am: 01.09.2019.

Gahleitner, S. (2017): *Soziale Arbeit als Beziehungsprofession. Bindung, Beziehung und Einbettung professionell ermöglichen.* Weinheim: Beltz.

Gizycki, von K. (2018): Marte Meo in Kindertagesstätten – eine alltagstaugliche Methode zur Entwicklungsunterstützung. (https://www.kita-fachtexte.de/fileadmin/Redaktion/Publikationen), Zugriff am: 30.08.2019.

Grossmann, K. E. & Grossmann, K. (2004): *Bindungen. Das Gefüge psychischer Sicherheit.* Stuttgart: Klett-Cotta.

Grossmann, K. E. & Grossmann, K. (2007): Der Beitrag der Bindungstheorie zur Bewältigungsforschung. In: I. Fooken & J. Zinnecker (Hrsg.), Trauma und Resilienz. Chancen und Risiken lebensgeschichtlicher Bewältigung von belasteten Kindheiten (S. 131–145). Weinheim & München: Juventa.

Grossmann, K. E. & Grossmann, K. (Hrsg.) (2003): *Bindung und menschliche Entwicklung. John Bowlby, Mary Ainsworth und die Grundlagen der Bindungstheorie.* Stuttgart: Klett-Cotta.

Hamre, B. K. & Pianta, R. C. (2001): Early Teacher-Child Relationships and the Trajectory of Children's School Outcomes through Eighth Grade. In: *Child Development,* Volume 72, Issue 2, 625–638.

Hoeve, M., Stams, G.J.J.M., van der Put, C. E., Dubas, J. S., van der Laan, P. H. & Gerris, J.R.M. (2012): A Meta-analysis of Attachment to Parents and Delinquency. In: *J Abnorm Child Psychol.* 2012 Jul; 40(5): 771–785. Doi: 10.1007/s10802-011-9608-1.

Hopf, C. (2007): *Frühe Bindungen und Sozialisation. Eine Einführung.* Weinheim & München: Juventa.

Hörmann, K. (2014): Die Entwicklung der Fachkraft-Kind-Beziehung. In: KiTa-Fachtexte. (https://www.kita-fachtexte.de/fileadmin/Redaktion/Publikationen), Zugriff am: 30.08.2019.

Huber, J. (2010): Bindung – das »emotionale Band« zwischen Eltern und Kindern. (http://www.provinz.bz.it/familie-soziales-gemeinschaft/familie/downloads/Bindung.pdf), Zugriff am: 02.10.2018.

Kärtner, J. (2011): Die Entwicklung empathischen Erlebens und prosozialen Verhaltens. In: H. Keller (Hrsg.), *Handbuch der Kleinkindforschung* (4., erw. u. überarb. Aufl.) (S. 430–-463). Bern: Huber.

Kasten, H. (2008): *Soziale Kompetenzen: Entwicklungspsychologische Grundlagen und pädagogische Konsequenzen*. Berlin: Cornelsen.

Kasten, H. (2009): *4-6 Jahre. Entwicklungspsychologische Grundlagen*. (2. Aufl.). Berlin: Cornelsen.

Klein, M. (2008): *Kinder und Suchtgefahren. Risiken. Prävention. Hilfen*. Stuttgart: Schattauer.

Laucht, M. (2003): Vulnerabilität und Resilienz in der Entwicklung von Kindern. Ergebnisse der Mannheimer Längsschnittstudie. In: K. H. Brisch & T. Hellbrügge (Hrsg.): *Bindung und Trauma. Risiken und Schutzfaktoren für die Entwicklung von Kindern* (S. 53–71). Stuttgart: Klett-Cotta.

Lohaus, A., Vierhaus, M. & Maass, A. (2010): *Entwicklungspsychologie des Kindes- und Jugendalters für Bachelor. Lesen, Hören und Lernen im Web (Lehrbuch mit Online-Materialien)*. Heidelberg: Springer.

Oerter, R. & Montada, L. (Hrsg.) (2002): *Entwicklungspsychologie* (5., vollst. überarb. Aufl.). Weinheim, Basel & Berlin: Beltz.

Petermann, F. & Wiedebusch, S. (2016): *Emotionale Kompetenz bei Kindern* (3. Aufl.). Göttingen: Hogrefe.

Rauh, H. (2002): Vorgeburtliche Entwicklung und Frühe Kindheit. In: R. Oerter & L. Montada (Hrsg.), *Entwicklungspsychologie* (5., vollständig überarbeitete Auflage) (S. 131-208). Weinheim, Basel & Berlin: Beltz.

3

Sprachliche Bildung, Literacy und Mehrsprachigkeit

Nataliya Soultanian

Die Sprachkompetenz spielt eine zentrale Rolle im menschlichen Leben. Sie ist für fast alle Bereiche kognitiver Leistungsfähigkeit wie Lernen, analytisches Denken, komplexe Gedächtnisleistungen und für die Entwicklung aller weiteren sozialen Interaktions- und Kommunikationsfähigkeiten grundlegend. Der Umgang Deutschlands damit, als eines der größten Zuwanderungsländer mit großen Migrationsherausforderungen, beruht auf Prinzipien moderater gesellschaftlicher Integration – eine Gesellschaft multikultureller Parallelwelten wollen und können wir uns wirtschaftlich, sozial und kulturell nicht leisten. Integration aber bedeutet soziales und kulturelles Lernen auf der Grundlage von Sprach- und Kommunikationsfähigkeiten. Auch hier wird deutlich, welche zentrale Rolle eine gut entwickelte Sprachkompetenz der Kinder spielt und zukünftig noch viel mehr spielen wird.

Sprache stellt uns vor besondere Probleme, wenn man bedenkt, dass in kaum einem Bereich der menschlichen Fähigkeiten die Kluft zwischen praktischer Kompetenz und explizitem Regelwissen so groß ist wie hier. Wir alle sind nahezu perfekte Sprecher unserer Muttersprache, aber wenn es darum geht, die Regeln unserer Grammatik und die hier genannten Strukturen bewusst zu machen, beginnen die Schwierigkeiten. Pädagogische Fachkräfte haben deshalb gerade in diesem Bereich eine komplexe Bildungsaufgabe, nämlich die Kinder in ihrer Sprachentwicklung systematisch zu begleiten und immer häufiger auch direkt zu fördern, so dass sie für den weiteren schulischen Bildungsweg entsprechend vorbereitet sind. Umso mehr, wenn man aktuelle wissenschaftliche Forschungsergebnisse berücksichtigt, wonach vielen mehrsprachig aufwachsenden Kindern der Übergang vom Alltagsdeutsch zur Bildungs- und Schriftsprache nur schwer gelingt. So wird differenzierte Sprachförderung zu einem vordringlich nicht nur pädagogischen, sondern auch bildungspolitischen Anliegen (Albers, 2017, Gogolin, 2018, 2011).

3.1 Sprachtheoretische Grundlagen und Forschungseinblicke

3.1.1 Der Sprach-Weg der Kinder

Die Kinder lernen eine oder auch mehrere Sprachen schnell, ohne besondere Anstrengung, ohne gezielte Anleitung, explizites Regelwissen oder mühevolles Auswendiglernen. In den frühen Phasen des Spracherwerbs stehen nicht die Form und Struktur der Sprache, sondern die Inhalte im Fokus kindlichen Interesses. Die Kinder sind bestrebt, ihre kommunikativen Ziele zu erreichen, zuerst nonverbal, durch Blicke, Mimik, Gestik und den Einsatz der Stimme. Mit zunehmendem Alter erweitern die Kinder rasch ihr verbales Ausdrucksrepertoire und bereits mit einem Jahr wenden sie die ersten Wörter an, die zuerst kontextgebunden und mehrdeutig sind und, gekoppelt an konkrete Situationen, von den Erwachsenen erschlossen werden. Mit zunehmendem Alter erweitern die Kinder ihre Sprachkompetenz, mit ca. zwei Jahren verwenden sie Zwei- und Dreiwortsätze (z. B. Auto spielen, mehr essen, Milch trinken). Nach dem zweiten Lebensjahr nimmt die Komplexität der Sätze zu, sie werden länger und vom Satzbau nähern sie sich der Erwachsenengrammatik an. Mit drei Jahren erweitern die Kinder ihren Wortschatz sehr schnell, die Grammatikalität nimmt zu und die Kindersprache wird variationsreicher, sie sind nun in der Lage, ihre Bedürfnisse, Wünsche und Erlebnisse verbal zum Ausdruck zu bringen (Dittmann, 2002, Grimm & Weinert, 2002, Kauschke, 2012, Soultanian, 2012).

Die Erschließung des Regelwerkes einer Sprache ist ein mehrstufiger Prozess, in dem die Kinder die Grammatik und die Anwendungsregeln einer Sprache sukzessiv erschließen. Dafür benötigen sie viele Sprachanlässe und einen ständigen Input seitens der Erwachsenen, um die eigene, sich entwickelnde Sprache auszuprobieren und induktiv von konkreten, einzelnen Anwendungen und Strukturen zu den formalen Gesetzmäßigkeiten zu kommen. In einzelnen Erwerbsphasen (ca. zwischen dem 2. und 4. Lebensjahr) kann die Kindersprache sogenannte Übergeneralisierungen enthalten, d. h. die Regel mit den häufigsten Vorkommnissen wird pauschal immer angewendet, Unregelmäßigkeiten finden noch keine Beachtung. Solche »falschen Regelübertragungen« können besonders bei der Bildung des Partizips-II, der Plural- und Kasusbildung vorkommen. Beispiele dafür sind dann kindliche Kreationen wie *gegesst, geschneidet, gelauft* oder *Kaktusen, Froschen, Buchen*. Mit vier Jahren sind die Kinder sehr kommunikationsfreudig. Die Sprache als soziales Instrument der Kommunikation wird für sie immer wichtiger, indem sie in Rollenspielen, in Dialogen, in Streitigkeiten und Auseinandersetzungen mit Gleichaltrigen und Erwachsenen situativ einsetzen, sprechend etwas bewirken und kommunikative Erfolge verzeichnen. Weiter werden die Kinder in ihrer Ausdrucksweise sicheren und variationsreichen und zu ebenbürtigen Gesprächs- und Diskussionspartnern von Erwachsenen.

Erwachsene können die Kinder in all dem aktiv und gezielt unterstützen, indem sie die Spracherwerbskontexte optimieren, so dass die Kinder nicht nur ständigen Zugang zum Input haben, sondern darauf geachtet wird, dass die Umgebungssprache differenziert und vielfältig ist und in Form von verschiedenen Interaktionen zwischen Kindern und Erwachsenen abläuft. Im Sinne der interaktionistischen Spracherwerbstheorie (Bruner, 1975, Wygotsky, 1981) ist die Bedeutung von sozialer Interaktion, verankert in bestimmten sozialen und kulturellen Umgebungen und Situationen von größter Bedeutung für den kindlichen Spracherwerb.

3.1.2 Zu den Verläufen des Zweitspracherwerbs

Je früher desto besser! Dieser vielfältig gebrauchte Satz ist am besten geeignet, deutlich und transparent eines der wichtigsten Erwerbskriterien für die frühe Mehrsprachigkeit hervorzuheben. Je früher die Kinder einen regelmäßigen

Input in mehreren Sprachen bekommen, desto schneller erwerben sie eine funktional gut entwickelte Sprachkompetenz in diesen Sprachen.

Im Forschungsdiskurs über die Schulleistungen im internationalen Vergleich wird das Thema der Mehrsprachigkeit eher negativ konnotiert, sie wird hier sogar teilweise als Risiko für den Bildungserfolg dargestellt, insbesondere bei Kindern aus Migrantenfamilien in schwachen sozioökonomischen Verhältnissen. Dem soll die gut belegbare These entgegengestellt werden, dass es gerade die Förderung einer ausgewogenen Mehrsprachigkeit ist, die auch zu einer guten Beherrschung des Deutschen führt (Apeltauer, 2007, Krumm, 2008). Eine gute Sprachbeherrschung des Deutschen ist selbstverständlich eine Voraussetzung für den schulischen Erfolg und der weiteren erfolgreichen Bildungsbeteiligung. In diesem Zusammenhang hat der deutsche Kindergarten eine sprachförderliche und sehr oft kompensatorisch-unterstützende Aufgabe zu übernehmen, um Kinder mit ungenügenden Deutschkenntnissen gezielt zu unterstützen.

Wie die Forschung der letzten Jahre zeigt, funktioniert dies nicht im Alltag nebenbei, beispielsweise durch ein »natürliches Sprachbad«, sondern bedarf einer gezielten, geplanten Sprachbildung, mit oder ohne den Einsatz von Sprachförderprogrammen (Schöler & Roos, 2010, Schweitzer, 2008). Die Kinder, die aus Elternhäusern mit einer anderen Sprache als Deutsch in die Kindertageseinrichtungen kommen, erhalten somit Zugang zur deutschen Sprache, indem sie sie in verschiedenen kommunikativen Situationen hören und auch selbst in der eigenen Interaktion gebrauchen. Die Spracherwerbsforschung der letzten Jahre liefert uns Belege, dass Kinder aus bildungsfernen Familien eine ungenügende Sprachkompetenz im Deutschen besitzen und so einer zusätzlichen (Sprach)-Unterstützung bedürfen.

Der Erfolg des Zweitspracherwerbs hängt von vielen äußeren und inneren Faktoren ab. Die wichtigsten Anhaltspunkte sind hier:

- das Alter des Kindes zu Beginn des Spracherwerbs,
- die Dauer des Erwerbs und die Kontinuität des Zuganges zur Zweitsprache in der natürlichen Umgebung,
- Qualität und Quantität der Umgebungssprache,
- Intensität des Sprachgebrauchs in/außerhalb der Familie und im Kindergarten,
- lebensweltliche Bedeutsamkeit und das Prestige der beiden Sprachen und
- Einstellungen der Familie zur Zweisprachigkeit des Kindes.

Die zweisprachig aufwachsenden Kinder können beide Sprachen von Geburt an erlernen oder eine zweite Sprache kann sukzessiv erworben werden. Sehr oft ist dies der Fall, wenn das Kind in den Kindergarten kommt. Die simultan bilingual aufwachsenden Kinder lernen beide Sprachen in gleichen Entwicklungsphasen wie einsprachige Kinder. Beim Grammatikerwerb ist der entscheidende Entwicklungsschritt der Erwerb der Verbzweitstellung im einfachen Aussagesatz. Die Etablierung der Verbstellung an der zweiten Stelle korrespondiert mit der Verbkonjugation, so dass flektierte Verben an der zweiten Stelle und nicht flektierte Verben an der letzten Stelle im Satz stehen. Nach Grießhaber (2010) verläuft der Syntax- und Morphologie-Erwerb in bestimmten Stufen, von einfach zu komplex, indem die zweisprachigen Kinder zuerst das Verb ohne zu flektieren anwenden, später die einfache Subjekt-Verb-Objekt-Stellung im Präsens beherrschen, danach die Verbstellung in der Vergangenheit, bis hin zur Bildung von Sätzen mit verschiedenen Reihenfolgen wie Voranstellung von Adverbien und zum Gebrauch von Nebensätzen (Grießhaber, 2010, S. 157 ff.).

Zu berücksichtigen ist hier der zeitliche Aspekt, da manche Strukturen von zweisprachigen Kindern schneller und manche langsamer erworben werden und der gesamte Prozess zeitlich gestaffelt abläuft. Für bestimmte Grammatikbereiche wie Kasus, Genus, Gebrauch von Präpositionen, Plural benötigen die Kinder mehr Zeit, so dass je nach den Rahmenbedingungen des Erwerbs für einige Kinder zusätzliche Förderung erforderlich und der Erwerb dieser Strukturen mit dem Schuleintritt noch nicht abgeschlossen ist (Tracy, 2007, S. 147 ff., Kostyuk, 2004, S. 203, S. 228. S. 272 f).

Als Besonderheit beim Zweitspracherwerb gilt, dass sich die beiden Sprachen beeinflussen und es so zu Sprachmischungen kommen kann. Die Sprachmischungen können sowohl die lexikalisch-semantische Ebene betreffen, wenn die Kinder aus einer, im Moment des Sprechens nicht aktiven Sprache einzelne Wörter bzw. Wortkombinationen entleihen, oder die grammatischen Ebene, wobei eine grammatische Regel aus einer anderen Sprache angewandt wird.

Sie kommen vor, wenn die Kinder beispielsweise ein passendes Wort in der aktiven Sprache nicht finden können. Dies kann linguistisch begründet sein, wenn sie Wortschatzlücken in einer Sprache aufweisen, Wortfindungsstörungen im Moment des Sprechens auftreten oder zu wenig Erfahrungen in kommunikativen Routinen in monolingualen Kontexten besitzen (Anstatt, 2007, Kostyuk, 2004). Eine interessante Beobachtung ist, dass zweisprachige Kinder mit zunehmendem Alter eher mit zweisprachigen Gesprächspartnern Sprachen mischen und dieses dann zu einer Gewohnheit in bestimmten familiären Situationen wird. In diesem Fall hat die Sprachmischung einen sozio-kommunikativen Bezug. Eine besonders häufige Ursache für Mischungen, die auch in der Sprachpraxis erwachsener Bilingualer vorkommt, ist sprachlich-ökonomischer Natur. Wir alle wollen unsere kommunikativen Ziele erreichen, auf dem schnellsten und einfachsten Weg. Oft ist die schon routiniert verlaufende Mischung von zwei Sprachen genau dies, was zwei Beispiele für kreative Mischungen im russischen-deutschen Kontext belegen mögen: *und mein Papa kauft mir конфетка (konfetka - Bonbon) und пока (poka - tschüss)* (5;4) oder *afrika war nicht da wenn das wenn der wenn der бог (bog - Gott) da war* (5;1) (Kostyuk, 2004).

Beim sukzessiven Erwerb von zwei Sprachen haben die Kinder die Möglichkeit, auf die konzeptuellen und strukturellen Ressourcen in der Erstsprache zurückzugreifen. Je mehr Wörter und Bedeutungen die Kinder in der Erstsprache kennen, umso schneller können sie entsprechende Bezeichnungen in der Zweitsprache erlernen. Wenn die Kinder die inneren Repräsentationen von Wortbedeutungen bereits gespeichert haben, ist es leichter, eine neue Bezeichnung in der Zweitsprache aufzunehmen.

Wenn zweisprachige Kinder in den Kindergarten kommen, wird häufig ein Sprachverhalten beobachtet, bei dem sie zuerst schweigen oder wenig sprechen, dann mit einzelnen Wörtern und stark nonverbal auf die Umgebung referieren, häufig auswendig gelernte Ausdrücke und soziale Routinen benutzen (z. B. wie geht es dir? ich spiele, tschüss und guten Morgen). Mit zunehmendem Wortschatz fangen sie an, kurze Sätze zu bilden, und nach ca. 10 Monaten des Kontakts zum Deutschen können die Kinder problemlos an der alltäglichen Kommunikation im Kindergarten teilnehmen und ihre Bedürfnisse und Wünsche zum Ausdruck bringen. Diese Kinder müssen im Ausbau der Grammatik und der Erweiterung des Wortschatzes regelmäßigen Zugang zum Deutschen und viele Sprechanlässe und Interaktionsformate mit Erwachsenen und Kindern haben, um später Deutsch im Schulalltag auf einem hohen funktionalen Niveau zu beherrschen.

3.2 Sprachbildung in Kindertageseinrichtungen

Die sprachlichen und kommunikativen Fähigkeiten sind nicht nur für eine erfolgreiche Bildungsbiographie, sondern für eine aktive gesellschaftliche Teilhabe und soziale Integration von entscheidender Bedeutung. In allen Bildungsplänen ist daher die sprachliche Bildung aufgenommen und bildet eine Grundlage für alle weiteren Bildungsprozesse und für die Gestaltung der Interaktionen mit Gleichaltrigen. So steht im Baden-Württembergischen Orientierungsplan für Bildung und Erziehung:

»Die Beherrschung der Sprache, zuerst gesprochen, später auch als Schrift, ist Schlüssel […] für alle Lernprozesse innerhalb und außerhalb von Kindergarten und Schule. Defizite in der Sprachbeherrschung wirken sich nicht nur hemmend auf die Kommunikation mit anderen […], sondern auch auf das Erlernen einer Fremdsprache, das Verstehen einer Textaufgabe in Mathematik oder eines Textes in einem Geschichtsbuch aus« (Orientierungsplan für Bildung und Erziehung, 2015, S. 131).

Sprachliche Bildung wird im frühkindlichen Bereich als Querschnittsaufgabe und als durchgängiges Prinzip angesehen.

Sprachliches Lernen findet in der sozialen Umgebung statt, knüpft an aktuelle Themen und Interessen der Kinder an und orientiert sich auf die Sprachvorbilder der nächsten Umgebung. Da die Sprache unseren Alltag durchzieht, ist sie auch zentral, wenn andere Bildungsbereiche – wie z. B. Bewegung, Kunst oder Naturwissenschaften angesprochen sind. Wenn die Kinder sich bewegen oder künstlerisch tätig sind, bringen sie ihre Emotionen und Wahrnehmungen nicht nur nonverbal zum Ausdruck, sondern auch sprachlich. Und gerade hier benötigt man eine ausdifferenzierte und präzise Ausdrucksweise, um die Handlung oder den inneren Zustand genau zu benennen.

Wenn die Kinder sich mit Naturphänomenen auseinandersetzen, wenn sie experimentieren und erforschen, ist Sprache ein notwendiges Medium, eben auch als Sprache des Lernens. Stärkung unserer kommunikativen Fähigkeiten, das Einüben des sprachlichen Ausdrucks, findet in Dialogen und anderen interaktiven Formen statt. Aktive Beteiligung der Kinder, das Gelernte und das Erlebte in Worte zu fassen, trägt entscheidend zur Sicherung der Bildungsprozesse bei (Reichert-Garschhammer & Kieferle, 2011, S. 87).

Von besonderer Gewichtung sind die qualitativen Merkmale der Erwachsenensprache und welche Kommunikationsanlässe und Interaktionen von pädagogischen Fachkräften angeleitet und begleitet werden. Die sprachliche Förderung im Kindergarten »beruht besonders auf den sprachlichen Kompetenzen und den zielsprachig differenzierten Interaktionsgestaltungen der Fachkräfte« (Soultanian & Budischewski, 2013, S. 181).

Es gibt seitens des Bundes, der einzelnen Länder, der Kommunen und der einzelnen Träger viele Initiativen, Projekte und Programme zur Sprachförderung der Kinder mit und auch ohne Migrationshintergrund. Hier sind beispielsweise die Gesamtkonzeption »Kompetenzen verlässlich voranbringen« (Kolibri) vom Land Baden-Württemberg zu nennen, die sowohl das bisherige Landesprogramm »Sprachförderung in allen Tageseinrichtungen für Kinder mit Zusatzbedarf« (SPATZ) als auch Elemente des Projekts »Schulreifes Kind« (SRK) integriert, oder das Sprachförderprogramm »Deutsch für den Schulstart« mit den vielfältigen Fördermaterialien für den Kindergarten und mit der Fortsetzung in der Schule zu nennen (mehr dazu siehe Lisker, 2011, Kultusministerium BW, 2019). Eine der wenigen Evaluationen von drei Sprachförderprogrammen ergab keine Förderwirkung nach der Durchführung der entsprechenden Sprachfördermaßnahmen (Schöler & Roos, 2010). Das heißt, dass die durchgeführten Sprachfördermaßnahmen nicht effektiv waren und die Förderbedürftigkeit der Kinder durch sie nicht verringert werden konnte. Die möglichen Ursachen sind unter anderem auf mangelnde organisatorische Vorbereitung und auf die ungenügende Beachtung grammatischer Bereiche, des Vorlesens und Erzählens zurückzuführen.

Als fundamental wichtig und zielführend ist bei der Sprachförderung die entsprechende fachliche Vorbereitung der pädagogischen Fachkräfte. Diese muss weiterhin in Form von Weiter- und Fortbildungsmaßnahmen ausgebaut werden, damit die Fachkräfte das bestmögliche Sprachförderpotenzial des Kindergartenalltags nutzen und ihre sprachunterstützenden Bemühungen nachhaltig und effektiv in die Arbeit mit Kindern implementieren können (Reichert-Garschhammer & Kieferle, 2011, S. 149 f.).

Einrichtungen wenden verschiedene Ansätze bei der Realisierung der Sprachförderung im Alltag an. Häufig geht es dabei um eine kombinierte Vorgehensweise, bei der sowohl alltagsintegrierte Sprachbildung stattfindet als auch Sprachförderprogramme oder ihre einzelnen, ausgewählten Materialien genutzt werden. Hinzu kommt, dass der sprachliche Bereich sehr gerne mit anderen Bildungsbereichen wie Musik und Rhythmik, Bewegung oder Naturwissenschaften kombiniert wird.[17] Seltener werden individuelle Förderpläne anhand von systematischen Beobachtungen und Sprachstandbestimmungen erarbeitet (Strehmel, 2010, S. 27).

Die Grundprinzipien der Sprachförderung und Sprachbildung umfassen solche Dimensionen wie Kontinuität, Orientierung an den aktuellen Entwicklungsstand und die Lebenssituation des Kindes, die Progression der Sprache der Erwachsenen, so dass diese an die sprachlichen Fähigkeiten des Kindes angepasst ist, sowie die Einbettung in natürliche Kommunikation und das diesbezügliche fachliche Wissen der pädagogischen Fachkräfte.

---

17 Hier sind folgende einheitliche Sprachförderkonzepte wie »Singen, Bewegen, Sprechen. Musik machen in Kita und Krippe« von Fischer, »Kinder-Sprache stärken! Sprachliche Förderung in der Kita: das Praxismaterial« von Jampert et. al und »Mit Kinder im Gespräch. Strategien zur Sprachbildung und Sprachförderung von Kindern in Kindertageseinrichtungen« von Kammermeyer et al. zu erwähnen.

Sprachförderliche Aktivitäten sollten eine Handlungsorientierung haben, so dass die Sprache in verschiedenen kommunikativen Kontexten – um jemanden zu überzeugen, um eine Position zu vertreten und eigene Entscheidungen zu begründen oder anderen über ein interessantes Buch zu erzählen – eingesetzt wird. Dafür benötigen die Kinder nicht nur eine entsprechende Umgebung, sondern auch Erwachsene als Vorbilder und Träger verschiedener Sprachregister und Sprachroutinen, die für den weiteren Umgang mit der Schriftsprache und dem Schreibprozess in der Schule unabdingbar sind. Aus der aktuellen Forschung geht hervor, dass bestimmte Sprachverhaltensmuster und ein elaborierter Sprachgebrauch der Erwachsenen einen positiven Fördereffekt auf die Sprache der Kinder haben. So sind die Dialogform, eine persönliche, interessierte Haltung der Fachkraft wie auch eine positive emotionale Beziehung zum Kind wichtige Indikatoren einer förderlichen, sprachunterstützenden Haltung (König, 2010, S. 26 ff., Fried & Briedigkeit, 2008, S, 12–15).

Nicht zuletzt ist die Wichtigkeit der organisatorischen Rahmenbedingungen und des Leitungsmanagements in der Einrichtung als eine qualitative Variable für die konzeptuelle Verankerung der Sprachbildung verantwortlich. Es geht um die Schaffung von günstigen Rahmenbedingungen im pädagogischen Alltag, die ermöglichen, die methodische und fachliche Kompetenz des Kita-Teams umzusetzen.

3.2.1 Förderung von Literalität – Erzählen und Bilderbuchbetrachtung

Zu den wichtigen Grundlagen für den Schulerfolg und die Bildungslaufbahn von Kindern gehört die Sprach-, Lese- und Schreibkompetenz. Seit der Veröffentlichung der PISA-Studie setzt sich auch bei uns dafür der Begriff »Literacy« durch. Text- und Sinnverständnis, die Fähigkeit, sich schriftlich auszudrücken, und die Vertrautheit mit Schriftsprache, das Interesse und Freude an Schrift- und Buchkultur, kurz: eine umfassende kulturelle Kompetenz, bedarf einer frühen Förderung und einer sprachbewussten sozialen Umgebung. Die Schriftsprache ist viel komplexer als die alltäglich gesprochene Sprache und hat eine große Bedeutung für die Schule. Zuerst wird die mündliche Interaktionssprache und mit zunehmendem Alter die Beschreibungs- und Begründungssprache erlernt. Die neuste Pisa-Studie von 2018 zeigt, dass die Leistungen der deutschen Schülerinnen und Schüler, obwohl sie über dem Durchschnitt der OECD-Staaten liegen, im Vergleich zu den letzten Jahren durchgängig deutlich gesunken sind. So ist die Lesekompetenz 2018 auf das Niveau von 2009 zurückgegangen. Um hier das Niveau wieder zu heben und zukünftig bessere Pisaergebnisse zu erzielen, müssen die Deutschkenntnisse der Kinder mit Migrationshintergrund bereits in den Kindertageseinrichtungen systematisch, vor allem auch im Bereich der frühen Leseförderung, gefördert und die Kinder beim Spracherwerb unterstützt werden (OECD, 2018).

Die Entwicklung der Literalität und des Zugangs zum Lesen und Schreiben beginnt in der frühen Kindheit, wenn beispielsweise Erwachsene Kindern Geschichten erzählen, mit ihnen gemeinsam Bilderbücher anschauen, mit ihnen visuell-sprachlich phantasieren, wenn Kinder beim Spielen mit Lauten und Wörtern gezielt und kreativ unterstützt werden, wenn mit Sprache experimentiert wird und Phantasiewelten sprachlich ausgearbeitet werden. Direktes Erzählen stellt ein eigenständiges Fördermedium dar, das sich von literarischen und medialen Darstellungsweisen unterscheidet. Bestimmte Grundformen der Literacy-Erziehung sollten also von Anbeginn zu den wesentlichen Aufgaben des Elementarbereiches gehören, auch wenn natürlich die mündlichen Interaktionen im frühpädagogischen Curriculum im Vordergrund steht.

Die Bilderbuchbetrachtung beispielsweise gilt als ein effektives Sprachfördermittel, welches nicht nur erlaubt, mit dem Kind ins Gespräch zu kommen und Vorlesen oder Erzählen gemeinsam mit dem Kind zu gestalten, sondern eine Sprachförderung auf allen vier Sprachebenen zu ermöglichen. So hört das Kind beim Vorlesen komplexe, abgeschlossene Satzkonstruktionen, bekommt viele Beispiele für die Kasusanwendung und den Artikelgebrauch, hört neue Begriffe und erweitert seinen Wortschatz. Dabei wird auch die Artikulation gefördert, indem durch betontes, langsames Vorlesen und den spielerischen Umgang mit der Stimme die Aussprache sowie Wort- und Satzbetonungen eingeübt werden. Der Erwachsene kann dabei das Vorlesetempo und das Sprachniveau auf die Bedürfnisse und Interessen des Kindes abstimmen, es gibt auch genügend Zeit für Fragen, Dialoge, Wiederholungen und Erklärungen. Außerdem werden das Sprachverständnis und pragmatische Fähigkeiten wie Weiterführen von Dialogen, Fragen stellen und beantworten sowie Weitererzählen gefördert. All dies dient der Leseförderung und der frühen Sensibilisierung für die Schriftsprache. Bei der Bücherwahl ist darauf zu achten, dass sie inhaltlich und sprachlich dem Entwicklungsstand des Kindes angemessen ist. Bei den Illustrationen ist auf den Erhalt des Vorleseinteresses zu achten, auch darauf, dass die narrative Funktion die Schlüsselinhalte veranschaulicht. Die Beteiligung des Kindes am Vorlesen und Erzählen kann durch gezielte Fragen zu Beginn, am Ende oder während spannender Passagen erhöht werden, das Kind kann die Geschichte kommentieren, sie weitererzählen oder eigene Fragen stellen. Außerdem kann die Aufgabe erteilt werden, die Sätze, die sich in der Geschichte wiederholen, vorzusagen. Mehrsprachige Kinder können bestimmte Passagen in der Geschichte oder einzelne Wörter in ihre Erstsprachen übersetzen. Wenn das Vorlesen und die Bilderbuchbetrachtung ritualisiert und zum festen Bestandteil des pädagogischen Angebots wird, bereitet es den Kindern großes Vergnügen, den Vorleseprozess mitzugestalten und damit einen eigenen Beitrag zur Lese- und Sprachförderung zu leisten.

3.2.2 Entwicklung von Erzählkompetenz und Gesprächsführung

Eine gut entwickelte Erzählfähigkeit im Vorschulalter ist eine wichtige Grundlage für die Kinder beim Übergang in die Schule, beim Erwerb schriftlicher, narrativer Kompetenzen. Das Erzählen als mündliches Sprachhandeln spielt beim Schriftspracherwerb und dem schriftlichen Erzählen eine zentrale Rolle. Sowohl pädagogische Fachkräfte als auch die Kinder selbst setzen es gerne ein, um Erlebnisse, Erfahrungen, Pläne und natürlich Märchen und Geschichten einander mitzuteilen. Die Förderung des freien Erzählens findet alltagsintegriert, in den alltäglichen Erwachsenen-Kind-Interaktionen sowie auch in den angeleiteten und begleiteten Aktivitäten wie dem Stuhl- und Erzählkreis statt.

Im Kindergartenalter entwickeln die Kinder narrative Fähigkeit, indem sie etwas erzählen. Aus empirischen Studien geht hervor, dass die Erzählfähigkeit sich etwa mit dem 4. Lebensjahr zu entwickeln beginnt. Zuerst erzählen Kinder Geschichten ungebunden, als Aneinanderreihung von Ereignissen, sprunghaft und nicht konsistent. Die Ereignisse werden noch nicht gewichtet, Einleitung und Abschluss der Geschichte werden nicht klar definiert. Der Protagonist wird nicht deutlich eingeführt und ins Zentrum der Erzählung gestellt. Ab dem ca. 5. Lebensjahr etabliert sich eine einfache Erzählkompetenz, in der die Kinder Handlungsabfolgen zusammenhängend darzustellen lernen. Mit zunehmendem Alter werden Erzählungen komplexer und strukturierter. Dabei benutzen die Kinder jetzt verschiedene kohäsive Mittel, die für den inhaltlichen Zusammenhalt des Textes sorgen, wie bestimmte und unbestimmte Artikel, Präteritum, sprachliche Markierung zeitlicher Abläufe (plötzlich, dann, später). Sie sind in der Lage, ihre eigenen und die inneren Zustände anderer Personen wiederzugeben (Andresen, 2011, Schelten-Cornish, 2008). Aus den Erkenntnissen zur Entwicklung der Erzählfähigkeit im Vorschulalter ergeben sich einige sprachförderliche Implikationen für die pädagogische Unterstützung der Kinder.

Grundsätzlich ist das Erzählen stärker in die Sprachfördermaßnahmen einzubinden. Kohärentes Erzählen, Gebrauch von differenzierten Lexika und

Einsatz der Sprache losgelöst vom konkreten Handlungskontext – all das sind wichtige Voraussetzungen für schriftliches Erzählen in der Schule, die im Kindergarten eine systematische pädagogische Beachtung finden müssen. Aus der Forschung geht hervor, dass bei Sprachförderung vorwiegend Bildergeschichten herangezogen werden. Für eine ganzheitliche, effektive Förderung und für die Vorbereitung auf die Schriftlichkeit ist der Einsatz von verschiedenen Erzählformen – Bildergeschichte, Phantasie- und Erzählgeschichte und Nacherzählung – zu begrüßen. Unabhängig von der Erzählform kann die Erzählfähigkeit der Kinder durch gezielte interaktive Unterstützung im Sinne des Scaffoldings seitens Erwachsener gefördert werden.

Neben der vorwiegend monologisch ausgerichteten Erzählkompetenz steht ein weiterer wichtiger Bereich der Gesprächsführung und der Kommunikation der Kinder untereinander im Mittelpunkt sprachförderlicher Bemühungen. Die interaktiv ausgerichtete Gesprächsführung ist für die soziale Entwicklung des Kindes und für das Gefühl der sozialen Zugehörigkeit von zentraler Bedeutung. Um selbst Gespräche erfolgreich führen zu können, müssen bestimmte diskursive Fähigkeiten, ein Gespräch interaktiv auszurichten, beherrscht werden. Unseren Alltagsgesprächen, obwohl sie situationsabhängig ablaufen und vorab nicht planbar sind, liegt eine Struktur zugrunde, die im Wechsel und der Rededauer von Gesprächspartnern, in den Rückmeldungen der aufgenommenen Informationen sowie im Beginn und dem Abschluss der Gespräche besteht. Da die Kinder Gespräche jeden Tag in verschiedenen Konstellationen hören und selbst führen, werden auch ihre Strukturen als gängige kommunikative Praktiken habituiert (Andresen, 2011, Stude, 2010, 166 ff.). In der Spracherwerbsforschung wurde der Entwicklung pragmatischer Fähigkeiten im Vorschulalter im Vergleich zu anderen Sprachebenen wie Grammatik, Lexik, Semantik und Phonetik wenig Beachtung geschenkt und »erst mit der pragmatischen Wende in den 70er Jahren [...] auch Fähigkeitsaspekte in den Blick [genommen], die den Handlungscharakter und die pragmatische Relevanz von Sprache betonen« (Stude, 2010, S. 169). Von der Entwicklung her geht aus der Forschung hervor, dass bereits dreijährige Kinder eine Orientierung bezüglich der üblichen Konventionen im Gesprächsverlauf erlangt haben. Sie reagieren zum Beispiel irritiert, wenn die Erwachsenen erneut nach den Inhalten fragen, die die Kinder bereits gesagt haben (Becker, 2001). Mit zunehmendem Alter nimmt die Länge der Gespräche zu, besonders im Rahmen der Rollenspiele mit Peers, sprachlich können sie sich ausdifferenzierter und präziser ausdrücken. Weiterhin zeigen die Kinder mehr und mehr Freude daran, in Gesprächen mit Erwachsenen involviert zu sein, in denen sie ihre Sichtweisen auf die Welt oder ihre »Weltfragen« klären möchten. Dabei bringen sie ihren Standpunkt und ihre Emotionen nicht nur verbal, sondern auch paraverbal durch den Klang ihrer Stimme, durch fallende oder steigende Tonhöhe, durch Stimmenstärke und Sprechgeschwindigkeit zum Ausdruck. Daraus ergibt sich für pädagogische Fachkräfte die Aufgabe, den Kindern im Kindergartenalltag zeitlich und organisatorisch ausreichenden Raum für Gespräche mit Gleichaltrigen zu ermöglichen, oder auch selbst die Gespräche mit Kindern zu initiieren, um ihnen möglichst breite Vorlagen an Gesprächsformaten und Ausdrucksweisen zu liefern.

3.3 Methodeneinsatz und Rahmenbedingungen im Kindergarten-Kontext

Professionelles, sprachförderliches Handeln zeichnet sich dadurch aus, dass die pädagogischen Fachkräfte sowohl ihr eigenes wie auch das Sprachhandeln der Kinder im pädagogischen Alltag reflektieren und, darauf aufbauend, bewusst eine alltagsintegrierte Sprachbildung verwirklichen. Es geht hier nicht um einen gezielten Einsatz von Sprachförderprogrammen und -konzepten (mehr dazu in Knapp, Kucharz & Gasteiger-Klicpera, 2010, S. 113–141), sondern um eine sprachförderliche Haltung der Pädagogen, um ein situatives Sprachlernen mit sprachbegleitender und sprachfördernder Gestaltung und um die Qualität von Interaktionen und Bildungsprozessen im Kitaalltag. Die folgenden Sprech- und Kommunikationsstrategien sind sprachförderlich:

- Die fehlerhaften Äußerungen des Kindes sollten aufgegriffen und korrigiert werden, ohne auf die Fehler der Kinder direkt hinzuweisen. Dies geschieht, indem man die fehlerhaften Äußerungen korrektiv wiederholt (sogenanntes korrektives Feedback). Die Äußerungen des Kindes können dabei strukturell und semantisch erweitert werden. Eine strukturelle Erweiterung besteht dann, wenn in den Satz neue Grammatik aufgenommen wird, beispielsweise ein Nebensatz oder ein ergänzender, präzisierender Inhalt. Semantisch wird die kindliche Äußerung dann erweitert, wenn die Fachkraft neue Begriffe und neue Lexik hinzufügt.
- Das eigene Sprechtempo sollte variiert werden, um den eigenen Input für die Kinder deutlich zu segmentieren und die Satzenden zu markieren. Durch langsames, betontes Sprechen wird die Aufmerksamkeit des

Kindes auf besondere Sprachaspekte oder neue Elemente im Satz gelenkt (z. B. Wer hat sich von euch beiden das Buch *zuerst* angeschaut? Findest du die Geschichte interessant, die *gestern im Morgenkreis vorgelesen wurde?*).

- Die Pausen sollten bewusst eingesetzt werden, damit die Kinder Zeit bekommen, den Äußerungen der Erwachsenen zu folgen und auf sie einzugehen.
- Handlungsbegleitendes Sprechen sollte dominieren, um den Kindern möglichst viele Sprachvorlagen in konkreten Handlungszusammenhängen zu ermöglichen. Besonders wichtig ist dies bei den Kindern, die wenig sprechen und sich am Beginn des Deutscherwerbs befinden.
- Das Gespräch und die Sprechfreude des Kindes sollten durch den Gebrauch verschiedener Fragetypen sowie dem responsiven Aufgreifen von Themen der Kinder und durch gezieltes Nachfragen, überwiegend mit offenen Fragen, angeregt und aufrechterhalten werden. Besonders gut geeignet sind Alternativfragen und regelmäßiges Nachfragen. Durch Alternativfragen werden dem Kind bereits die Sprachvorlagen für die Antwort gegeben (z. B. Möchtest du weiter mit Paul spielen oder möchtest du mir helfen, den Tisch zu decken?). Beim Nachfragen bekommen Erwachsene eine Rückmeldung vom Kind, ob und wie es das vorher Gesagte verstanden hat.

Wichtig ist bei all dem besonders der bewusste Einsatz der eigenen Sprache und die Verinnerlichung eines reflexiven Sprachverhaltens und der sprachförderlichen Methoden durch die pädagogischen Fachkräfte, so dass diese habitualisiert und kontinuierlich vom gesamten Kindergartenteam praktiziert werden können.

Zu ergänzen wäre, dass das professionelle Handeln der pädagogischen Fachkräfte weniger auf dem Einsatz des theoretischen Fachwissens beruht, sondern vielmehr erfahrungsorientiert und praxisbezogen ist. Der Einsatz des professionellen Wissens bezogen auf die Sprachbildung wurde von Fass (2010) näher untersucht. Aus seiner Untersuchung geht hervor, dass pädagogische Fachkräfte tendenziell »bei der Begründung der von ihnen entworfenen Handlungsstrategien schwerpunktmäßig auf praxisnahe Wissensbereiche zurückgreifen und weniger theoriebezogen argumentieren« (Fass, 2010, S. 239).

Nicht zuletzt sind die Rahmenbedingungen für die erfolgreiche, entwicklungsfördernde Sprachbildung von großer Bedeutung. In einer Studie von Viernickel et al. geht hervor, dass pädagogische Fachkräfte vor allem keine Zeit für die reflektierte und geplante Sprachbildung haben und den Einsatz von zusätzlich Sprachförderprogrammen als Zusatzbelastung mit viel organisatorischem Aufwand und wenig verifizierter Wirkung in Zweifel stellen (Viernickel et. al, 2013). Zu den gängigen, in den pädagogischen Alltag fest integrierten Methoden der Sprachförderung gehören Singen, Bewegungsspiele, Bilderbuchbetrachtung und Vorlesen. Ohne Zweifel haben sich diese Methoden bewährt und bieten den Kindern eine abwechslungsreiche Aktivitätsbreite und spannenden Stoff zum weiteren Ausprobieren und Entwickeln. Da immer wieder in Studien die mangelnde Sprachkompetenz der Kinder vor der Einschulung nachgewiesen wird, bedarf es bei der alltagsintegrierten Sprachbildung einer Aufnahme weiterer gezielter Methoden, die einen systematischen Eingang in die pädagogische Praxis finden und zu fest etablierten Instrumenten der alltäglichen Sprachbegleitung der Kinder werden sollten.

Zu den günstigen Rahmenbedingungen für die systematische, regelmäßige Durchführung von Sprachbildung zählen nicht nur bereits erwähnte zeitliche Ressourcen, sondern auch durch die Leitung begleitete Absprachen im Team und professionelle, methodische Vorbereitung der Fachkräfte. Eine geschickte, durchdachte Kombination an Methoden zur Sprachförderung und sprachbegleitender Handlungen in offenen und/oder systematisch didaktisch vorbereiteten Situationen ist für eine konzeptuell verankerte, alltagsintegrierte Sprachbildung unabdingbar.

Eine der zentralen Handlungskompetenzen bei der Sprachunterstützung der Kinder sind sprachbegleitende Handlungen, bei denen Erwachsene und Kinder zusammenarbeiten und einen gemeinsamen Fokus in der Kommunikation herstellen. Sprache ermöglicht die Fortsetzung und differenzierte Ausarbeitung von handgreiflichen Tätigkeiten. Im Kontext des gemeinsamen täglichen Handelns werden Satzmuster erlernt, in denen sich Tätigkeiten und Bewegungen abbilden und die deswegen als Strukturmuster erkannt und übernommen werden können. So spiegelt etwa die Regel der Verb-Zweitstellung die Handlungssituation, indem sie zuerst denjenigen benennt, der handelt, und danach dasjenige benennt, was er tut. Eine gut ausgebaute sprachliche Handlungskompetenz wäre hier eine reflektierte und bewusste Auseinandersetzung mit der Struktur der eigenen Sprache, die Fokussierung und Weiterentwicklung der eigenen artikulatorischen und rhetorischen Fähigkeiten, der Erwerb bewährter Fördertechniken und eine eigene wortschatzreiche Ausdrucksweise.

Hier nützt der oft übliche Rückgriff auf standardisierte Sprachförderprogramme wenig, denn erstens gibt es inzwischen eine fast unübersehbare Fülle an Konzepten, Materialien und Programmen, die aber wenig evaluiert und daher nur schwer in ihrer Qualität und Wirksamkeit einzuschätzen sind, und zweitens bedürfen gerade die besten Sprachförderprogramme in ihrer Umsetzung der genannten Sprachbewusstheit und der Sprachförderkompetenz der Fachkräfte.

Ein wichtiger Faktor bei der Gestaltung der sprachförderlichen Aktivitäten ist die Lernumgebung. Als qualitative Merkmale einer förderlichen Lernumgebung können folgende hervorgehoben werden:

- *Vorbereitete Umgebung* (Raum, Sitzordnung und Materialien), um die geplante Zeit möglichst effektiv als Lernzeit zu nutzen;
- *Angst- und stressfreie Atmosphäre*, nicht ergebnisorientiert, die den Kindern emotionale Geborgenheit und Sicherheit vermittelt;
- *Eine durchdachte, altersentsprechende Methodenwahl*, die auf einer ausgewogenen Abwechslung zwischen den Methoden basiert und die ermöglicht, jedes Kind auch individuell zu fördern;
- *Aktive Beteiligung des Kindes* an geplanten Aktivitäten und Themen, eine Aktivierung des Kindes durch Fragen, Methodenwechsel, thematische Anknüpfung an aktuelle Themen und Interessen des Kindes (Knapp, Kucharz & Gasteiger-Klicpera, 2010, S. 95 f).

Zu den guten Rahmenbedingungen der alltagsintegrierten Sprachbildung gehört die individuelle Planung der sprachlichen Begleitung jedes Kindes. Um eine gezielte, systematische Sprachunterstützung im Alltag zu gewährleisten, müssen zuerst die Voraussetzungen des Kindes erfasst werden. Dazu gehören sowohl die Voraussetzungen des Aufwachsens des Kindes in Form von Kind-Umwelt-Analyse als auch der aktuelle Sprachstand des Kindes. Ziel ist es, das Kind sprachlich dort zu erreichen, wo es gerade steht, und dann die sprachliche Unterstützung in »der Zone der nächsten Entwicklung« anzusetzen. Erst nach der Sprachdiagnose, die eine Auskunft über die vorhandenen Sprachressourcen gibt, können wir entlang phonetisch-phonologischer, semantisch-lexikalischer, morphologisch-syntaktischer und pragmatischer Sprachbereiche ansetzen. In der Zielsetzung der individuellen Sprachförderung soll festgelegt werden, was das Kind als nächstes lernen soll und wie, in welcher Form die Sprachförderung angeboten wird. Danach erfolgt eine Evaluation des Gelernten und weitere Förderplanung. Ein genauer Handlungsrahmen ermöglicht es, in der hektischen pädagogischen Praxis, möglichst individuell vorzugehen und jedem Kind eine gezielte, an seinen Sprachentwicklungsstand angepasste Unterstützung anzubieten. Die weiteren Überlegungen bei der alltagsintegrierten Sprachförderung, wie der Beginn der sprachförderlichen Aktivitäten, die Gruppengröße und -zusammensetzung und die Kontinuität und Regelmäßigkeit der gezielten

Sprachbegleitung sind gleichwohl wichtig und müssen im Kita-Team besprochen werden (Knapp, Kucharz & Gasteiger-Klicpera, 2010, S. 84 ff., Soultanian, 2012, S. 135).

3.4 Praktische Empfehlungen und Übungen

3.4.1 Portfoliobesprechung mit einem bis zwei Kindern

Die Portfoliobetrachtung schafft eine sehr vertrauliche Atmosphäre zwischen dem Kind und dem Erwachsenen, Face-to-face-Kommunikation erlaubt es dabei, Bezüge zu Erlebnissen, Themen und Gefühlen des Kindes herzustellen. Die pädagogische Fachkraft spricht das Kind über die Fotos, Bilder und Kulturwerke des Kindes an und bezieht es in den Dialog ein. Viele Fragen von seiten der Fachkraft wirken dialogunterstützend und strukturieren den Dialogverlauf. Diese Form der individuellen Gesprächsführung erlaubt es, einen Dialog mit dem Kind herzustellen, der auf individuelles Erleben und auch kleine Details eingeht und so die Sprechfreude des Kindes fördert.

Formale Struktur:

- Gruppengröße: mit einem oder zwei Kindern
- Räumliche Voraussetzungen: möglichst lärmfrei, ruhig
- Benötigte Materialien: eigenes Portfolio des Kindes
- Zeitdauer: 10–20 Min.

Durchführung der Aktivität:
Die Fachkraft macht dem Kind den Vorschlag, sich gemeinsam sein Portfolio anzuschauen. Das Kind übernimmt Regie und führt die Fachkraft durch eigene, wichtige Ereignisse in der Familie und im Kindergarten. Die Fachkraft hat zum Ziel, durch motivierende, verbale Haltung in Form von Fragen und begleitenden Kommentaren das Kind weiter zum Sprechen zu animieren. Zu empfehlen sind offene Fragen, die sich auf einzelne Details beziehen, wie mit wem, womit, worüber, wann usw. Darüber hinaus kann die Fachkraft Imperativsätze (Aufforderungssätze) wie »Erzähl weiter! Hilf mit weiter!« benutzen, was eine motivationale Wirkung auf das Kind hat. Weiterhin sind auf aktives Zuhören, auf persönliche Ansprache des Kindes, eine dem Kind zugewandte Kopfhaltung

wie auch langsames Sprechtempo und auf eine deutliche Artikulation zu achten.

Variationen:
Portfoliobetrachtung kann man zeitlich auf zwei bis drei Sitzungen ausdehnen, indem man mit dem Kind ein nächstes Treffen zur Fortsetzung vereinbart. Wenn das Kind den Wunsch äußert, kann es weitere Fotos, Postkarten, Texte von zu Hause mitbringen und ins Portfolio aufnehmen.

3.4.2 Sprache und Ton

Ton hat auf die Kinder eine entspannende und beruhigende Wirkung, aber auch einen auslösenden Effekt, bei dem neue Ideen und Phantasien entstehen und frei ausgelebt werden können. Der Ton ermöglicht den Kindern, induktiv zu neuen Erfahrungen zu gelangen, indem sie analysieren, Hypothesen formulieren und sie dann unmittelbar eingebettet in konkrete Handlungszusammenhänge überprüfen. Aktives Tun am Ton regt sie an, über die gemachten Erfahrungen und die mit dem Material geformten Dinge *nach-zu-denken (sustained shared thinking)*. Der Ton ist nicht nur ein Naturmaterial, sondern ein weitreichendes Medium, auch zur Förderung kindlicher Sprachkompetenz. Durch Ton kann die Fachkraft mit dem Kind in ein individuelles Gespräch, einen Dialog mit offenem Verlauf kommen. Ohne didaktischen Zwang, wertfrei, ohne Korrektur und konkret formulierte Aufgaben bietet eine dialogische Sprachbegleitung zugleich Raum für den Ausdruck der Wertschätzung und der Akzeptanz des kindlichen Tuns. Die wertschätzende Haltung wird verbal fundiert, zum Beispiel in der Begrüßungsphase, in der das Kind namentlich begrüßt und gefragt wird, ob es tonen möchte oder was mit seinen Werken nach dem Tonen geschehen soll. Sprachliche Begleitung bietet eine permanente Möglichkeit, den kindlichen Wortschatz durch Konkretisieren und Spiegeln zu erweitern.

Formale Struktur:

- *Gruppengröße:* zwischen ein und sechs Kinder
- *Räumliche Voraussetzungen:* ein Tisch mit Ton-Block, freier Zugang zu den Materialien
- *Zeitdauer:* das Kind entscheidet selbst, wie lange es tätig sein möchte.
- *Benötigte Materialien:* Modellierton, Töpferton oder Softton, eventuell Modellierwerkzeug.

Durchführung der Aktivität:
Wenn das Kind am Ton arbeitet, geht es sprachlich in erster Linie darum, das Tun des Kindes im Hintergrund sprachlich zu begleiten und, wenn gewünscht, um Hilfe und Lösungsvorschläge anzubieten. Die Fachkraft kann begleitend die Tätigkeiten und Gefühle des Kindes benennen, indem sie verschiedene Handlungsverben (ausrollen, kneten, schlagen, streicheln, schneiden, ausdrücken) und Gefühlsadjektive (freudig, traurig, wütend, überrascht) benutzt. Bei der Sprachbegleitung bietet sich die Technik des Konkretisierens an: *Was-* und *Wie- g*enau-Fragen. Wenn das Kind nicht mehr weiß, was als Nächstes zu tun ist, werden Frage-Vorschläge formuliert: »Was könntest du als Nächstes tun? Was brauchst du dazu? Wie wird das aussehen, wann ist das fertig?« usw.

Variationen:
Ton(werke) malen, Ton bemalen, Ton-Ausstellung für Kinder und Eltern gestalten, Eltern zum Tonen einladen.

3.4.3 Sprache und Kunst (Besprechung eines Gemäldes mit Kindern)

Das Ästhetische regt uns emotional und kognitiv an, erweitert unsere Vorstellungen der Welt und unserer Rolle darin, gibt uns Anstöße, selbst tätig zu werden, und die Kunst nicht nur zu rezipieren, sondern auch durch uns zur Verfügung stehende »Hundert Sprachen« auszuprobieren (Knauf, Düx & Schlüter, 2007, S. 132). Die Welt der Kinder ist die Welt der Bilder. Kinder nehmen ihre subjektiven Erfahrungen mit der Außenwelt in Beziehung zu sich selbst wahr und verbinden ihre eigenen Erfahrungen mit ihren Phantasien, die sie wiederum auf individuelle Art und Weise, sei es durch Sprache, Tanz oder Malen ausdrücken. Kinder behalten sehr viele Eindrücke von Gemälden und Kunstwerken, die ihnen begegnen. Erwachsene können die Kinder dabei unterstützen, das Gesehene, Gehörte oder Erlebte aus der umgebenden Welt zuzuordnen, ihm eine Bedeutung zuzuweisen. Ein Gespräch über ein Gemälde ist ein effektives Mittel der Sprachförderung, indem der Erwachsene auf die eigenen Ausdrucksweisen (Satzstrukturen, abgeschlossene Sätze, verschiedene W-Fragen, Begründung eigener Sichtweisen, Aufforderungen und verbale Kommentare) achtet und bei dem Kind nicht nur strukturelle Vielfalt des Ausdrucks sondern auch eine narrative Sprachkompetenz fördert.

Formale Struktur:

- Gruppengröße: zwischen ein und zehn Kinder

- Räumliche Voraussetzungen: Ein Raum, in dem das Bild an der Tür, Wand usw. aufgehängt werden kann, jedes Kind hat eine gute Sicht auf das Bild, Halbsitzkreis
- Zeitdauer: abhängig von der Zahl der Kinder zwischen 10 und 30 Minuten
- Benötigte Materialien: das Bild von Mona Lisa

Durchführung der Aktivität:
Fachkraft fängt das Gespräch an, indem sie über den Maler, Leonardo da Vinci erzählt (1452–1519, italienischer Maler, lebte in Florenz, bereits bekannt zu seinen Lebzeiten).

Zwei mögliche Gesprächsverläufe:

1. Die Kinder äußern sich frei, ohne gezieltes Fragen über das Bild, die Farben, ihre ersten Eindrücke und steuern selbst das Gespräch.
2. Die Fachkraft hilft den Kindern, durch gezieltes Erfragen das Gemälde kennenzulernen und zu verstehen. Die möglichen Fragen sind: Wer ist die Frau? (Die Frau lebte von über 500 Hundert Jahren in Italien, ihr Familienname war Gioconda), Wie sieht sie aus? (genaue Beschreibung des Äußeren), Was sagen die Farben auf dem Gemälde aus? (früher waren die Farben heller, mit der Zeit ist die Haut der Frau und auch der Himmel dunkler geworden: die Gemälde werden alt und dann dunkler und bekommen Risse), Was ist im Hintergrund gemalt? (die Frau sitzt in Loggia, hinter ihr ist eine Landschaft mit einem Fluss und Felsen zu sehen), Was sagen ihre Hände aus? (sehr ruhige Hände, eine Hand ruht ohne Bewegung auf der anderen), Warum hat der Maler ausgerechnet sie gemalt? (der Mann von Mona Lisa hat das Bild beim Maler bestellt, vielleicht zu damaliger Zeit, gilt sie als Schönheit, vielleicht ist nicht die Frau, sondern das Bild schön?). Die Fachkraft hört immer die Meinung der Kinder, bevor sie ihre eigene Meinung sagt und die Sachinformationen dazu gibt. Dabei achtet sie auf die eigene Sprache, benutzt Nebensätze (mit *weil, obwohl, dass, nachdem*), spricht in vollständigen Sätzen, leitet eigene Sätze durch *wir können vermuten, wir wissen nicht genau, wir nehmen an* ein und benutzt verschiedene qualitative Adjektive wie *hübsch, schön, traurig, nachdenklich, trüb, bedeckt, ruhig, besonnen, beherrscht gefasst, ausgeglichen, ansehnlich, attraktiv, teuer, kostbar, besinnlich, dunkel, trostlos, hell, leuchtend, verwelkt* etc.

Variationen:
Die Kinder können das Bild selbst benennen, sie können weiterhin das eigene Bild zum Thema malen, sie können den Bilderrahmen zum eigenen Bild gestalten.

3.4.4 Grammatikförderung (Plural, Präpositionen)

Bei der Grammatikförderung liegt der Fokus auf der Struktur der Sprache. Eine gut ausgebaute Grammatik ist für den Schulerfolg beim Erlernen der Schrift unabdingbar. Beim Grammatikspielen wird das Augenmerk auf die Form der Sprache gelenkt. Durch gezieltes spielerisches Einüben werden hier zwei Grammatikbereiche – Plural und Präpositionen – fokussiert eingeübt. Die Kinder bekommen sowohl durch den Input des Erwachsenen und anderer Kinder als auch durch selbständiges Ausprobieren in kurzer Zeit in variationsreichen Wiederholungen bestimmte grammatische Strukturen zu hören.

Formale Struktur:

- Gruppengröße: zwischen ein und sechs Kinder
- Räumliche Voraussetzungen: ein aufgeräumter Tisch oder Boden
- Benötigte Materialien: jeweils ein Paar von Gegenständen (nach persönlicher Wahl der Fachkräfte). Zum Beispiel: zwei Würfel, zwei Tierfiguren, zwei Bücher, zwei Puppen usw.
- Zeitdauer: 10-20 Min. (je nach Gruppengröße und Konzentration der Kinder).

Durchführung der Aktivität:
Förderung des Plurals »Paare finden«: verschiedene Paare von Gegenständen liegen auf dem Tisch. Die Kinder sind um den Tisch verteilt, sie müssen der Reihe nach Paaren von Gegenständen finden und sie benennen. Kleinere Kinder oder Kinder mit geringen Deutschkenntnissen können sich vor Spielbeginn alle Gegenstandspaare gemeinsam anschauen und benennen.
Förderung vom Präpositionsgebrauch »Was ist worin«: Die Kinder sitzen am Tisch, im Stuhlkreis oder in einer Leseecke. Der Erwachsene sagt dem Kind eine Wortpaarkombination, die aus zwei Nomen besteht. Das Kind muss daraus einen Satz bilden. Dann ist das nächste Kind an der Reihe. Ein Beispiel für eine Wortkombinationen: Ball, Kiste (Der Ball liegt/ist in der Kiste), Eis, Becher (Das Eis ist im Becher), Blumenvase, Tisch (Die Blumenvase steht auf dem Tisch), Gemüse, Korb (Das Gemüse liegt im Korb) (angelehnt an Soultanian, 2012, S. 162).

Variationen:
Beim »Paare finden« kann eine Auswahl an Gegenständen einer bestimmten thematischen Kategorie zugeordnet werden. Zum Beispiel Obst und Gemüse, beliebte Spielsachen der Kinder, Schulzubehör (Bücher, Buntstifte, Hefte, Kreise usw.). Bei »Was ist worin« kann jedes Kind, nachdem es den Satz gebildet hat, die nächste Wortkombination selbst sagen.

3.4.5 Die Welt der Wörter: semantische Elaborationen

Bei der Sprachentwicklung können wir Kinder unterstützen, indem wir ihnen wortschatzbezogene Begleitung anbieten und helfen, einen ausgebauten, mannigfaltigen Wortschatz aufzubauen. Damit die Kinder neue Wörter nachhaltiger lernen und die gelernten Wörter in ihrer Anwendung befestigen, wird vorgeschlagen, Wörter »gebündelt« zu lernen, indem man über assoziative, situative, syntaktische etc. Gemeinsamkeiten ein semantisches Netzwerk an Wörtern in spielerischer Form aufarbeitet.

Formale Struktur:

- Gruppengröße: zwischen ein und sechs Kinder
- Räumliche Voraussetzungen: ein Tisch oder Boden, ruhige Atmosphäre
- Benötigte Materialien: mündlich oder verschiedene Bildkarten oder eine Auswahl an Gegenständen (nach persönlicher Wahl der Fachkräfte)
- Zeitdauer: 10–20 Min. (je nach Gruppengröße, Konzentration und Interesse der Kinder)

Durchführung der Aktivität:

Bildung von Kategorien:
Die pädagogische Fachkraft setzt sich mit den Kindern an einen Tisch oder auf den Boden und kündigt an, dass sie mit den Wörtern spielen möchte und ein paar Wörter mitgebracht hat. Die Wörter sind eingeschlafen und die Kinder können sie wecken, indem sie sie richtig benennen. Zu den angesprochenen Wörtern werden entsprechende Gegenstände vorbereitet oder sie werden mit Hilfe von Bildkarten visualisiert. Der Einstieg ins Thema beginnt mit dem Satz: »Liebe Kinder, ich habe für euch heute ganz viele schlafende Wörter mitgebracht und ich werde mich freuen, wenn ihr mir helft, sie alle zu benennen, damit sie wieder aus dem Dauerschlaf erwachen!«
Beispiele für die Kategorien:
Obst: Apfel, Birne, Pfirsich, Aprikose, Pflaume, Banane, Orange, Zitrone, Kiwi
Sportbekleidung: Sporthose, Leggins, Badehose, Sportjacke, Sport-T-Shirt ...
Schulutensilien: Buch, Heft, Bleistift, Marker, Kugelschreiben, Radiergummi, Lineal, Mäppchen

Benennen von Synonymen:
Die Kinder werden aufgefordert, der Fachkraft zu helfen (da sie es selber nicht schafft), indem sie mündlich ähnliche Wörter wie das Beispiel nennen.
Beispiele für Synonyme:
Schön: hübsch, attraktiv, reizvoll, bezaubernd, bildschön, wunderschön, wunderbar, hinreißend
Rennen: laufen, flitzen, hetzen, brausen, rasen, sausen, stürmen, wetzen, huschen
Benennen von Antonymen:
Die Kinder werden aufgefordert, der Fachkraft zu helfen (da sie es selber nicht schafft), indem sie mündlich gegensätzliche Wörter wie das Beispiel nennen.
Beispiel für Antonyme:
bitter – süß, trocken – nass, glatt – matt
Benennen des situativen Umfeldes:
Die Fachkraft sucht ein passendes Beispiel ausgehend von den aktuellen Bildungsinteressen der Kinder, bereitet entsprechende Gegenstände und Bildkarten vor und versucht, die Kinder durch weiterführende Fragen anzuregen, möglichst viele Wörter zu einem thematischen Feld zu benennen.
Beispiele:
Herbst: Wald – gelbe Blätter – nass – Eichhörnchen – Pilze – Wind – Regen – Regenmantel; Weihnachten: Tannenbaum – Plätzchen – Weihnachtsmann – Winter – Geschenke – feiern
Wortfamilien bilden:
Die Kinder werden aufgefordert, mündlich alle möglichen ähnlich klingenden Wörter ausgehend vom Beispiel zu benennen. Das Ziel ist, möglichst viele verwandte Wörter zu finden.
Beispiel:
fahren – die Fahrt – der Fahrer – das Fahrzeug – das Fahrgestell – die Anfahrt – der Rennfahrer – der Autofahrer – abfahren – hinfahren – auffahren – ausfahren – vorfahren.

Variante I:
Alle Spiele mit den Wörtern können besonders mit den Vorschulkindern auch mündlich durchgeführt werden.
Variante II:
Wenn die Spiele mit den Gegenständen gespielt werden, können sie als Kimspiele durchgeführt werden, indem die entsprechenden Gegenstände unter eine in der Mitte ausgebreitete Decke versteckt werden und die Kinder aufgefordert werden, die Sachen ertastend zu benennen.

3.4.6 Die Förderkraft des Morgen- und Stuhlkreises

Der Morgen- und Stuhlkreis ist in vielen Kindertageseinrichtungen eine fest integrierte Methode, die ermöglicht, mit einer Gruppe der Kinder einander zu begrüßen und ins Gespräch zu kommen. Dabei ist es wichtig, auf die gemütliche (Raum)-Atmosphäre, auf die Partizipation der Kinder und auf das Prinzip der freiwilligen Beteiligung zu achten. Ein Lob an die Kinder für ihre Beteiligung, für ihre Ideen und Beiträge im Morgenkreis soll auch nicht außer Acht bleiben, was eine wertschätzende Haltung der Fachkraft den Kindern gegenüber zum Ausdruck bringt. Häufig ist das zentrale Element des Morgenkreises eine Geschichte, die dann zusammen mit Kindern weiterentwickelt, erzählt, gemalt, gespielt etc. wird. Für die Stärkung der Erzählkompetenz der Kinder ist zu empfehlen, in die Geschichte direkte Rede einzubauen, indem sich die Kinder mit den dargestellten Personen identifizieren können und sich mehr in die Geschichte eingebunden fühlen. Wichtige methodische Bestandteile der Gesprächsorganisation mit den Kindern sind sowohl narrative Elemente als auch interaktive, dialogische Gesprächsführung mit Kindern. So können sich Kinder sowohl sprachlich aktiv beteiligen als auch zuhören.

Formale Struktur:

- Gruppengröße: zwischen fünf Kinder und gesamter Gruppe
- Räumliche Voraussetzungen: ein Raum, mit Stühlen oder Sitzkissen
- Benötigte Materialien: eine Bildgeschichte oder eine Auswahl an thematisch passenden Gegenständen (nach persönlicher Wahl der Fachkräfte). Als konkretes Beispiel hier dient die Geschichte über einen Künstler mit strubbeligem Bart
- Zeitdauer: 10–20 Min. (je nach Gruppengröße, Konzentration und Interesse der Kinder)

Durchführung der Aktivität:
Unten finden pädagogische Fachkräfte einen Vorschlag für den strukturellen Ablauf und methodische Beispiele für die Gestaltung eines Morgen- und Stuhlkreises. Die thematische Auswahl kann an die Interessen der Kinder, Jahresthemen oder aktuelle Ereignisse in der Einrichtung angepasst werden.

Tab. II.1: Aufbau des Morgenkreises, angelehnt an: Soultanian & Budischewski, 2013, S. 193.

Struktur	Themen	Methoden	Beteiligung der Kinder
Begrüßung	Ankommen im Kindergarten	Begrüßungslied Persönliche Ansprache jedes Kindes	Aufmerksames Zuhören, Neugier
Gesprächsaufnahme	Der Weg zum Kindergarten Kinder zählen (Mädchen, Jungen, Erwachsene)	Aktivierung der Kinder durch Vergabe kleiner Aufgaben, wie z. B. Zählen	Aktive Beteiligung der Kinder
Einführung eines neuen Themas	Natur und Wetterbeschreibung	Dialogisch erzählte Geschichte (siehe unten) + entsprechende Visualisierung	Aktive Beteiligung aller Kinder
Vertiefung des Themas	Einführung und Klärung neuer Begriffe Die Kinder führen die Geschichte weiter fort	Erklärung der Fachkraft FK moderiert das Weitererzählen der Kinder	Aktive Beteiligung der Kinder
Ausklang		Abschiedslied	Kinder singen mit
Überleitung zu nächsten Aktivitäten (freiwillig)	Das Gehörte wird gemalt, gebastelt	Anregung zur nächsten Aktivität	Kind entscheidet selbst, ob es weitermacht

> **Die Geschichte über einen Künstler mit strubbeligem Bart**
>
> Es gab einmal einen Künstler. Ach ja, so einen künstlerischen Künstler mit strubbeligem Bart und großen, runden Augen, mit denen er alles um sich herum sehen konnte, was andere Menschen nicht sahen: wie traurig die Tulpen waren, die ihre Köpfchen hängen ließen, weil es viel zu trocken war im Frühling, oder wie unglaublich toll die Katze der Köchin sich bewegte, geschmeidig schnell, mit ihrem glänzenden Fell, oder das Glitzern der Regentropfen auf dem Dach, die einer nach dem anderen herabtropften, gaaaanz langsam, plitsch, plitsch, oder das kleine Pflänzchen in der Ritze zwischen den Steinen im Gehweg, wie mutig, so ein zartes Ding bahnt sich seinen Weg! Unser Künstler sah sogar die Stille, die mit einem Male da ist, wenn am Abend die Vögel aufhören zu singen, weil sie müde sind und sich zum Schlafen legen.

Der strubbelbärtige Künstler sah, wie wunderschön die Welt ist, wann immer er seine großen runden Augen öffnete. Deshalb begann er zu malen. Er malte alles, was er sah. Denn Malen ist die Freude darüber, wie schön die Welt ist! Er malte den Himmel, den er ständig malte, weil der Himmel sich ständig ändert in seinen Farben und seinen wandernden Wolken. Und den Horizont, der dort ist, wo der Himmel die Erde berührt oder die Erde den Himmel, wie man's nimmt. Oder die Sonne! Der Künstler sah nicht nur einen roten Ball, wie ihn die Kinder sehen, er sah die schillernden, gleißenden Farben der Sonne, innen feurig glühend, an den Rändern orange und gelb und dann ganz außen ein silbriges, blaues Glitzern und Gleißen, das schöne Licht, das allen Pflanzen ihr Leben schenkt. Und wenn er am Abend müde war, dann malte er die Stille zwischen den dämmrigen Zweigen in seinem Garten.

Ach ja, unser strubbeliger Künstler, er vergaß manchmal sogar zu essen und zu schlafen, weil er die Welt so liebte und er deshalb so viel malen musste.

Gestern, zum Beispiel, malte er wieder einmal die Sonne und wie ihr Licht auf die grünen Blätter der Bäume fiel. Dann begann es zu regnen, ganz leicht, plitsch, plitsch, plitsch, da rannte er raus und malte den Regenbogen, der da entsteht, wo die Sonne den Regen berührt oder der Regen die Sonne, wie man's nimmt. Dann malte er die Berge und die Wälder mit den dunklen Bäumen, über denen der Regenbogen schillerte, und die goldenen Felder, wo der Weizen wächst, aus dem wir unser Brot backen, und er malte ein knuspriges Brot mitten im Weizenfeld! So wunderbare Bilder malte der strubbelige Künstler, und ihr habt ihm dabei geholfen!

3.4.7 Freies Erzählen anhand einer Bildergeschichte

Das Erzählen als mündliches Sprachhandeln spielt beim Erfassen von Texten und bei der angemessenen Anwendung verschiedener komplexer Grammatikformen eine zentrale Rolle. Beim Erzählen, beispielsweise anhand einer Bildergeschichte, werden die Kinder aufgefordert, mit einem mannigfaltigen Wortschatz, unter anderem über Personen, Zeiten und Orte zu erzählen, verschiedene grammatische Elemente wie Nebensätze und verschiedene Zeitformen zu gebrauchen. Außerdem lassen sich die Bildergeschichten interaktiv erzählen, indem die pädagogische Fachkraft mit dem Kind oder einer kleineren Gruppe von Kindern in die Interaktion eintritt und mit ihnen das

Erzählen gemeinsam gestaltet, es initiiert oder die Kinder beim Weitererzählen unterstützt. Dabei liefert sie nicht nur sprachliche Vorlagen wie feste Redewendungen, abwechslungsreichen, thematischen Wortschatz, sondern auch wichtige narrative Vorlagen für den Aufbau einer Geschichte.

Formale Struktur:

- Gruppengröße: zwischen ein und sechs Kinder
- Räumliche Voraussetzungen: ein Raum, mit Stühlen oder Sitzkissen
- Benötigte Materialien: die Bildergeschichte »Familie mit dem schwarzen Hund« als Vorlage
- Zeitdauer: 10–20 Min. (je nach Gruppengröße, Konzentration und Interesse der Kinder)

Durchführung der Aktivität:
Die Vorlage der Bildergeschichte kann sowohl mit einem Kind individuell als auch im kleinen Kinderkreis eingesetzt werden. Sie kann im Kreis erzählt werden, indem jedes Kind zu einem Bild erzählt und danach die entstandene Geschichte weiter besprochen wird, indem die pädagogische Fachkraft weiterführende Fragen zur Geschichte oder zu den einzelnen erzählten Szenen präzisierende Fragen stellt. Um die Sprechfreude der Kinder zu erhöhen, kann die Fachkraft nach persönlichen Erlebnissen der Kinder, bezogen auf die Themen auf den einzelnen Bildern, fragen. So wird leicht eine Brücke zu den Lebenswelten und Bildungsthemen der Kinder geschlagen.

Variationen:
Nachdem alle Bilder angesprochen wurden, kann in der Gruppe überlegt werden, wie die Geschichte weitergeht. Zur weiteren Bearbeitung der Geschichte können von den Kindern weitere Bilder gemalt werden, so dass eine neue Geschichte entsteht. Sprachlich hat die pädagogische Fachkraft darauf zu achten, dass die Kinder die Bilder möglichst präzise beschreiben und dass sie die kindlichen Äußerungen ergänzt und erweitert. Die Bildergeschichte kann sehr gut zum Gesprächsanlass mit Kindern genutzt werden.

3 Sprachliche Bildung, Literacy und Mehrsprachigkeit

Abb. II.8: Bildergeschichte »Familie mit dem schwarzen Hund«

3.4.8 Gestaltung einer förderlichen Lernumgebung: Wissensvitrinen der Kulturen

Heute wachsen Kinder oft in verschiedenen kulturell-sprachlichen Umgebungen auf und kommen von früh an in Kontakt mit Kindern aus anderen Kulturen. Bereits im Kindergarten lernen sie Kinderliteratur, Sitten und Bräuche, Geographie, Tierwelt, Esskultur, Kleidung, Landessymbolik und natürlich auch Sprachen anderer Kulturen und Länder kennen. Hierbei geht es nicht nur um Fach- und Weltwissen, sondern um kulturspezifisches Kommunikationsverhalten und Umgangsformen sowie das Rezipieren und Wahrnehmen verschiedener Formen kulturellen Handelns. Der zentrale Gedanke der Wissensvitrine ist es, den Kindern diese kulturelle Vielfalt in Form von verschiedenen Gegenständen und Attributen näher zu bringen. So werden beispielsweise in einem Schrank möglichst im Eingangsbereich des Kindergartens Alltagsgegenstände, Werkzeuge und Kulturprodukte ausgestellt, auf die man jederzeit zugreifen kann. Diese Art der Vergegenständlichung und Visualisierung ermöglicht es, viele pädagogisch wertvolle Impulse im Kinderalltag zu setzen und so mit den Kindern inhaltlich-thematisch vertieft ins Gespräch zu kommen. So haben die Kinder die Möglichkeit, verschiedene diskursive Gesprächsformate wie Erläutern, Erklären, Argumentieren, Rekonstruieren usw. zu üben. Sie üben dabei, über die Dinge zu reden, zu kommentieren, zusammenzufassen, Wörter zu erklären und zu vergleichen.

Bei der Gestaltung der Wissensvitrinen sind die Eltern aufgefordert, verschiedene Gegenstände aus ihrem Kulturkreis zu verleihen und so im pädagogischen Alltag alle Eltern anzusprechen und mit ihnen über ihre Kultur und kulturelle Bildung ins Gespräch zu kommen. Nicht vergessen darf man hierbei, dass auch deutsche Eltern aus sehr unterschiedlichen Teilen des Landes kommen und verschiedene Sozialisationserfahrungen, sprachliche Dialektvielfalt, regionale Küchen und viel regionale Kultur repräsentieren. Somit kann sich beim Aufbau und der Gestaltung der Wissensvitrine jede einzelne Familie beteiligen!

Formale Struktur:

- Gruppengröße: zwischen ein und sechs Kinder
- Räumliche Voraussetzungen: ein Raum, ein Tisch, eine ruhige Ecke
- Benötigte Materialien: die einzelnen Gegenstände werden aus der Wissensvitrine rausgeholt
- Zeitdauer: 10–30 Min. (je nach Gruppengröße, Konzentration und Interesse der Kinder).

Durchführung der Aktivität:
Die pädagogische Fachkraft kann das Kennenlernen und Besprechen der in der Wissensvitrine gesammelten Gegenstände auf vielfältige Art und Weise in den pädagogischen Alltag integrieren. Dies kann ritualisiert in den Morgen- oder Stuhlkreis aufgenommen werden oder in die Projektarbeit, als individuelle Beschäftigung mit einzelnen Kindern oder spontan, passend innerhalb einer besonderen Situation. Der zu besprechende Gegenstand soll den Anlass gegeben, über Bräuche und Sitten, kulturelle Besonderheiten und vieles mehr zu sprechen. Sprachlich wird dabei der thematische Wortschatz erweitert, die Dialogform und die Erzählkompetenz sowie eine differenzierte Ausdrucksweise gefördert.

Variationen:
Intensivierung der Elternarbeit: Die Eltern können die Gegenstände ausleihen und sie mit nach Hause nehmen und sie mit den Kindern, unter anderem auch in ihren Erstsprachen, besprechen, was eine gute Möglichkeit bietet, den gleichen thematischen Wortschatz in beiden Sprachen ausgewogen zu üben.
Inhalte der Wissensvitrinen: Die Wissensvitrinen können unterschiedlich gruppiert werden. Etwa nach Gegenständen aus unterschiedlichen Berufs-

ständen oder nach alten Gegenständen, die heute aus dem Gebrauch geraten sind.

3.4.9 Erstsprachen miteinbeziehen: Sprachen im Kita-Alltag sichtbar und spürbar machen!

Die mitgebrachten Erstsprachen der Kinder haben für sie eine identitätsstiftende Bedeutung, indem sie kulturelle Werte, Traditionen, Verhaltens- und Kommunikationsregeln aus dem jeweiligen Kulturkreis des Kindes transportieren. Somit tragen sie zur emotional-sozialen und motivationalen Stabilität und der sprachlichen Geborgenheit der Kinder bei. Interesse seitens der Fachkräfte an den Erstsprachen der Kinder bezeugt die Wertschätzung und den Respekt der Erwachsenen gegenüber der Lebenswelt jedes Kindes. Aus der Mehrsprachigkeitsforschung geht hervor, dass die Erstsprachen den Zweitspracherwerb nicht behindern, sondern es eine positive Korrelation zwischen der Kompetenz in der Erstsprache und dem Beherrschungsgrad der Zweitsprache gibt (Krumm, 2008, Moser, 2008). In Deutschland allerdings besitzen die Erstsprachen von ethnischen Minderheiten einen geringen gesellschaftlichen Stellenwert. Kinder mit Migrationshintergrund machen sehr früh die Erfahrung, dass ihre Erstsprachen ihnen im öffentlichen Leben wenig nutzen und diesen wenig Interesse und Achtung entgegengebracht wird. Für die Entwicklung des Selbstwertgefühls und der Ermöglichung einer gleichwertigen gesellschaftlichen Teilhabe ist die Unterstützung der mitgebrachten Erstsprachen aber von großer Relevanz. Mehrsprachige Kompetenz sollte deshalb als Bildungsziel und Bildungswert und -vorteil angesehen, respektiert und gefördert werden!

Durchführung der Aktivität:
Im Folgenden werden einige, in der Praxis gut bewährte Beispiele für die Sichtbarmachung der Erstsprachen im Kindergartenalltag aufgezählt:

- Alphabet in den vorhandenen Sprachen in einem für Kinder und Eltern gut sichtbaren Bereich aufhängen, um auf die vielfältige Schriftkultur der Kinder und ihrer Familien aufmerksam zu machen.
- Eine »Fremdsprache-Ecke« mit kleinen Notizzetteln vorbereiten (ein kleiner Tisch, ein Regal, eine Kiste), wo im Karteikasten für jedes Kind ein paar Notizzetteln bzw. Lernkarteien vorbereitet sind. Jedes Kind kann die Erzieherin bitten, darauf seine Lieblingsbücher, Lieblingslieder, Wörter in den anderen Sprachen, die das Kind spricht, aufzuschreiben.

- Uhren mit verschiedenen Uhrzeiten in verschiedenen Kontinenten im sichtbaren Bereich aufhängen.
- Begrüßungen in verschiedenen, in der Einrichtung vorhandenen Sprachen auf einem Plakat schreiben.
- In den Morgenkreis die mitgebrachten Sprachen integrieren, indem die Kinder motiviert werden, je nach Thema und Methode die Erstsprache zu benutzen, so dass andere Kinder entweder einzelne Wörter oder mindestens den Klang einer anderen Sprache kennenlernen.
- Eine Fotocollage mit den Ländern (Landschaften, Städte usw.), aus denen die Kinder oder ursprünglich ihre Eltern kommen, gemeinsam mit den Kindern erstellen (die Aktivität ist auch als Projekt gut geeignet).
- Einmal im Monat (oder angepasst an den eigenen Kita-Plan) mit Kindern ein nationales Gericht kochen bzw. backen und die Eltern vorab um Rezepte bitten.
- Eine Pinnwand für die Eltern einrichten, wo sie beliebige, kurze Informationen zum Herkunftsland für andere Eltern und Kinder aufhängen können.
- Brieffreundschaften für die Kindergärten aus den Herkunftsländern der Kinder knüpfen.
- Interkulturelle Feste der Kinder beachten und thematisieren.
- Das Thema »Andere Länder« mit Kindern thematisieren. Hilfreiche Fragen dazu: In welchen Ländern warst du? Was hast Du da Besonderes gesehen? Welche Sprache wird dort gesprochen? Hast du dir Wörter in der Fremdsprache gemerkt? Was hast du dort gegessen? Wie war dort die Natur? Wie waren dort die Menschen?

3.4.10 Mit Kindern philosophieren als Gesprächsführungskultur

Mit Kindern über die Welt zu philosophieren ist eine pädagogische Haltung, die den Kindern ermöglicht, auf der gleichen Augenhöhen mit den Erwachsenen als gleichwertige Kommunikationspartner über die Welt, die Gesellschaft oder über Zusammenhänge zwischen der Natur, den Menschen, der Technik nachzudenken und ihre Meinungen und Ansichten zu äußern. Es lehrt die Kinder zu argumentieren, mit Meinungsverschiedenheiten umzugehen, eigene Denkprozesse anzustoßen und zu neuen Erkenntnissen zu gelangen. Außerdem werden Dialogfähigkeit und Meinungsaustausch, das eigene, selbständige Denken und kritisches Denken geschult. Das Grundprinzip ist ein wertfreies Nachdenken und eine kognitive Aktivierung der Kinder, indem sie zuerst zum Gehörten und Gesehenen Fragen stellen, hinterfragen und weiterfragen, indem sie Unverständliches klären und neue Begriffe erfahren, die sie interpretieren lernen, indem sie lernen, eine eigene Meinung zu vertreten und zu begründen. Philosophieren macht Kindern Spaß, da sie dabei die Möglichkeit haben, zu phantasieren, spielerisch Zusammenhänge zu entdecken und mit eigenen Gedanken und Sprache zu spielen, auf neue, interessante Ideen zu kommen und sie den anderen Kindern mitzuteilen. Im Kindergarten wird vorgeschlagen, auf der Grundlage von Bilderbüchern und Bilderkarteien philosophische Gespräche zu führen.

Formale Struktur:

- Gruppengröße: zwischen sechs Kinder und 12 Kinder
- Räumliche Voraussetzungen: ein ruhiger Raum, mit Stühlen oder Sitzkissen
- Benötigte Materialien: Bildervorlagen (drei Vorlagen sind im Buch vorhanden)
- Zeitdauer: 10–30 Min. (mit Kindern ab 4 Jahren)

Durchführung der Aktivität:
Als ein Einstieg in das philosophische Gespräch können Bildervorlagen, Fotos, Bilderbücher, Geschichten etc. dienen, die einen ersten Anstoß bieten. Dabei nimmt die Fachkraft eine zuhörende, möglichst wertungsfreie Haltung ein. Es geht hier um individuelle Meinungsäußerung und Standpunktbeziehung und nicht um richtig oder falsch! Der Erwachsene führt Regie, führt die Gesprächsregeln ein und gibt durch inhaltliche Fragen Impulse für weiteres Nachdenken und Diskussionen. Erwachsene sind dabei keine Wissensvermittler, sondern strukturieren das Gespräch inhaltlich, organisatorisch und zeitlich und versuchen, durch gezielte Fragen das Gespräch zu vertiefen (Woher weißt du das? Wie begründest du das? Was folgt daraus? Ist das wahr? Welche ähnlichen Begriffe (Dinge, Gegenstände usw.) gibt es dafür? Haben andere Kinder eine andere Meinung dazu?). Das philosophische Gespräch wird mit einer Zusammenfassung der kindlichen Meinungen und der Reflexion des Gehörten beendet. So hören die Kinder erneut, was sie Neues erfahren haben und was sie aus dem Gespräch mitnehmen können.

II Methodische Kompetenz nach Bildungsbereichen

Abb. II.9: Bildvorlage I für das Philosophieren

Abb. II.10: Bildvorlage II für das Philosophieren

Abb. II.11: Bildvorlage III für das Philosophieren

3.5 Tipps zum Weiterlesen

Apeltauer, E. & Hoppenstedt, G. (2010): *Meine Sprache als Chance: Handbuch zur Förderung von Mehrsprachigkeit.* Troisdorf: Bildungsverlag EINS.
Barriga, S.-V. (2019): Portfolioarbeit als Grundlage für Ko-Konstruktive Kommunikation mit den Kindern und als Basis für gelungene Entwicklungsgespräche. (https://www.kindergartenpaedagogik.de/fachartikel/beobachtung-und-dokumentation/portfolioarbeit-als-grundlage-fuer-ko-konstruktive-kommunikation-mit-den-kindern-und-als-basis-fuer-gelungene-entwicklungsgespraeche), Zugriff am 06.02.2020.
Braun, D., Rangnitt, Y. et. al (2007): *Handbuch Kreativitätsförderung: Kunst und Gestalten in der Arbeit mit Kindern.* Freiburg: Herder.
Calvert, K. (2015): *48 Bildkarten zum Philosophieren mit Kindern: Zur Förderung individueller Begabungen.* Weinheim: Beltz.
Damm, A. (2019): *Frag mich! 118 Fragen an Kinder, um miteinander ins Gespräch zu kommen.* (5. Auflage). Frankfurt am Main: Moritz.
Elschenbroich, D. (2012): *Die Dinge: Expeditionen zu den Gegenständen des täglichen Lebens.* München: Goldmann.
Fink, M. (2014): *Ton & Co. Entdecken – erleben – kreativ gestalten. Kinder-Werkstatt-Karten.* Freiburg: Herder.
Ideen zur Wortschatzförderung. (https://www.kigaportal.com/ng/ng6/de/ideen/kita-ideen/sprache/wortschatz), Zugriff am 06.02.2020.

Sachse, S. & Volkmann, G. (Hrsg.) (2018): *So funktioniert alltagsintegrierte Sprachbildung. Die besten Ideen aus der Kita-Praxis.* Mülheim an der Ruhr: Verlag an der Ruhr.
Schlösser, E. (2016): Grammatikförderung über Bilderbuchtexte. (https://kindergartenpaedagogik.de/fachartikel/bildungsbereiche-erziehungsfelder/sprache-fremdsprachen-literacy-kommunikation/2342), Zugriff am 06.02.2020.
Schmidt, E. (2018): *Kinder in der Kita mehrsprachig fördern.* München: Reinhardt.
Siegmund, M. (2018): *Philosophieren mit Kindern in der Kita: Ein Handbuch mit vielen Themen, Tipps, Tricks und Geschichten.* Norderstedt: Books on Demand.
Strotkötter, I.-M. (2014): *Pädagogische Arbeit am Ton – Das Materialbuch.* Wirkraum Ton & Töne.
Vogt, S. (2018): *50 einfache Kunsttechniken für Kinder.* Mülheim an der Ruhr: Verlag an der Ruhr.
Von Gramm, E. (2006): *Praxisbuch Bildergeschichten/Sprachförderung mit Bildergeschichten in Vorschule und Kindergarten.* Braunschweig: Westermann.

3.6 Literatur

Albers, T. (2017): Sprachliche Bildung und Förderung im Kontext von Inklusion: Grundlagen und Perspektiven einer inklusiven Frühpädagogik. In: H. Ballusek, v. (Hrsg.), *Professionalisierung der Frühpädagogik* (S. 269–282). Opladen, Berlin, Toronto: Budrich.
Andresen, H. (2011): *Erzählen und Rollenspiel von Kindern zwischen drei und sechs Jahren. Eine Expertise der Weiterbildungsinitiative Frühpädagogische Fachkräfte* (WiFF). München: DJI.
Anstatt, T. & Dieser, E. (2007): Sprachmischungen und Sprachtrennung bei zweisprachigen Kindern (am Beispiel des russisch-deutschen Spracherwerbs). In: T. Anstatt (Hrsg.), *Mehrsprachigkeit bei Kindern und Erwachsenen. Erwerb, Formen, Förderung.* (S. 139–162). Tübingen: Francke.
Becker, T. (2001): *Kinder lernen Erzählen: zur Entwicklung der narrativen Fähigkeiten von Kindern unter Berücksichtigung der Erzählform.* Baltmannsweiler: Schneider Verlag Hohengehren.
Bruner, J. (1975): The ontogenesis of speech acts. In: *Journal of Child Language,* 2, 1–19.
Chilla, S. & Niebuhr-Siebert, S. (2017): *Mehrsprachigkeit in der KiTa. Grundlagen - Konzepte - Bildung.* Stuttgart: Kohlhammer.
Dittmann, J. (2002): *Der Spracherwerb des Kindes: Verlauf und Störungen.* München: Beck.
Fass, S. (2010): Erfassung und Analyse frühpädagogischen Professionswissens - Eine forschungsmethodische Annäherung. In: K. Fröhlich-Gildhoff & I. Nentwig-Gesemann (Hrsg.), *Forschung in der Frühpädagogik III. Schwerpunkt: Sprachentwicklung & Sprachförderung.* Bd. 5. (S. 219–246). Freiburg i. Br.: FEL Verlag.
Gogolin, I., Dirim, İ., Klinger, Th., Lange, I., Lengyel, D., Michel, U., Neumann, U., Reich, H., Roth, H.-J. & Schwippert, K. (2011): *Förderung von Kindern und Jugendlichen mit Migrationshintergrund FÖRMIG. Bilanz und Perspektiven eines Modellprogramms.* Münster/New York: Waxmann.

Gogolin, I. & Duarte, J. (2018): Migration und sprachliche Bildung. In: I. Gogolin, V. Georgi, M. Krüger-Potratz, D. Lengyel & U. Sandfuchs (Hrsg.), *Handbuch Interkulturelle Pädagogik* (S. 67–72). Bad Heilbrunn: Klinkhardt.

Grießhaber, W. (2010): *Spracherwerbsprozesse in Erst- und Zweitsprache. Eine Einführung.* Duisburg: Universitätsverlag Rhein-Rhur.

Grimm, H. & Weinert, S. (2002): Sprachentwicklung. In: R. Oerter & L. Montage (Hrsg.), *Entwicklungspsychologie* (5. Aufl.) (S. 517–550). Weinheim: Beltz.

Kauschke, Ch. (2012): *Kindlicher Spracherwerb im Deutschen. Verläufe, Forschungsmethoden, Erklärungsansätze.* Oldenbourg: De Gruyter.

Knapp, W., Kucharz, D. & Gasteiger-Klicpera, B. (2010): *Sprache fördern im Kindergarten. Umsetzung wissenschaftlicher Erkenntnisse in die Praxis.* Weinheim, Basel: Beltz.

Knapp, W., Kucharz, D. & Gasteiger-Klicpera, B. (2010): Abschlussbericht der wissenschaftlichen Begleitung des Programms »Sag´ mal was – Sprachförderung für Vorschulkinder«. Pädagogische Hochschule Weingarten. (https://www.sagmalwas-bw.de/fileadmin/Mediendatenbank_DE/Sag_Mal_Was/Dokumente/Abschlussbericht_PH_Weingarten.pdf Zugriff), Zugriff am 05.11.2019.

Knauf, T., Düx, G. & Schlüter, D. (2007): *Handbuch Pädagogische Ansätze. Praxisorientierte Konzeptions- und Qualitätsentwicklung in Kindertageseinrichtungen.* Berlin. Cornelsen.

König, A. (2010): *Interaktion als didaktisches Prinzip. Bildungsprozesse bewusst begleiten und gestalten.* Troisdorf: Bildungsverlag EINS.

Kostyuk, N. (2004): *Der Zweitspracherwerb beim Kind. Eine Studie am Beispiel des Erwerbs des Deutschen durch drei russischsprachige Kinder.* Hamburg: Kovač.

Krumm, H.-J. (2008): Die Förderung der Muttersprachen von Migrantinnen als Bestandteil einer glaubwürdigen Mehrsprachigkeitspolitik in Österreich. In: *ÖdaF-Mitteilungen 24/2,* 7–15.

Lisker, A. (2011): *Additive Maßnahmen zur vorschulischen Sprachförderung in den Bundesländern. Expertise im Auftrag des Deutschen Jugendinstituts.* München: Deutsches Jugendinstitut.

Moser, U., Bayer, N. & Tunger, V. (2008): Entwicklung der Sprachkompetenzen in der Erst- und Zweitsprache von Migrantenkindern. Schlussbericht. Universität Zürich. (http://www.ibe.uzh.ch/publikationen/NFP56-IBE-2008.pdf), Zugriff: 15.01.2020.

OECD Multilingual Summaries PISA 2018 Results (Volume I), What Students know und can do? Summary in German, unter http://www.oecd.org/berlin/themen/pisa-studie/

Orientierungsplan für Bildung und Erziehung in baden-württembergischen Kindergärten und weiteren Kindertageseinrichtungen (2015). Ministerium für Kultus, Jugend und Sport Baden-Württemberg

Reichert-Garschhammer, E. & Kieferle, C. (Hrsg.) (2011): *Sprachliche Bildung in Kindertageseinrichtungen.* Freiburg: Herder.

Schelten-Cornish, S. (2008): *Förderung der kindlichen Erzählfähigkeit. Geschichten erzählen mit Übungen und Spielen.* Idstein: Schulz-Kirchner.

Schöler, H. & Ross, J. (2010): Ergebnisse einer Evaluation von Sprachfördermaßnahmen in Mannheimer und Heidelberg Kitas. In: K. Fröhlich-Gildhoff & I. Nentwig-Gesemann (Hrsg.), *Forschung in der Frühpädagogik III. Schwerpunkt: Sprachentwicklung & Sprachförderung.* Bd. 5. (S. 35–74). Freiburg i. Br.: FEL Verlag.

Soultanian, N. (2012): *Wie russische Kinder Deutsch lernen. Sprachförderung in der Familie und im Kindergarten.* Tübingen: A. Francke.

Soultanian, N. (2017): Grammatikerwerb bei russisch-deutsch aufwachsenden Kindern: Entwicklungsverläufe und Erkenntnisse für die Sprachförderung. In: K. Witzlack-Makarevich & N. Wulff (Hrsg), *Handbuch des Russischen in Deutschland Migration – Mehrsprachigkeit – Spracherwerb*. (S. 411–433). Berlin: Frank & Timme.

Soultanian, N. & Budischewski, K. (2013): Mit Kindern sprechen – kinderleicht? Eine Analyse der Sprachkompetenz und der Kommunikationsgestaltung von pädagogischen Fachkräften in einer bilingualen Einrichtung. In: K. Fröhlich-Gildhoff & I. Nentwig-Gesemann. (Hrsg.), *Forschung in der Frühpädagogik. Interaktionen zwischen Fachkräften und Kindern*. Bd. 6. (S. 179–210). Freiburg i. Br.: FEL Verlag.

Strehmel, P. (2010): Einführungsbeitrag: Sprachförderung in Kindertagesstätte – Theorien, empirische Befunde, Anforderung an die Praxis. In: K. Fröhlich-Gildhoff & I. Nentwig-Gesemann. (Hrsg.), *Forschung in der Frühpädagogik III. Schwerpunkt: Sprachentwicklung & Sprachförderung*. Bd. 5. (S. 13–31). Freiburg i. Br.: FEL Verlag.

Stude, J. (2010): Gespräch führen – (k)ein Kinderspiel. Eine Untersuchung zum Erwerb iskursiver Fähigkeiten im Vorschulalter. In: K. Fröhlich-Gildhoff & I. Nentwig-Gesemann (Hrsg.), *Forschung in der Frühpädagogik III. Schwerpunkt: Sprachentwicklung & Sprachförderung*. Bd. 5. (S. 165–192). Freiburg i. Br.: FEL Verlag.

Schweizer, F., Biesinger, A. & Edelbrock, A. (Hrsg.) (2008): *Mein Gott – Dein Gott. Interkulturelle und interreligiöse Bildung in Kindertagesstätten*. Weinheim & Basel: Beltz.

Tracy, R. (2008): *Wie Kinder Sprache lernen – Und wie wir sie dabei unterstützen können*. 2. Aufl. Tübingen: Francke.

Viernickel, S., Nentwig-Gesemann, I., Nicolai, K., Schwarz, S. & Zenker, L. (2013): Schlüssel zu guter Bildung, Erziehung und Betreuung. Bildungsaufgaben, Zeitkontingente und strukturelle Rahmenbedingungen in Kindertageseinrichtungen. Berlin: Paritätischer Wohlfahrtsverband, Diakonisches Werk der Evangelischen Kirche Deutschland und Gewerkschaft Erziehung und Wissenschaft (Hrsg.).

Viernickel, S. (2017): Rahmenbedingungen für professionelles Handeln in Kindertageseinrichtungen. In: H. Ballusek, von (Hrsg.), *Professionalisierung der Frühpädagogik* (S. 39–52). Opladen, Berlin, Toronto: Budrich.

Wygotsky, L. (1981): Das Spiel und seine Rolle für die psychische Entwicklung des Kindes. In: H. Röhrs (Hrsg.), *Das Spiel – ein Urphänomen des Lebens*. (S. 129–146). Wiesbaden: Akadem. Verlagsgesellschaft.

4

Sport und Bewegung

Tim Posawatz

4.1 Theoretische Grundlagen und Hintergrund

Der Mensch ist ein auf Bewegung angelegtes Wesen, und insbesondere Kinder erfahren ihre Umwelt mit und durch Bewegung. Gegenstände wollen nicht nur gesehen, geschmeckt, gerochen oder gehört, sie wollen auch berührt, gefühlt und kinästhetisch ausprobiert werden. Gleichsam ist der Körper selbst ein Gegenstand, der ausprobiert und sinnlich erfahren werden kann. Kinder erschließen sich die Welt und sich selbst über Bewegung. Bewegungsanlässe sind daher ein zentraler frühkindlicher Bildungsbereich (Zimmer, 2015). Der Förderung der Motorik als innerem Prozess zur Steuerung der äußerlich sichtbaren Bewegung soll in den folgenden Abschnitten nachgegangen werden.

4.1.1 Motorische Basiskompetenzen

Die *Motorik* wird als »Gesamtheit aller koordinativen Steuerungs- und konditionellen Funktionsprozesse beschrieben, die unseren in Raum und Zeit wahrnehmbaren Bewegungsausführungen zugrunde liegen« (Roth & Willimczik, 1999, S. 10). In der Theorie, insbesondere aber in der Praxis ist es sinnvoll, die Motorik nochmals zu differenzieren. So können *motorische Fertigkeiten* und *motorische Fähigkeiten* unterschieden werden.

Motorische Fertigkeiten

Motorische Fertigkeiten sind spezifische Leistungsvoraussetzungen oder Kompetenzen und bestimmen letztlich, ob und wie gut jemand eine sportliche Technik beherrscht. Dies können hochkomplexe Techniken aus konkreten Sportarten wie bspw. der Kippaufschwung im Turnen oder die einhändige Rückhand im Tennis sein, aber man spricht ebenso von motorischen Fertigkeiten, wenn in der kindlich-motorischen Entwicklung das Erlernen des Rückwärts-Laufens ansteht, ein Ball geworfen oder gefangen werden soll oder es um das Hangeln an einer Stange geht. Auf dieser sehr niedrigen Stufe der Spezifizierung spricht man auch von *phylogenetischen Fertigkeiten* oder *fundamental movement skills*. Hierzu zählen unter anderem das Laufen und Rennen, Rollen und Drehen, Hüpfen und Springen, Hangeln und Schwingen, Werfen und Fangen, Kicken und Stoppen oder Prellen und Dribbeln. Mit zunehmendem Alter, viel Übung und Training benötigen diese Fertigkeiten weniger Anstrengung und Aufmerksamkeit (Automatisierung), werden sicherer (Stabilisierung) und können flexibler an verschiedene Situationen angepasst werden (Variabilität). Mit dem Übergang vom Kindergarten in die Schule differenzieren und spezialisieren sich die phylogenetischen Fertigkeiten immer weiter aus, sodass aus allgemeinem Werfen gezieltes, hartes oder weites Werfen wird. Hieraus kann dann im weiteren Verlauf der motorischen Ausbildung eine komplexe sportartspezifische Fertigkeit oder eben Technik wie der Sprungwurf im Handball entwickelt werden (Roth, 2014). Entscheidend ist, dass die phylogenetischen Fertigkeiten zwar auf der ganzen Welt sehr ähnlich, aber eben nicht angeboren sind. Sie müssen demnach erworben, also gelernt, geübt und trainiert werden. Fehlen einem Kind diese fundamentalen Fertigkeiten, wird es kaum Zugang zu komplexen Bewegungsformen oder dem Sport finden. Wer nicht richtig laufen kann, wird nie sprinten. Wer nicht werfen kann, wird nie Ball spielen. Wer nicht hangeln kann, wird nie Reck turnen. Diese fehlende Möglichkeit, Bewegungsanlässe zu nutzen, Bewegungserfahrungen zu sammeln und Sport auszuüben, führt zu einer Verringerung der

Bildungsmöglichkeiten des einzelnen Kindes und damit zu einem dauerhaften Nachteil.

Motorische Fähigkeiten

Motorische Fähigkeiten sind grundsätzlich allgemeine und übergreifende Kompetenzen. Sie dienen somit als Grundlage für eine Vielzahl an Bewegungstechniken. In der Motorikforschung herrscht keine endgültige Einigkeit, welche und wie viele Fähigkeiten zu unterscheiden sind und wie diese wiederum gruppiert werden können. Dennoch hat sich die Einteilung in die fünf zentralen Leistungsvoraussetzungen *Kraft, Schnelligkeit, Ausdauer, Beweglichkeit* und *koordinative Fähigkeiten* als Standard etabliert. Diese werden auch *Basisfähigkeiten* oder *Big Five* der Allgemeinmotorik genannt. Seit Anfang der 1980er Jahre hat sich zudem eine Unterteilung in *konditionelle* und *koordinative* Fähigkeiten durchgesetzt (Weineck, 2007). Während die konditionellen Fähigkeiten vor allem auf energetischen Prozessen beruhen, werden die koordinativen Fähigkeiten vorrangig zentralnervös gesteuert. Diese Einteilung dient allerdings nur der Vereinfachung und keine der Fähigkeiten ist eine Reinform. Somit wären Kraft, Ausdauer, Beweglichkeit und Schnelligkeit die überwiegend konditionellen Fähigkeiten, während die koordinativen Fähigkeiten eine eigene Klasse darstellten. Roth (2014) empfiehlt eine Einteilung in drei Gruppen: Zwischen den konditionellen und koordinativen Fähigkeiten liegen die *gemischt konditionell koordinativen Fähigkeiten*. Gemäß dieser Einteilung wären Kraft und Ausdauer rein konditionelle, Schnelligkeit und Beweglichkeit aber gemischt konditionell-koordinative Fähigkeiten. Auch hier bilden die koordinativen Fähigkeiten eine eigene Gruppe.

Wie auch immer die Einteilung letztlich vorgenommen wird, gilt es, die Big Five zu schulen und zu trainieren, denn nur mit einer gut ausgebildeten motorischen Basis ist der Zugang zum kindlichen Lern- und Bildungsfeld Bewegung und Sport uneingeschränkt möglich. Ohne eine adäquat ausgebildete Ausdauer ist die Teilnahme an Lauf- und Fangspielen, aber auch Wanderungen oder Radtouren nur bedingt möglich. Ohne ausreichend Kraft können Kinder nicht klettern, turnen oder springen. Nur mit einem Mindestmaß an Schnelligkeit können Kinder an Wettrennen teilnehmen und sich in Ballspielen behaupten. Die Beweglichkeit hat neben einer gewissen Alltagsrelevanz eine hohe Auswirkung auf die Teilhabe an Sportarten aus dem turnerisch-tänzerischen Bereich. Aber auch ein Ball kann nur weit und hart geworfen werden, wenn die Schulterbeweglichkeit eine gewisse Ausholbewegung zulässt.

Die koordinativen Fähigkeiten haben nicht nur durch die zuvor beschriebene Einteilung eine gewisse Sonderstellung unter den motorischen Fähigkeiten, sie sind auch schwerer greifbar und zu veranschaulichen. Daher werden sie häufig in Anlehnung an die kognitive Intelligenz als *motorische Intelligenz* beschrieben. Ein Kind mit einem hohen IQ kann Informationen besser aufnehmen, verarbeiten und danach eine adäquate Reaktion auslösen. In ähnlicher Weise spiegelt die Ausprägung der koordinativen Fähigkeiten die Qualität der Informationsverarbeitung in afferenter[18] und efferenter[19] Richtung. Demnach können Menschen und insbesondere Kinder mit gut ausgebildeten koordinativen Fähigkeiten Bewegungen schnell und qualitativ hochwertig lernen, präzise kontrollieren und nach Bedarf und Situation variieren (Roth, 2014).

4.1.2 Forschungsüberblick

Beschäftigt man sich mit der kindlichen Motorik, stellen sich mehrere Fragen: Wie ist der körperliche Zustand unserer Kinder heute, und war es früher besser um die Motorik oder Fitness der Kinder bestellt? Ist die motorische Leistungsfähigkeit der Kinder in Deutschland besser oder schlechter als die ihrer Altersgenossen in anderen Ländern? Was alles hat Einfluss auf die Ausprägung dieser Leistungsfähigkeit und welche Auswirkungen haben Sport, Bewegung und gut oder schlecht ausgebildete motorische Fähigkeiten und Fertigkeiten auf andere Bereiche der kindlichen Entwicklung?

Zur motorischen Situation von Kindern

Die Beschreibung des motorischen Zustandes, also der Fitness unserer Kinder, ist keine leichte Aufgabe. Zwar gibt es unzählige Veröffentlichungen zur kindlichen Motorik, allerdings kaum einheitliche Messungen über größere Zeiträume. Demnach ist die Frage nach dem aktuellen Stand und dessen Einordnung recht schwierig. Ebenso ist eine säkulare Einordnung – also die Frage nach der Entwicklung der Motorik in den vergangenen Jahren und Jahrzehnten – nicht ganz einfach.

Bös (2008) beschreibt in einer Metaanalyse für den Zeitraum von 1975 bis 2005 einen Rückgang der motorischen Leistungsfähigkeit um etwa 10 %.

---

18 Efferenzen: vom zentralen Nervensystem fortleitende Nervenbahnen, z. B. zur Steuerung der Skelettmuskulatur.
19 Afferenzen: dem zentralen Nervensystem zuleitende Nervenbahnen, z. B. von den Sinnesorganen kommend.

Allerdings basieren diese Werte auf Untersuchungen mit Kindern und Jugendlichen zwischen 6 und 18 Jahren. Über Veränderungen der motorischen Leistungsfähigkeit von Vorschulkindern können hieraus nur Vermutungen abgeleitet werden. Roth et al. (2010) finden für 4- und 5-jährige Kinder im Zeitraum von 1973 bzw. 1985 bis 2007 gemischte Ergebnisse. Teilweise können Rückgänge beobachtet werden, teilweise verbessern sich die Kinder gegenüber der vorigen Generation und in einigen Aufgaben gibt es keine Veränderungen. Es scheint, als hätte die motorische Leistungsfähigkeit der Kinder insgesamt in Deutschland in den letzten Jahrzehnten eher abgenommen. Die Daten deuten zudem daraufhin, dass die Verschlechterung umso ausgeprägter ist, je älter die untersuchten Kinder sind. Während Vorschulkinder allenfalls in Teilbereichen der Motorik schlechter geworden sind, gilt dies für Schulkinder weitgehend durchgängig. Mit zunehmendem Alter werden die Unterschiede bei Schulkindern und Jugendlichen noch größer (Bös, 2008). Der Grund für diesen Effekt liegt möglicherweise im inaktiven Lebensstil, dessen Auswirkungen sich über die Jahre aufsummieren.

Ergebnisse des Motorik-Moduls (MoMo) der Studie zur Gesundheit von Kindern und Jugendlichen in Deutschland (KiGGS) geben aber Anlass zu Optimismus. So haben sich die Werte seit Anfang der 2000er Jahre stabilisiert, und gerade im Grund- und Vorschulalter werden die Kinder sogar eher wieder besser. Dies könnten erste Auswirkungen bewegungsförderlicher Maßnahmen[20] sein, die in den letzten Jahren veranlasst wurden (vgl. Albrecht et al., 2016). Im europäischen Vergleich sind die deutschen Kinder im oberen Mittelfeld anzutreffen. Das Aufwachsen in Nord- und Zentraleuropa scheint positive Einflüsse auf die Entwicklung der motorischen Leistungsfähigkeit zu haben, denn hier finden sich im Mittel die leistungsstärksten Kinder (Tomkinson, Olds & Borms, 2007).

Einflussfaktoren auf die motorische Situation von Kindern

Die Weltgesundheitsorganisation (WHO) empfiehlt für Kinder und Jugendliche eine Bewegungszeit von mindestens 60 Minuten am Tag (World Health Organisation, 2010). Das Bundesgesundheitsministerium präzisiert diese Angabe und fordert für Kinder im Vorschulalter sogar 180 Minuten Bewegung am Tag, die sich aus angeleiteter und nicht angeleiteter Bewegung zusammensetzen

---

20 Hierzu zählen bspw. professionalisierte und wissenschaftlich abgesicherte Programme wie *KiSS (Kindersportschule)*, die *Ballschule Heidelberg* oder die Maßnahmen der *Kinderturnstiftung Baden-Württemberg*.

kann (Rütten & Pfeifer, 2016). Kinder zwischen drei und sechs Jahren erreichen die empfohlenen Zeiten noch deutlich häufiger als Schulkinder und Jugendliche. So erreichten zwischen 2014 und 2017 nur 42,5 % der Mädchen und 48,9 % der Jungen die mit 60 Minuten Bewegung am Tag niedriger angesetzte Empfehlung der WHO. Jungen bewegen sich über alle Altersklassen mehr als Mädchen, und für beide Geschlechter gilt, dass die Bewegungsdauer mit zunehmendem Alter kontinuierlich abnimmt. Ebenso bewegen sich Kinder weniger, je niedriger der sozioökonomische Status der Eltern ist (Finger et al., 2018). Der sozioökonomische Status hat ebenfalls direkte Auswirkungen auf die motorische Leistungsfähigkeit. Je niedriger dieser ist, desto schlechtere Ergebnisse erzielen Kinder in motorischen Testverfahren. Ebenso führt Übergewicht zu signifikant schlechteren Werten in der motorischen Leistungsfähigkeit.

Bewegungsmangel, sozioökonomischer Status und Übergewicht wirken sich also negativ auf die motorische Leistungsfähigkeit aus. Was aber übt dann einen positiven Einfluss aus? Die Mitgliedschaft in einem Sportverein steht schon bei Kindergartenkindern in einem großen Zusammenhang mit der motorischen Leistungsfähigkeit. Kinder, die in einem Sportverein aktiv sind, erreichen nicht nur grundsätzlich höhere Werte, sie gewinnen in Längsschnittuntersuchungen auch mehr hinzu. Diese Erkenntnis ist Dilemma und Chance zugleich, denn der Vereinssport richtet sich durch seine Leistungsorientiertheit in erster Linie an Kinder mit einer ohnehin schon höheren motorischen Leistungsfähigkeit und mit Normalgewicht. Zudem sind Kinder mit niedrigem sozioökonomischem Status deutlich seltener Mitglied in Sportvereinen (Will et al., 2016). Das gleiche gilt für Kinder unsportlicher und wenig aktiver Eltern (Schmiade & Mutz, 2012). Dies bedeutet, dass Kinder mit besseren Ausgangsdeterminanten durch den leichteren Zugang zum Vereinssport weitere Vorteile gewinnen und man so mit einem Schereneffekt rechnen kann. Gleichsam bietet aber gerade der Vereinssport grundsätzlich gute Voraussetzungen, dem Bewegungsmangel und den daraus resultierenden Konsequenzen entgegenzuwirken. Schließlich ist Vereinssport nach wie vor verhältnismäßig kostengünstig und kann zudem über Transferleistungen allen Kindern – unabhängig von der finanziellen Situation der Eltern – zugänglich gemacht werden. Vereinssport scheint zudem eine relativ einfache Antwort auf den Bewegungsmangel zu sein, denn allein durch die regelmäßige Teilnahme am Vereinstraining, unabhängig von dessen Qualität, kommen Kinder den erstrebenswerten Bewegungszeiten schon deutlich näher. Ein Weg zu fitteren und damit gesünderen Kindern könnte somit im Um- und Ausbau des Vereinssports liegen: Neben dem wettkampf- und leistungsorientierten Sport müssten vermehrt Angebote für Kinder mit schlechteren körperlichen

Voraussetzungen geschaffen werden. Gleichzeitig sollte der Vereinssport näher an die pädagogischen Einrichtungen, also Schulen und Kindertagesstätten, rücken, um niederschwellige Angebote in Kooperation zwischen Sportverein und Bildungsstätte auszubauen und zu fördern (Krug, 2019). Der Vereinssport kann aber durch sein überwiegend ehrenamtliches und laiendominiertes Wesen kaum die alleinige Antwort auf die Auswirkungen von Übergewicht und Bewegungsmangel sein. Auch die Kindertagesstätten selbst sollten die Zeitfenster, in denen Kinder sich frei oder angeleitet mit einer gewissen Intensität bewegen, vergrößern und ebenso im Sinne eines pädagogischen Mediators und Multiplikators die Wichtigkeit von Sport und Bewegung in die Familien tragen.

Effekte von Sport und Bewegung auf andere kindliche Lebensbereiche

Ratey (2009) bezeichnet Bewegung als *Superfaktor*. Gibt es doch kaum einen Bereich des menschlichen Daseins, auf den Bewegung oder deren Mangel keinen Einfluss hat. Körperliche und psychische Gesundheit, Kognition und daraus abgeleitet Bildung, Spracherwerb und Sozialverhalten sind nur einige, aber zentrale Beispiele und sollen an dieser Stelle etwas näher betrachtet werden.

Dass Bewegung, zumindest mit einer gewissen Intensität und Regelmäßigkeit, positive Effekte auf viele Bereiche der *physischen Gesundheit* hat, gilt seit längerer Zeit als empirisch abgesichert (Mensink, 2003). Sport und Bewegung haben auch in der Therapie bei erkrankten oder verletzten Kindern einen hohen Stellenwert. An dieser Stelle soll es jedoch vorrangig um die Wirkung in der Prävention gehen. Die Primärprävention, also der Erhalt der Gesundheit, sollte ein Leitmotiv sportpädagogischer Handlung sein. Sekundär- und Tertiärprävention dürfen aber nicht aus den Augen verloren werden, denn etwa 8 % der deutschen Vorschulkinder sind bereits übergewichtig (Albrecht et al., 2016). Ein Hauptgrund dafür ist neben falscher Ernährung oft Bewegungsmangel. Es gilt demnach auch spezielle Sport- und Bewegungsangebote für Kinder zu schaffen, die bereits ein erhöhtes Krankheitsrisiko tragen oder sogar schon gesundheitlich eingeschränkt sind.

Ist die Datenlage zur präventiven Wirkung von Sport und Bewegung und/oder einem hohen Fitnesslevel bei Erwachsenen noch gut, lassen sich bei Kindern deutlich weniger gesicherte Erkenntnisse finden (Sygusch et al., 2006). Um die präventive Wirkung von Sport und Bewegung im Kindesalter dennoch einordnen zu können, lohnt sich zunächst ein Blick auf die Datenlage bei Erwachsenen: Koronare Herzerkrankungen, Bluthochdruck, Diabetes melitus Typ 2, Knochenfrakturen durch abnehmende Knochendichte (Osteoporose) und verschiedene Krebsarten sind nur einige Beispiele, bei denen Sport, Bewegung und eine höhere motorische Leistungsfähigkeit risikosenkend, also präventiv wirken können. Vergleichbare Daten gibt es zu Kindern, besonders im Vorschulalter, kaum. In Interventionsstudien konnte aber gezeigt werden, dass zusätzliche Bewegung bei Kindern neben einer Verbesserung der Motorik den *Body Mass Index* verringern, den Blutdruck senken und die Unfall- und Infekthäufigkeit reduzieren kann (Roth et al., 2010). Eine weitere interessante Fragestellung ist, ob aktive, Sport treibende Kinder auch als Erwachsene aktiver und fitter sind und dadurch Jahre später ein geringeres Krankheits- und Unfallrisiko haben. Zwar sind solche *Tracking-Effekte* von der Kindheit bis ins Erwachsenenalter nicht eindeutig nachgewiesen (Völker, 2008), aber dennoch sollte auf Grund der Datenlage schon bei kleinen Kindern darauf hingewirkt werden, dass Sport, Bewegung und ein insgesamt aktiver Lebensstil zu einer dauerhaften, tief verwurzelten Angewohnheit werden. Die motorische Leistungsfähigkeit von Kindern im Sinne gut ausgeprägter Fähigkeiten und Fertigkeiten dient somit nicht nur der unmittelbaren Teilhabe am Bildungsfeld Sport und Bewegung, sondern kann als Rüstzeug für lebenslanges Sporttreiben und einen dauerhaft aktiven Lebensstil dienen. Die motorische Leistungsfähigkeit ist demnach eine zentrale Gesundheitsressource über die Lebensspanne eines Menschen.

Auch die *psychische Gesundheit* wird durch Sport und Bewegung beeinflusst. So liegen laut Hartmann & Pühse (2009) Hinweise vor, dass das allgemeine Wohlbefinden und die wahrgenommene Lebensqualität bei körperlich aktiven Kindern und Jugendlichen besser ausfallen. Sport und Bewegung gelten zudem als wertvoll für eine positive Entwicklung des allgemeinen Selbstkonzepts, und gerade Kinder mit einem niedrigen Selbstwert, der als Risikofaktor für Angststörungen und Depressionen gilt, scheinen besonders von Sport und Bewegung zu profitieren. Auch die Stresswahrnehmung kann durch Sport und Bewegung im Sinne eines Stresspuffers positiv beeinflusst werden. Therapeutisch werden Sport und Bewegung, insbesondere Ausdauerbelastungen und Krafttraining, bei Depressionen und Angststörungen eingesetzt. Auch in der Behandlung von ADHS bei Kindern scheint Bewegung ein großes Potenzial zu haben. Zwar gibt es unterschiedliche Ansätze, nach denen einerseits ruhige, meditative Bewegungsformen wie Yoga empfohlen werden (Haffner et al., 2006), während andererseits stark auf Regeln und Ritualen aufbauende asiatische Kampfsportarten als geeignet genannt werden. Auch Sportspiele mit einem hohen koordinativen Anteil können die Symptome von ADHS bei Kindern wohlmöglich lindern (Roth, 2004). Da Sport und Bewegung bei Erwachsenen das Risiko, psychisch zu erkranken, senken (Morgan et al., 2013), gilt es wie bei der Prävention körperlicher Erkrankungen, Kinder an ein sportlich-aktives Leben zu gewöhnen und die motorischen Leistungsvoraussetzungen hierfür früh zu fördern und auszubilden.

Die möglichen negativen Auswirkungen von Sport und Bewegung auf die kindliche Gesundheit sollen nicht unerwähnt bleiben, werden aber von den positiven deutlich überwogen. Zwar haben sportlich aktive Kinder etwas häufiger Unfälle beim Sport, aber das Risiko, durch eine Sportverletzung dauerhafte gesundheitliche Schäden davonzutragen, ist eher gering. Im Leistungssport hingegen können chronische Schäden durch intensives und häufiges Training entstehen (Güllich & Richartz, 2016). Auch im Bereich der psychischen Gesundheit scheint vorrangig der Leistungssport das Potenzial negativer Auswirkungen, bspw. in Form von Essstörungen, zu haben. Daher kommt der sportpsychologischen Betreuung von Kindern und Jugendlichen hier eine wichtige Rolle zu (Hartmann & Pühse, 2009). Anzumerken bleibt, dass Vorschulkinder im Leistungssport eine Randerscheinung bleiben, da in den meisten Sportarten das hochintensive Training erst mit dem Schuleintritt beginnt.

Die Entwicklung von *Motorik und Sprache* weist in den ersten sechs Lebensjahren erstaunliche Parallelen auf. Die ersten Schritte machen Kinder meist 10 bis 14 Monate nach der Geburt. In dieser Zeit sprechen sie auch ihre ersten Wörter. Während sich aufseiten der Motorik in den ersten drei Lebensjahren die phylogenetischen Basisfertigkeiten wie gehen, klettern und springen nun rasant entwickeln, nimmt der Wortschatz der Kinder ebenso schnell zu und die Sätze werden länger und komplexer. Am Ende der Kindergartenzeit verfügen Kinder im Normalfall über eine gut ausgebaute Sprachkompetenz in der Zielsprache und eine weitgehend alltagstaugliche Motorik. Umgekehrt treten auch Entwicklungsverzögerungen häufig parallel auf. Kinder mit sprachlichen Defiziten zeigen auch motorische Schwächen und umgekehrt (Warnke & Hanser, 2004). Da Bewegungsanlässe insbesondere bei Kindern auch immer Sprachanlässe sind, scheint eine Verknüpfung von sprachlichem und motorischem Lernen naheliegend. Kinder erfahren ihre Umwelt motorisch und begreifen sie sprachlich, bspw. durch Benennen der genutzten Geräte und Materialien oder der ausgeführten Bewegungen und deren Richtung. Auch die gemeinsame Absprache von Regeln und Spielideen bietet immer Sprachanlässe. Kombinierte Förderansätze, die motorisches Lernen als Träger des Sprachlernens nutzen, zeigen positive Befunde. Besonders Kinder mit sprachlichen Defiziten und Kinder, die Deutsch als Zweitsprache lernen, profitieren von solchen Konzepten (Zimmer, 2016).

In Bezug auf den Zusammenhang von motorischer und kognitiver Leistungsfähigkeit herrscht schon in alltäglichen Sprichwörtern Uneinigkeit: Während lange galt, dass man eben in den Beinen haben müsse, was man nicht im Kopf habe, hört man heute häufig Postulate wie »toben macht schlau!«. Betrachtet man die Literatur, wird schnell klar, dass die Kognition ein weites Feld ist und bei der Suche nach Antworten differenzierter geschaut werden muss. Unabhängig von der Wirkrichtung kann aber zunächst festgehalten werden, dass es Zusammenhänge zwischen motorischer und kognitiver Leistungsfähigkeit gibt. So korrelieren bspw. Motorik und Intelligenzquotient bei Kindern signifikant positiv, wenn auch mit eher niedrigen Koeffizienten. Zudem konnte in Interventionsstudien ein positiver Einfluss zusätzlicher Bewegung auf die Intelligenzleistungen bei Kindergartenkindern festgestellt werden (Heim, 2003).

In neueren Studien sind die *exekutiven Funktionen*[21] in den Fokus gerückt. Diese gelten als besonders guter Prädiktor für den Bildungserfolg und sind ausschlaggebend für die Schulreife (Müller et al., 2008). Wenngleich die Transfereffekte nicht überbewertet werden dürfen, lassen sich die exekutiven Funktionen gerade bei Kindern durch Sport und Bewegung verbessern. Man unterscheidet zwischen akuten Effekten, die die kognitive Leistungsfähigkeit direkt nach der körperlichen Belastung erhöhen, langfristigen Effekten, die durch dauerhafte sportliche Aktivität erzielt werden und zumindest bedingt anhaltend sind, sowie Effekten, die auf eine allgemein gute Fitness zurückzuführen sind, nicht aber auf ein konkretes sportliches Training (Kubesch, 2017). Grundsätzlich scheinen entweder ruhige, meditative Bewegungsformen wie Yoga oder sehr stark auf Charakterschulung ausgelegte Sportarten wie Taek Won Do geeignet zu sein, die exekutiven Funktionen zu verbessern (Diamond, 2012). Gleichsam können ebenfalls gute Effekte für Trainingsformen mit hohen Anforderungen an die aerobe Ausdauer und/oder an die Koordination, z. B. in Fang- oder Ballspielen, beobachtet werden (Best, 2010). Für langfristige Effekte sollten Kinder sich mindestens einmal pro Tag ausbelasten. Um kurzfristig akute Effekte, bspw. durch eine bewegte Pause vor kognitiv anspruchsvollen Aufgaben oder Schulfächern, zu erzielen, sollte eine hohe Intensität oder eine Trainingsdauer von über 10 Minuten erreicht werden (Kubesch, 2017).

Dem Sport wird häufig und aus vielen Fach- und Gesellschaftsrichtungen zugeschrieben, ein besonders geeignetes Lernfeld für *Sozialverhalten und personenbezogene Kompetenzen* zu sein. Teamfähigkeit, Fairness, Zielstrebigkeit,

---

21 Exekutive Funktionen werden im Stirnhirn repräsentiert und liegen der Fähigkeit zur Selbstregulation und Selbstkontrolle zugrunde. Die exekutiven Funktionen bestehen aus dem Arbeitsgedächtnis, der Inhibition (Impulskontrolle) und der kognitiven Flexibilität (vgl. dazu bspw. Kubesch & Hansen, 2017).

Respekt und Verantwortungsbewusstsein sind nur einige Beispiele wertvoller Kompetenzen, die der Sport und speziell der Vereinssport angeblich vermitteln kann. Aus wissenschaftlicher Sicht muss die Befundlage dazu allerdings als dünn bezeichnet werden. Speziell zu Kindern unter 12 Jahren – und in keiner Altersgruppe gibt es mehr Sporttreibende – findet man wenig. Golenia & Neuber (2010) konnten zwar nicht bei Kindern, aber bei Jugendlichen mittels Gruppeninterviews herausfinden, dass Bildungsprozesse des informellen Lernens durchaus stattfinden und die Jugendlichen den Erwerb sozialer und personaler Kompetenzen wie die oben genannten zumindest selbst wahrnehmen. Entscheidend ist an dieser Stelle die Feststellung, dass der organisierte Sport diese Effekte zwar erzielen kann, dies aber keine Notwendigkeit ist (Pilz, 1999).

4.2 Trainingsmethoden

Im Vorschulalter sollten Bewegung und Training stets spielerisch, implizit, freudbetont und freiwillig stattfinden. Dennoch, oder vielleicht gerade deshalb, sind Kenntnisse über Grundlagen und Methodik motorischer Lern- und Trainingsprozesse für pädagogische Fachkräfte essentiell.

4.2.1 Grundlegendes über sportliches Training

Veränderungen in der motorischen Leistungsfähigkeit lassen sich zunächst durch endogene und exogene Faktoren erklären. Zu den endogenen Faktoren werden beispielsweise Wachstum und Reifung gezählt. Bei den exogenen Faktoren können biologische Adaption und das Lernen unterschieden werden. Endogene und exogene Faktoren stehen in einer engen Wechselbeziehung zueinander, sodass bei der Suche nach der Ursache für eine Veränderung der motorischen Leistungsfähigkeit eine exakte Differenzierung kaum gelingen wird. An dieser Stelle soll es aber vorrangig um die exogenen Faktoren gehen, da diese durch Training konkret gesteuert werden können. Entscheidend ist die Erkenntnis, dass es mit der biologischen Adaption und dem motorischen Lernen zwei Komponenten des Trainings gibt, die isoliert oder gemeinsam eine motorische Verbesserung oder Leistungssteigerung herbeiführen können.

Die *biologische Adaption* beschreibt Anpassungen des Organismus' an Trainingsreize, bspw. in Form von Muskel-Hypertrophie oder einer Steigerung der maximalen Sauerstoffaufnahme. Sie basiert auf dem Grundprinzip der *Superkompensation*. Durch trainingswirksame Reize ermüden Strukturen bis hin zu kleinen Schädigungen. In der folgenden Ruhephase kommt es zur Wiederherstellung der Struktur mit einem Mehrausgleich. Die geschädigte oder ermüdete Struktur wird also bei entsprechender Regenerationszeit gestärkt. Nach der Superkompensation kann und muss der nächste, nun intensivere Trainingsreiz gesetzt werden und das Prinzip beginnt von Neuem. Wird der Reiz zu früh, also vor der Superkompensation, gesetzt, kann es zu Stagnation oder sogar zu *Übertraining* kommen. Wird der nächste Reiz zu spät gesetzt, hat der natürliche Abbau ungenutzter Strukturen ggf. schon wieder begonnen und der superkompensatorische Effekt verpufft. Die Anpassung der zeitlichen Reizdichte und -intensität wird *Periodisierung* genannt und bildet die Grundlage jeglicher Trainingsplanung. Beim *motorischen Lernen* werden die physiologischen Trainings- oder Belastungsreize durch Informationen und Erfahrungen ersetzt. Motorisches Lernen kann schlagartig erfolgen, während sich die biologische Adaption allmählich durch stete Trainingseinwirkung vollzieht. Gelernte Bewegungen sind relativ stabil, während die Effekte der Adaption ohne ständiges Trainieren schnell wieder vergehen. Der Erfolg motorischen Lernens hängt zudem von vielen weiteren Faktoren wie bspw. Motivation oder Verständnis ab, während biologische Adaption zwangsläufig erfolgt (Roth, 2001). Um diese Unterschiede, aber auch die Verknüpfung von motorischem Lernen und biologischer Adaption zu veranschaulichen, denke man an das Fahrradfahren: Als Kind einmal, häufig in kürzester Zeit durch einen »Aha-Effekt«, gelernt, bleibt die Fertigkeit oder Technik des Radfahrens relativ stabil und wird bekanntlich nicht mehr verlernt. Um mit dem Fahrrad größere Strecken oder höhere Geschwindigkeiten zu erreichen, bedarf es nun aber eines gesteigerten Maßes an Ausdauer und/oder Kraft. Diese beiden motorischen Fähigkeiten sind flüchtig und bilden sich bei ausbleibenden Belastungsreizen wieder zurück. Demnach können die meisten Menschen auch nach jahrelanger Pause und Inaktivität durchaus Fahrrad fahren, werden aber nicht sonderlich schnell sein oder weit kommen. Lernen und Adaption sind demnach weitgehend unabhängig, werden aber in beinahe allen Sportarten und Bewegungsformen gemeinsam benötigt.

4.2.2 Trainingsmethoden im Vorschulalter

Das berühmte Zitat von Claparède (1873–1940), nach dem Kinder keine Miniaturerwachsenen seien, bezieht sich zwar ursprünglich auf die Mentalität des Kindes, kann und muss aber ebenso in der Sportpädagogik und im Bereich des motorischen Trainings mit Kindern gelten. Ein einfaches Herunterbrechen des Trainings mit Erwachsenen ist einer der häufigsten Fehler im Kindertraining. Andererseits darf Kindertraining auch nicht auf ein bloßes »spielen lassen« reduziert werden. Es gilt eine gezielte, dem Alter und den körperlichen und geistigen Voraussetzungen angepasste Methodik zu nutzen.

Während das allgemeine körperliche Wachstum eines sechsjährigen Kindes noch nicht einmal zur Hälfte dem eines Erwachsenen entspricht, weist das kindliche Gehirn in diesem Alter dagegen bereits 90–95 % der Größe eines Erwachsenengehirns auf (Weineck, 2007). Dementsprechend können Kinder motorische Fertigkeiten und sportliche Techniken bereits auf relativ hohem Niveau erlenen und die zentral-nervös gesteuerte Koordination kann umfassend ausgebildet werden. Die weiteren motorischen (konditionellen) Fähigkeiten sollten nicht vernachlässigt werden, spielen aber gegenüber dem Koordinationstraining eine weniger zentrale Rolle in dieser Altersstufe. Dies gilt umso mehr, da der kindliche Körper in dieser Phase einige Besonderheiten aufweist, die gewisse Trainingsmethoden erschweren oder kontraindizieren. So sind bspw. kindliche Knochen noch nicht vollständig ossifiziert, sodass gerade im Bereich der Epiphysenfugen hohe und repetitive Druck- und Zugbelastungen zu dauerhaften Schäden führen können. Im Kindertraining sollte also grundsätzlich darauf geachtet werden, dass Belastungsreize nicht einseitig und monoton, sondern vielfältig und abwechslungsreich gestaltet werden (Weineck, 2007).

4.2.3 Fertigkeits- und Techniktraining

Das Erlernen einer sportlichen Technik oder einer motorischen Fertigkeit verläuft nach Roth (1998) in mehreren Phasen: Auf die Phase des *Neulernens*, die mit der erstmaligen korrekten Bewegungsausführung endet, folgt die Phase des *Überlernens*. Diese ist mit der sicheren Beherrschung der zu lernenden Bewegung abgeschlossen. Diese beiden Phasen folgen kontinuierlich aufeinander. Die dritte Phase der *Automatisierung* kann teilweise schon während der ersten beiden Phasen einsetzen. Das Automatisierungstraining bezweckt eine allmähliche Freisetzung von Aufmerksamkeitsressourcen, sodass während der korrekten Bewegungsausführung Kapazitäten frei werden. Hat ein Kind also beispielsweise die Technik des Prellens eines Balles erlernt, kann es nun durch sukzessive Automatisierung seine Aufmerksamkeit auf andere Dinge lenken, z. B. während des Prellens zu laufen oder die Spielsituation zu erfassen. Die Alltagsrelevanz lässt sich am bereits erwähnten Beispiel des Fahrradfahrens verdeutlichen: Das Beherrschen der Technik alleine genügt nicht, um am Straßenverkehr teilzunehmen. Erst wenn die Technik so automatisiert ist, dass größere Kapazitäten der Aufmerksamkeit nicht mehr für das Fahrradfahren an sich benötigt werden, können auch Straßenverkehr und Schilder wahrgenommen und berücksichtigt werden. Diese drei Phasen – Neulernen, Überlernen und Automatisierung – sind praktisch bei allen Sporttechniken von Bedeutung. Die vierte Phase der *Stabilisierung und Variabilität* ist nicht bei jeder Sporttechnik zwingend nötig. Gerade bei Kindern wird der Nutzen aber schnell ersichtlich. Um bei den zuvor genannten Beispielen zu bleiben, ist es doch wünschenswert, verschieden große, schwere oder materiell unterschiedlich beschaffene Bälle prellen zu können. Ebenso sollen Kinder nicht nur mit dem eigenen Fahrrad auf der Straße fahren, sondern auch ein anderes Fahrrad, beispielsweise auf einem Waldweg nutzen können.

Wenn Kinder Sporttechniken oder motorische Fertigkeiten neu erlernen, kommt es häufig zu Überforderungssituationen. Gelingt es nicht, die Technik als Ganzes in ihrer Zielform zu erlernen, können *Vereinfachungsstrategien* helfen. Scheitert das Lernen beispielsweise an der *Programmlänge*, weil die Technik aus mehreren hintereinander geschalteten Einzelelementen besteht, kann die Bewegung in kürzere Teilabschnitte zerlegt werden. Diese werden einzeln erlernt und erst dann wieder zur Gesamtbewegung zusammengefügt. Diese Vereinfachungsstrategie nennt sich *Verkürzung der Programmlänge* und kommt bspw. im Turnen zum Einsatz. Das Prinzip der Verkürzung der Programmlänge bietet sich dann an, wenn die Zielbewegung aus gut trennbaren, isoliert trainierbaren und nacheinander geschalteten Einzelteilen besteht. Ein Beispiel sind Stützsprünge im turnerisch-akrobatischen Bereich. Diese bestehen aus Anlauf, Absprung, erster Flugphase, Abstemmen, zweiter Flugphase und Landung – das gilt für das spielerische Bockspringen wie für den Handstützüberschlag.

Eine weitere Überforderung kann durch die *Programmbreite* entstehen. Dies ist der Fall, wenn die Zielbewegung aus mehreren gleichzeitig durchzuführenden Teilen besteht. Bei Kindern kommt das *Prinzip der Verkürzung der Programmbreite* bspw. im Schwimmunterricht zum Einsatz. So erlernen Kinder bei der Zieltechnik des Brustschwimmens zunächst Armzug und Beinschlag getrennt. Dies kann durch den Einsatz von Schwimmhilfen oder durch Festhalten am Beckenrand unterstützt werden. Werden beide Teilelemente sicher und korrekt beherrscht, können sie zusammengefügt werden und die Zieltechnik wird erreicht. Ein weiterer Aspekt der Verkürzung der Programmbreite ist die sogenannte *Invariantenunterstützung*. Sind einzelne Bewegungsteile und -aspekte nicht zu trennen, können akustische Rhythmusvorgaben, visuelle Orientierungshilfen oder kinästhetische Bewegungsführungen (z. B. Hilfestellung im Turnen) genutzt werden. Auch Überforderungen durch

Präzisionsaufgaben können durch die Invariantenunterstützung gelöst werden. So kann statt auf einem Schwebebalken zunächst auf einer breiteren Turnbank geübt werden. Diese Dimensionsveränderung der genutzten Sportgeräte kommt auch bei Sportspielen zum Einsatz und hat gewisse Schnittmengen zur Parametervereinfachung, die im folgenden Absatz erklärt wird.

Kommt es beim Neulernen motorischer Fertigkeiten oder Techniken zu Überforderungen, weil die Technik anfangs nicht schnell genug ausgeführt oder die benötigte Kraft noch nicht erbracht werden kann, wird das *Prinzip der Parametervereinfachung* genutzt. Schaffen es Kinder z. B. beim Erlernen des Rades nicht, den kompletten Überschlag mit Landung schnell genug auszuführen, kann die Landefläche abgesenkt werden. So würden die ersten Phasen der Bewegung erhöht, beispielweise auf einem Kastendeckel oder auf gestapelten Turnmatten stattfinden, die Landung dann aber einige Zentimeter tiefer auf dem Boden. Hierdurch gewinnen die Kinder Zeit zum Ausführen der Bewegung, und durch sukzessives Verringern des Höhenunterschieds können sie an die Zielbewegung herangeführt werden. Auch beim Erlernen grundlegender Fertigkeiten der Sportspiele kann es durch Zeitmangel oder zu hohe Geschwindigkeiten zu Überforderungen kommen. Soll ein Kind lernen, einen Ball zu fangen, kann es hilfreich sein, die Flugphase des Balles zu verlängern, indem ein Luftballon eingesetzt wird. Bei Rückschlagspielen können weichere, größere und langsamer springende Bälle genutzt werden, um die Schlagtechnik zu trainieren. Die Hilfestellung im Turnen dient häufig nicht nur der Bewegungsführung, sondern auch der Reduzierung von Kraftanforderungen. Die Beispiele für den Einsatz der Parametervereinfachung sind fast unendlich und unterliegen keiner starren Methodik. Entscheidend ist letztlich die richtige der Wahl der Vereinfachungsstrategie, wobei auch mehrere Strategien für das Erlernen einer Technik eingesetzt werden können. Zudem müssen zentrale Strukturmerkmale der Zielbewegung erhalten bleiben, damit es nicht zum Lernen einer falschen oder unsauberen Technik kommt. Zu beachten ist außerdem, dass auch ein grundlegender Mangel an koordinativen oder konditionellen Fähigkeiten das Neulernen einer Technik oder Fertigkeit hemmen oder gar verhindern kann und dass weitere Persönlichkeitsvariablen im Weg stehen können. Motivationsmangel, eine fehlende Bewegungsvorstellung oder Angst sind nur einige Beispiele.

Diese Vereinfachungsstrategien müssen nun – um zur Zieltechnik zu gelangen – wieder schrittweise zurückgenommen werden. Die verkürzten Programme müssen wieder verlängert oder verbreitert werden, die Invarianten weniger unterstützt und die Parameter weniger vereinfacht werden. Lehrwege, die Vereinfachungsstrategien und deren Rücknahme beschreiben, werden *methodische Übungsreihen* genannt und verlaufen immer nach den

Grundsätzen »vom Leichten zum Schweren« und »vom Einfachen zum Komplexen« (Roth, 2001). Es können drei Arten methodischer Übungsreihen unterschieden werden: Bei *seriellen Übungsreihen* werden die Einzelteile gemäß ihrer zeitlichen Ordnung in der Zieltechnik erlernt und wieder zusammengefügt. Serielle Übungsreihen kommen vorrangig bei Verkürzungen der Programmlänge zum Einsatz. Daneben gibt es *funktionale Übungsreihen*, bei denen die Reihenfolge der zu erlernenden Einzelteile durch deren Bedeutung für die Zieltechnik vorgegeben wird. Die Hauptphase der Zieltechnik wird zuerst erlernt, dann erst die untergeordneten Phasen. So werden beim Erlernen eines Tennisschlags Fußstellung, Aushol- und Ausschwungbewegung zunächst ausgelassen und durch statische Positionierung ersetzt. Erst wenn die Schlagbewegung isoliert beherrscht wird, kommen die Hilfsphasen vor, nach und während der Hauptphase der Technik hinzu. Die dritte Variante sind *programmierte Übungsreihen*, die einem kleinschrittigen und an der Logik orientierten Aufbau nach Bewegungssequenzen folgen. Hierbei kann der Fokus durchaus auf minimalen Bewegungsteilen liegen, die aber für das Gelingen der Zieltechnik unabdingbar sind. Ein Beispiel wäre der Kippstoß der Hüfte bei verschiedenen Turntechniken.

Methodische Übungsreihen gibt es zu praktisch jeder noch so einfachen oder komplexen Sporttechnik. In den seltensten Fällen gibt es einen Goldstandard und was dem einen Kind beim Erlernen hilft, kann dem anderen Kind den Weg schon wieder erschweren. Zudem können Vorerfahrungen und motorische Voraussetzungen sehr unterschiedlich sein. So gilt es stets, eine individuelle, dem lernenden Kind und der räumlich-materiellen Ausstattung des Lernortes angepasste methodische Übungsreihe zu finden und bestehende ggf. abzuwandeln und zu verändern. Das Neulernen von motorischen Fertigkeiten sollte unter optimalen körperlichen und kognitiven Bedingungen stattfinden. Demnach findet Techniktraining innerhalb einer Sporteinheit idealerweise nach der Erwärmung statt. Hohe physische Zusatzbelastungen oder eine zu dichte Wiederholungsfolge sind zu vermeiden.

Wie Sporttechniken optimiert werden, also die Stufen der Automatisierung und der Stabilisierung und Variation gestaltet werden, soll an dieser Stelle nur sehr verkürzt dargestellt werden. Um eine gelernte Technik zu automatisieren, wird gezielt Aufmerksamkeit von der Technik weggelenkt. Dies geschieht bspw. durch Zusatzaufgaben während der Technikausführung. Die Stabilisierung einer Sporttechnik wird durch gezielte Hinlenkung der Aufmerksamkeit auf zentrale Details der Bewegung trainiert, sodass die Bewegungsvorstellung weiter präzisiert und die Ausführung gegen Störreize abgeschirmt werden kann. Stabilisierungstraining wird vor allem in geschlossenen Sportarten wie Turnen, Schwimmen oder leichtathletischen Disziplinen angewandt. Variationstraining kommt vornehmlich in den Sportspielen, also offenen Sportarten, zum Einsatz und wird durch Veränderungen der Hilfsfunktionsphasen (z. B. durch weniger Anlauf) oder der Parameter (z. B. durch schnellere Ausführung) trainiert.

4.2.4 Training der koordinativen Fähigkeiten

Die besondere Stellung der Koordination unter den motorischen Fähigkeiten und ihre grundlegende Bedeutung im Sinne einer motorischen Intelligenz wurde in Kapitel 4.1 bereits dargestellt. Die Begriffsvielfalt im Bereich der koordinativen Fähigkeiten ist beinahe endlos und nennt unter anderem das Anpassungsvermögen, die Auge-Hand-Koordination, die Gewandtheit, die Rhythmisierungsfähigkeit, das Steuerungsvermögen oder die Umstellungsfähigkeit als Ausprägungen der Koordination. Für die praktische Anwendung im Kindertraining bietet sich das Modell von Roth (1998) an, das die koordinativen Anforderungen von Bewegungsaufgaben zunächst durch die Art und Weise der Informationsverarbeitung beschreibt und durch typische Druckbedingungen, unter denen Koordinationsleistungen stattfinden, ergänzt. Auf Seite der Informationsverarbeitung wird zwischen afferenten und efferenten Reizen unterschieden. Bei den Afferenzen, also der Frage nach der Reizwahrnehmung, können optische, akustische, taktile, kinästhetische und vestibuläre Reize unterschieden werden. Bei den Efferenzen, also der Frage der motorischen Umsetzung, kann zwischen Fein- und Großmotorik differenziert werden. Bei den Druckbedingungen werden Zeitdruck (Zeitminimierung oder Geschwindigkeitsmaximierung), Präzisionsdruck (höchstmögliche Genauigkeit), Komplexitätsdruck (hintereinander geschaltete Anforderungen), Organisationsdruck (gleichzeitige geschaltete Anforderungen), Belastungsdruck (unter physisch-konditioneller Beanspruchung auszuführende Anforderungen) und Variabilitätsdruck (wechselnde Situations- und Umgebungssituationen) unterschieden.

Aus diesem Modell lässt sich nun die methodische Grundformel des Koordinationstrainings ableiten:

Abb. II.12: Grundformel zur Schulung koordinativer Fähigkeiten (nach Roth, 1998)

Mit dieser simplen Formel können in kurzer Zeit unendlich viele Übungen zur Schulung der koordinativen Fähigkeiten erstellt werden. Gleichsam bietet die Herangehensweise über diese Formel die Möglichkeit, die Übungen an das aktuelle Niveau der Kinder anzupassen und themenspezifisch einzusetzen. So könnte eine Koordinationsübung für etwa 5-Jährige zum Thema Ballspielen wie folgt erarbeitet werden: Es werden zunächst die drei einfachen und gekonnten Fertigkeiten »Ball werfen«, »Ball fangen« und »in die Hände klatschen« gewählt. Hierdurch wird schon eine gewisse Vielfalt der Informationsverarbeitung erreicht. Krafteinsatz und Winkel beim Wurf müssen gesteuert, die Flugbahn des Balles verfolgt und die eigene Position zum Fangen ggf. korrigiert werden. Die drei gewählten Fertigkeiten werden in Reihe geschaltet, also direkt nacheinander ausgeführt. Der Ball wird möglichst gerade hochgeworfen, während er fliegt, wird in die Hände geklatscht, dann wird der Ball wieder gefangen. Es entstehen also Komplexitätsdruck, Zeitdruck und Präzisionsdruck. Sollte die Übung anfangs zu schwierig sein, kann der Zeitdruck durch ein- oder mehrmaliges Aufspringenlassen des Balles reduziert werden. Die Vielfalt kann gesteigert werden, indem unterschiedliche Bälle genutzt werden oder das Klatschen durch Schnipsen ersetzt wird. Die Schwierigkeit kann gesteigert werden, indem während der Flugphase weitere oder anspruchsvollere Fertigkeiten hinzugenommen werden. Entscheidend ist, dass solche Koordinationsübungen nicht in gleicher Form ständig wiederholt werden, sondern stetig verändert und/oder in der Schwierigkeit gesteigert werden müssen. Die Vielfalt der efferenten und afferenten Anforderungen entsteht also durch kleinere oder größere Veränderungen der Übung. Es gilt, anders als beim Fertigkeits- oder Techniktraining, den Prozess des Überlernens und Automatisierens bewusst zu vermeiden. Schließlich soll nicht die verhältnismäßig sinnlose Technik »Ball hochwerfen – klatschen – fangen« gelernt, sondern grundsätzliche Leistungsvoraussetzungen für das Erlernen von Techniken geschult werden. Vergleichbar ist dieser Ansatz mit dem Mathematikunterricht: Hier soll auch nicht das Ergebnis einer Aufgabe auswendig gelernt, sondern die Fähigkeit des Rechnens geschult werden.

Wie das Technik- oder Fertigkeitstraining findet auch Koordinationstraining unter optimalen Leistungsvoraussetzungen, also im Zustand der optimalen Erwärmung, Motivation und Konzentration ohne Erschöpfungseinflüsse statt. Einzige Ausnahme bildet die Druckbedingung des Belastungsdrucks – hier wird gezielt unter physischer Erschöpfung trainiert (Roth, 1998).

4.2.5 Training der konditionellen Fähigkeiten

Die konditionellen bzw. gemischt konditionell-koordinativen Fähigkeiten Kraft, Schnelligkeit, Ausdauer und Beweglichkeit werden im folgenden Abschnitt erläutert und ihre Trainingsmethodik für das Vorschulalter anhand einfacher Beispiele veranschaulicht.

Krafttraining

Um die motorische Fähigkeit Kraft und ihre Trainingsmethodik einordnen zu können, muss sie differenziert betrachtet werden. Kraft tritt im motorischen Sinne in verschiedenen Ausprägungsformen auf. So lassen sich Maximalkraft, Reaktivkraft, Schnellkraft und Kraftausdauer unterscheiden. Gleichzeitig muss bedacht werden, dass einzelne Kraftformen in Sport und Bewegung stets als mehr oder weniger nuancierte Mischformen auftreten. Kraft kann zudem konzentrisch, also überwindend, isometrisch, also statisch haltend, oder exzentrisch, also nachgebend, erbracht werden (Weineck, 2007).

Entscheidend für das Krafttraining, insbesondere bei Kindern, ist die Erkenntnis, dass Kraft und deren Zuwachs auf muskulären und neuronalen Mechanismen beruht. Muskuläre Mechanismen äußern sich vorrangig durch eine Vergrößerung des Muskelfaserquerschnitts. Dieser Prozess ist allerdings stark an muskelaufbauende Hormone wie Testosteron gebunden, die im kindlichen Organismus nur sehr gering vorkommen. Interessanter für das Krafttraining mit Kindern ist daher der neuronale Aspekt: Die sogenannte *Rekrutierung* beschreibt, wie viele Fasern eines Muskels gleichzeitig aktiviert und daher zur Kraftentfaltung genutzt werden können. Die *Frequentierung* beschreibt die Geschwindigkeit, mit der einzelne Muskelfasern, also Zellen, innerviert werden können. Rekrutierung und Frequentierung werden als *intramuskuläre Koordination* bezeichnet. Das Zusammenspiel und die Synchronisation mehrerer Muskeln oder Muskelgruppen wird *intermuskuläre Koordination* genannt.

Krafttraining mit Kindern im Vorschulalter sollte auf Grund des Mangels an am Muskelaufbau beteiligten Hormonen demnach stets auf die Verbesserung der intra- und intermuskulären Koordination abzielen. Dies wird durch relativ zur individuellen Maximalkraft hohe Lasten bei geringen Wiederholungszahlen innerhalb einer Übung erreicht. Nun soll dies aber nicht bedeuten, dass Vorschulkinder nach einem eingänglichen Maximalkrafttest mit Hanteln und Gewichten im submaximalen oder gar maximalen Bereich trainieren sollen. Vielmehr kann die kindliche Lust an der Bewegung genutzt und so – zumindest bei normalgewichtigen Kindern – das eigene Körpergewicht als geeignetes

Trainingsgewicht verwendet werden. Hangeln und Klettern an Stangen und Seilen schult die Maximalkraft des Rumpfes und der oberen Extremitäten hervorragend und wird durch den hohen Krafteinsatz und der daraus resultierenden geringen Dauer und Wiederholungszahl zu einer geeigneten Trainingsform für die Verbesserung der inter- und intramuskulären Koordination. Langes isometrisches, also statisches oder haltendes Training sollte allerdings auf Grund der geringen anaeroben Kapazität eher vermieden werden. So weit oder so hoch springen, wie man kann, ist ein exzellentes konzentrisches Schnellkraft- und Reaktivkrafttraining für die Beine und macht Kindern zudem und gerade wegen der Einfachheit große Freude. Das Herunterspringen aus gewissen Höhen, bspw. von Turnkästen auf Weichbodenmatten, ist als exzentrisches Training für die Beine ebenso sinnvoll wie freudbetont. Natürlich muss bei solchen Niedersprüngen eher zu vorsichtig als zu mutig mit der Höhe umgegangen werden und bei beiden Sprungbeispielen gilt, dass die Wiederholungszahl niedrig bleiben sollte. Beim Schubkarrenlauf oder rück- und bäuchlings auf allen Vieren kann in Staffelspielen die Kraftausdauer gefördert werden. Hier sollte aber auf eine korrekte Bewegungsausführung und die Vermeidung von Zwangspositionen wie dem Hohlkreuz geachtet werden. Auch Spiel- und Übungsformen aus dem Bereich Ringen & Raufen oder Klassiker wie Tauziehen eignen sich zum Krafttraining im Vorschulalter.

Die Wirksamkeit von Krafttraining bei Kindern gilt für alle Kraftformen als empirisch abgesichert (Mühlbauer et al, 2013) und wirkt vorrangig auf die neuronalen Mechanismen der Kraftentwicklung. Solange als Last höchstens das eigene Körpergewicht genutzt wird und methodisch mit wenigen Wiederholungen und unter Ausnutzung der kindlichen Bewegungsfreude trainiert wird, spricht nichts gegen, aber vieles für ein Krafttraining mit Vorschulkindern wie in den zuvor beschriebenen Beispielen.

Schnelligkeitstraining

Die motorische Schnelligkeit tritt, vereinfacht dargestellt, in den drei Ausprägungsformen *Reaktions-, Aktions-* und *Frequenzschnelligkeit* auf. Wie schnell ein Muskel kontrahieren kann, hängt vorrangig von Art und Verteilung seiner Muskelfasern ab. Neben schnell zuckenden (FT-Fasern) und langsam zuckenden Fasern (ST-Fasern) gibt es sogenannte Intermediärfasern, die durch gezieltes Schnelligkeitstraining in FT-Fasern umgewandelt werden können. Kinder haben im Vergleich zu Erwachsenen einen höheren Anteil intermediärer Fasern, weswegen Schnelligkeitstraining im Kindesalter besonders lohnenswert und effektiv ist (Weineck, 2007).

Die Reaktionsschnelligkeit ist die Fähigkeit, in kürzester Zeit auf einen Reiz zu reagieren. Dies kann ein Startkommando aber genauso eine auslösende Handlung oder Situation sein. Dementsprechend kann zwischen einfachen und komplexen Reaktionen unterschieden werden. Einfache Reaktionen werden durch die Wiederholungsmethode trainiert, während komplexe Reaktionen durch sich ändernde und vielfältige Reize, die auch unerwartet sein können, geschult werden. Dies können akustische, optische oder taktile Kommandos, aber auch Spielsituationen oder Mit- und Gegenspielerverhalten sein. Entscheidend ist bei beiden Varianten die Gestaltung der Pausen zwischen den einzelnen Wiederholungen. Diese sollten lang genug sein, um eine vollständige Erholung zu erreichen. Andererseits sollte die Erregbarkeit des zentralen Nervensystems nicht durch zu lange Ruhephasen abnehmen.

Die Aktionsschnelligkeit beschreibt die einmalige, also azyklische Ausführung einer Bewegung mit maximaler Geschwindigkeit. Aktionsschnelligkeit ist bspw. bei Sprüngen, Würfen, Schüssen, Schlägen oder Schwungbewegungen entscheidend. Aus diesen Beispielen ist die methodische Nähe zum Techniktraining erkennbar. Übungen zum Training der Aktionsschnelligkeit sollten von kurzer Dauer sein und die Bewegungen submaximal bis maximal schnell ausgeführt werden. Zusatzlasten sollten nicht oder nur sehr gering eingesetzt werden. Ggf. kann durch Verringerung des Standardgewichts sogar supramaximal trainiert werden. Dies geschieht bspw. durch einen leichteren Ball bei Wurfbewegungen. Im Kindesalter sollten allgemein und sportartunspezifisch entwickelnde Übungen im Vordergrund stehen. Sprungübungen für Bein- und Hüftmuskulatur, Schlag- und Wurfbewegungen für Rumpf, Schultern und Arme, Roll-, Dreh- und Aufstehübungen für den ganzen Körper eignen sich schon im Vorschulalter zur Schulung der allgemeinen Aktionsschnelligkeit.

Frequenzschnelligkeit ist die Fähigkeit, gleiche, sich wiederholende, also zyklische Bewegungen, bei maximaler Geschwindigkeit auszuführen. Sie tritt im Sport vor allem beim Sprinten, aber auch beim Radfahren oder Schwimmen auf. Im Vorschulalter ist sicherlich das schnelle Rennen die zentrale Ausprägungsform der Frequenzschnelligkeit. Dabei muss aber bedacht werden, dass sich die Fertigkeit des Sprintens durch Einsatz des Ballenlaufs erst gegen Ende der Kindergartenzeit entwickelt. Die grundlegende Methodik entspricht der Aktionsschnelligkeit und so sollte möglichst maximal schnell bei kurzer Bewegungsdauer, vollständigen Pausen und höchstens geringer Zusatzlast trainiert werden. Neben Wettrennen und Lauf- oder Fangspielen eignen sich auch Inhalte des »Sprint-ABC« schon im Vorschulalter zur Schulung der Frequenzschnelligkeit. Hierzu zählen Dribblings mit den Füßen, Skippings (Kniehebeläufe) und Tappings im Sitzen. Solche Übungen können spielerisch verpackt werden, und so versuchen die Kinder bei Dribblings mit ihren Beinen und Füßen eine Nähmaschine zu imitieren, sind bei Skippings der schnellste Storch im Salat, und bei Fußtappings im Sitzen soll das Donnergrollen vor dem großen Gewitter zu hören sein (Pauer, 2001).

Ausdauertraining

Die motorische Ausdauer kennzeichnet die Widerstandsfähigkeit des Körpers gegen ermüdungsbedingte Leistungs- oder Geschwindigkeitsabnahmen bei längeren sportlichen Belastungen. Neben der adäquaten Energiebereitstellung ist auch die psychische Stabilität bei Ermüdung ein Aspekt der Ausdauer. Ein weiterer Gesichtspunkt ist die Verbesserung der Erholungsfähigkeit nach bzw. zwischen Belastungen (Haas, 2019).

Statische, also isometrisch-haltende Ausdauer ist zwar in vielen Sportarten und im Alltag besonders im Bereich der Rumpfmuskulatur von Bedeutung, dennoch soll an dieser Stelle vorrangig die dynamische Ausdauer behandelt werden. Diese tritt im Kindesalter insbesondere beim Laufen, Schwimmen und Radfahren auf. Laufen ist allerdings nicht auf Dauerlauf (Jogging) beschränkt, sondern bei Kindern in praktisch allen großmotorischen Spiel- und Bewegungsformen elementarer Bestandteil. Die zentrale Determinante der Ausdauer ist die Energiebereitstellung. Bei *aeroben Ausdauerleistungen* wird Sauerstoff zur Energiegewinnung aus freien Fettsäuren und Glucose benötigt. *Anaerobe Ausdauerleistungen* finden ohne Sauerstoff bei Energiegewinnung aus Glucose statt. Je höher die Intensität der Belastung, desto größer der Anteil der anaeroben Energiegewinnung. Bei anaerober Energiegewinnung kommt es nach kurzer Zeit zur Bildung und Anhäufung von Milchsäure (Laktat). Dies wiederum führt bei einer gewissen, individuell unterschiedlichen Konzentration zum zwangsläufigen Belastungsabbruch. Ausdauertraining verfolgt dementsprechend grundsätzlich zwei Ziele: Zum einen soll die aerobe Kapazität gesteigert, also der Übergang vom aeroben zum anaeroben System so lange wie möglich hinausgezögert werden. Zum anderen soll die anaerobe Leistungsfähigkeit, also das Aushalten hoher Laktatkonzentrationen im Blut verbessert werden. Kinder müssen im Vergleich zu Erwachsenen früher auf die laktazide Energiegewinnung zurückgreifen, können grundsätzlich nicht so hohe Laktatkonzentrationen anhäufen und brauchen für den Abbau deutlich länger (Eisenhut & Zintl, 2013). Zudem kann es bei völliger Ausbelastung durch einen sprunghaften Anstieg von Stresshormonen (Adrenalin & Noradrenalin) leicht zu psychophysischer Überforderung kommen (Weineck, 2007). Kinder sollten daher im Vorschulalter vornehmlich im aeroben Bereich bis an die aerob-anaerobe Schwelle trainieren. Hochintensives anaerob-laktazides Training sollte vermieden werden.

Dauer- und *Intervallmethoden* eignen sich im Kindertraining an besten zur Ausdauerschulung. Wiederholungs- und Wettkampfmethoden werden daher an dieser Stelle nicht weiter erläutert. Bei den Dauermethoden kann zwischen kontinuierlichen und variablen Methoden unterschieden werden. Kontinuierliche Dauermethoden können zudem extensiv oder intensiv durchgeführt werden. Sie kennzeichnen sich durch eine längere, ununterbrochene Belastung bei relativ konstanter Intensität. Die extensive Form der Dauermethode dient vorrangig der Ausbildung der Grundlagenausdauer und wird bei leichter bis mittlerer Intensität über eine längere Zeitdauer durchgeführt. Die intensive Form dient der Verschiebung der aerob-anaeroben Schwelle, und es wird kürzer, dafür bei höherer Intensität trainiert (Hottenrott & Gronwald, 2009). Kinder laufen grundsätzlich gerne, und auch die große Stadionrunde kann eine attraktive Herausforderung sein. Allerdings fällt Kindern die Tempoeinteilung und damit die Belastungssteuerung noch äußerst schwer, sodass Erwachsene in den ersten Einheiten die Geschwindigkeit vorgeben sollten. Dies birgt aber die Gefahr, dass in einer heterogenen Gruppe viele Kinder über- und unterfordert würden. Auf engerem Raum können auch Schattenlauf-Spiele genutzt werden. Hindernisläufe mit vielfältigen motorischen Zusatzaufgaben sind ebenso geeignete Übungsformen der Dauermethode. Als Faustformel für die Belastungsdauer kann »Alter in Jahren = Laufzeit in Minuten« dienen. Natürlich gilt es, Dauer und/oder Geschwindigkeit kontinuierlich zu steigern, um trainingswirksame Reize zu erzeugen. Mischformen, bei denen während der Belastung mehrfach zwischen extensiver und intensiver Methode gewechselt wird, gehören zu den variablen Dauermethoden und sind nicht nur effektiv, sondern können das Training durchaus auflockern und interessanter machen. Intervallmethoden hingegen haben einen geplanten Wechsel zwischen Belastungs- und Erholungsphasen. Auch hier kann zwischen extensiven und intensiven Formen unterschieden werden. Die Erholungsphasen, meist gehende oder stehende Pausen, kennzeichnen sich durch unvollständige Erholung. Demnach kommt es von Intervall zu Intervall zum einem Ermüdungsanstieg. Über die exakte Gestaltung der Erholungsphasen existieren kontroverse Meinungen (Hottenrott & Gronwald, 2009). Entscheidend ist, dass Intervalltraining dem natürlichen kindlichen Spiel sehr nahe ist, Kinder große Freude daran haben und es sehr abwechslungsreich gestaltet werden kann. So können Fangspiele, bei denen gefangene Kinder bis zur Befreiung durch andere eine Zwangspause haben, ebenso genutzt werden wie Fangspiele von Wand zu Wand (»Wer hat Angst vor ...?«), Staffel- und Musikstoppspiele.

II Methodische Kompetenz nach Bildungsbereichen

Beweglichkeitstraining

Für Beweglichkeitstraining im Vorschulalter liegen kaum allgemein gültige Ansätze vor. Grosser, Starischka & Zimmermann (2008) sehen in diesem Alter keine Notwendigkeit für eine gezielte Schulung der Beweglichkeit, da diese natürlich gut ausgeprägt sei. Weineck (2007) warnt gar vor einem zu intensiven Beweglichkeitstraining vor dem ersten Gestaltwandel, da hiervon eine Gefahr für den Halte- und Stützapparat ausgehen könne. Im Verlauf des Grundschulalters weisen Kinder allerdings zunehmend Haltungsschwächen und Beweglichkeitsdefizite auf, sodass spätestens dann mit regelmäßigen und funktionalen Dehnübungen begonnen werden sollte. In diesem Sinn kommt dem Beweglichkeitstraining im Vorschulalter weniger eine physiologische, denn ein psychologisch-ritualisierende Rolle zu. Die Kinder lernen, dass Beweglichkeitstraining, in der Praxis meist als Dehnen oder Stretching bezeichnet, wichtig für jede Sportart und Teil jeder Trainingseinheit ist.

Die motorische Beweglichkeit im engeren Sinn beschreibt die Amplitude, die ein Gelenk durch seine anatomischen Strukturen des passiven Bewegungsapparats und der Dehnfähigkeit der Muskulatur zulassen kann. Beweglichkeit hat demnach einen konstitutionellen und einen konditionellen Anteil. Hinzu kommen Einflüsse der neuronalen Plastizität. Es kann zwischen allgemeiner Beweglichkeit in den wichtigsten Gelenksystemen und spezieller Beweglichkeit, die sportartspezifisch benötigt wird, unterschieden werden. Die Beweglichkeit fällt zudem unterschiedlich aus, wenn sie aktiv, also durch die eigene Muskelkraft, oder passiv, durch externe Faktoren wie Schwerkraft, Widerlager oder die Kraft einer anderen Person, erreicht wird (Klee & Wiemann, 2012).

Über die richtige Methodenwahl im Beweglichkeitstraining wird seit den 1980er Jahren eine lebhafte Diskussion geführt. Aus der Frage, ob aktiv oder passiv und ob statisch oder dynamisch gedehnt werden sollte, scheint sich mittlerweile die sogenannte CR-AC-Methode als am wirksamsten herauskristallisiert zu haben. Hierbei wird der zu dehnende Muskel vor der Dehnung angespannt und danach nur durch Kontraktion seines Antagonisten gedehnt (Klee & Wiemann, 2012). Nun wird schon bei der Beschreibung dieser Methode klar, dass es eines gewissen Verständnisses für Anatomie und eines gut ausgebildeten Körpergefühls bedarf, um sie anzuwenden. Für Vorschulkinder eignet sich diese Methode daher nur sehr eingeschränk, und so wird für diese Altersgruppe *aktiv-dynamisches Dehnen* in spielerischer Form empfohlen. Zusatzmaterialien wie Bälle können die Motivation ebenso steigern wie Übungen mit Partnerinnen und Partnern. So könnten Kinder, die mit etwa 50 cm Abstand Rücken an Rücken zueinanderstehen, sich einen Ball immer durch die gestreckten Beine und über den Kopf übergeben. Die Beweglichkeit der Wirbelsäule, der Schultermuskulatur und der ischiokruralen Muskulatur wird durch diese einfache Übung gefördert. Beweglichkeitstraining sollte auch bei Kindern nur nach Erwärmung der Muskulatur stattfinden.

Exkurs: Taktiktraining

Aufbauend auf der Annahme, dass die meisten Sportspiele Ähnlichkeiten in ihren taktischen Aufgabenstellungen aufweisen, können schon für Vorschulkinder sogenannte Taktikbausteine herausgearbeitet und trainiert werden (Roth, Roth & Hegar, 2014). Diese Bausteine können dann im Verlauf der sportlichen Entwicklung sportartspezifisch weiter spezialisiert werden und geben den Kindern das taktische Rüstzeug für beinahe alle Sportspiele an die Hand. Nun kann es nicht um das Einstudieren einer Viererkette im Fußball, das Erlernen der Zonenverteidigung im Basketball oder das Einlaufen des Außenspielers im Handball gehen. Vielmehr handelt es sich um Basisstrukturelemente der Spieltaktik, vergleichbar mit den phylogenetischen Fertigkeiten im Bereich des Techniktrainings. Roth et al. (2014) unterscheiden nochmals in Spieltechniken und taktische Basiskompetenzen und nennen in der Reihenfolge ihres typischen Auftretens im Spiel folgende sechs Basiskompetenzen:

- Flugbahn des Balles erkennen (Spieltechnik)
- Laufweg zum Ball bestimmen (Spieltechnik)
- Spielpunkt des Balles bestimmen (Spieltechnik)
- Anbieten und orientieren (taktische Basiskompetenz)
- Ballbesitz kooperativ sichern (taktische Basiskompetenz)
- Lücke erkennen (taktische Basiskompetenz).

Das bekannte Kinderspiel »Schweinchen in der Mitte«, bei dem mehrere Kinder in einem Kreis um ein oder zwei Schweinchen stehen und sich einen Ball so zupassen, dass die Schweinchen ihn nicht bekommen, schult auf einfache und kindgerechte Weise all diese Basiskompetenzen und ist mit etwas Geduld und Übung schon mit 4- und 5-Jährigen spielbar. Anfangs kann das Spiel auch im Sitzen gespielt und der Ball gerollt werden, damit es nicht zu technischen Überforderungen (Werfen & Fangen unter Zeit- und Präzisionsdruck) kommt. Spielformen wie diese eignen sich zudem zum Automatisieren und Variieren phylogenetischer Fertigkeiten wie werfen, fangen, prellen, schießen oder stoppen.

Exkurs: Erwärmung

Durch Erwärmung vor sportlicher Belastung wird die Körperkern- und Muskeltemperatur erhöht. Die Erwärmung dient gleichermaßen der Versetzung in einen zur Leistungserbringung optimalen Zustand und der Verletzungsprophylaxe. Kinder im Vorschulalter neigen nicht dazu, sich aufgrund mangelnder Erwärmung muskuläre Verletzungen wie Zerrungen zuzuziehen und können augenscheinlich sehr schnell auf Wettkampftemperatur kommen. Dennoch sollte jede Sportstunde auch in diesem Alter mit einer Erwärmung im Sinne einer Einleitung der Einheit beginnen. Dies hilft den Kindern, sich kognitiv auf den Sport und seine Regeln und Verhaltensweisen einzustellen und die Umstellung von der vorangegangenen Tätigkeit oder Situation zu meistern. Beginnt die Sportstunde direkt mit einem wilden Fangspiel, kommt es häufig zu Zusammenstößen und Stürzen. Beginnt die Sportstunde mit einer anspruchsvollen technisch-koordinativen Aufgabenstellung, wird die Fokussierung schwerfallen und die Qualität der Ausführung leiden. Es geht bei der Erwärmung im Kindesalter demnach eher um ein »Ankommen in der Sporthalle«, denn um eine physiologische Erwärmung. Laufspiele wie »Feuer, Wasser, Sturm« eignen sich im Sinne einer allgemeinen Erwärmung ebenso wie spezifische, den roten Faden der Stunde aufnehmende Aufgabenstellungen. So könnten am Beginn einer Balleinheit alle Kinder einen Ball bekommen, mit dem sie einige Minuten frei werfen, passen, dribbeln und schießen dürfen. Vor turnerisch-akrobatischen Stunden bietet sich eine Erwärmung der später benötigten Körperteile durch einfache, gekonnte Fertigkeiten an. Soll bspw. die Rolle vorwärts geübt werden, könnten die Kinder zur Erwärmung auf Mattenbahnen oder Bodenläufern in Reihen hintereinander weg Prellsprünge machen, auf allen Vieren laufen, Hasenhüpfer machen und seitwärts rollen. In diesem Fall wird zusätzlich zur Hinführung zum Thema das spätere Anstellen und die dafür benötigte Geduld geübt.

4.3 Praktische Anwendungsbeispiele

4.3.1 Techniktraining in der Praxis

Methodische Übungsreihe zur Rolle rückwärts

Die Rolle rückwärts in ihrer einfachsten Form ist im späten Kindergartenalter gut zu erlernen, da sie eher niedrige Anforderungen an die koordinativen

Fähigkeiten stellt und keine besonderen Kraftfähigkeiten benötigt werden. Die hohe Beweglichkeit der Kinder in diesem Alter vereinfacht das Erlernen. Die dargestellte methodische Übungsreihe ist, abhängig von der Lerngeschwindigkeit, für eine bis drei Einheiten ausgelegt und nutzt die Vereinfachungsstrategien der Verkürzung der Programmlänge, der Parametervereinfachung und der Invariantenunterstützung.

Formale Struktur:

- Gruppengröße: 1–9 Kinder (bei einem Erwachsenen)
- Räumliche Voraussetzungen: Sporthalle oder Turnraum mit mind. 25 qm Grundfläche
- Material: drei Turnmatten oder ein Bodenläufer, ein Sprungbrett oder Keil, eine Weichbodenmatte oder eine alte, weiche Matratze
- Zeitdauer: 60 Minuten inkl. Erwärmung. Je nach Lernfortschritt kann die Übungsreihe auf drei Einzelstunden gestreckt werden
- Alter: 4 bis 6 Jahre

Durchführung der Aktivität:
Übung 1: Die Kinder sitzen eng angehockt auf einer Turnmatte und umschließen die Beine mit den Armen und formen ein »Paket«. Das Kinn wird zur Brust geführt. Nun sollen die Kinder sich nach hinten rollen lassen und dabei als Paket geschlossen bleiben. Dies wird solange wiederholt, bis die Kinder sicher, gerade und ohne Angst nach hinten rollen und die Schulterblätter die Matte berühren.
Übung 2: Wie bei Übung 1, nur dass nun die Arme nicht mehr die Beine umschließen. Die Hände sollen an die Ohren gehalten werden, sodass die Handflächen nach oben und die Finger nach hinten zeigen. Die Kinder rollen wieder als Paket geschlossen nach hinten. Ziel ist ein möglichst vollständiger Bodenkontakt der Handfläche zeitgleich mit dem Nacken. Um dies zu erreichen. muss die angedeutete Rolle schon recht weit gehen, sodass nur noch Handflächen, Schulterblätter und Nacken die Matte berühren. Die Kinder dürfen dazu mit den Beinen am Anfang der Bewegung Schwung holen, indem sie sich abstoßen. Dann sollen die Knie aber schnell wieder an die Brust gezogen werden. Die Übung wird solange wiederholt, bis die Auflage der Hände vollständig und zuverlässig erreicht wird.
Übung 3: Auf ein Sprungbrett oder einen Keil wird nun eine Weichbodenmatte oder besser eine Turnmatte und darüber eine alte, weiche Matratze gelegt. So entsteht eine schiefe Ebene. Die Kinder führen nun die Bewegung aus Übung 2 die schiefe Ebene herunter aus. Durch den größeren Schwung (bergab) und die

weiche Auflage (leichtes Einsinken des Kopfes) gelingt die Rolle rückwärts nun recht schnell. Die Bewegung wird durch eine Hand am unteren Rücken und ggf. eine weitere an den Knien geführt und bei Bedarf durch Krafteinsatz unterstützt. Weiterhin muss auf den korrekten Aufsatz der Hände geachtet werden, da diese Nacken und Kopf entlasten. Demnach muss ebenso darauf geachtet werden, dass die Hände nicht nur aufliegen, sondern über die Arme der Körper im Moment der Rolle gestützt wird. Die Kinder sollten auf den Füßen mit den Händen noch an der Matte landen. Eine Landung auf den Unterschenkeln ist aber zu tolerieren. Hinter der Landefläche sollte eine weitere Matte liegen, da Kinder durch zu viel Schwung nach hinten umfallen könnten. Die Übung wird solange in dieser Form wiederholt, bis sie zuverlässig ohne Hilfestellung und mit korrekten Details beherrscht wird.

Übung 4: Nun werden Parameter und Invarianten schrittweise wieder normalisiert, sodass die schiefe Ebene weniger steil ist und die weiche Unterlage gegen die normale Turnmatte getauscht wird. Die Kinder bekommen dabei die Anweisung, das Anziehen der Knie zur Brust mit bewusst viel Schwung auszuführen und gleichsam die Unterschenkel und Füße nach obenhinten zeigen zu lassen. Die Rolle rückwärts kann nun überlernt, automatisiert und stabilisiert werden.

4.3.2 Koordinationstraining in der Praxis

Übungsbeispiele mit Bällen

Bälle eignen sich hervorragend als Medium zur Schulung der koordinativen Fähigkeiten und haben für viele Kinder einen hohen Aufforderungscharakter. Methodisch wird die Grundformel zur Schulung der koordinativen Fähigkeiten eingesetzt: Einfache, gekonnte Fertigkeit + Vielfalt afferenter und efferenter Anforderungen + Druckbedingungen.

Formale Struktur:

- Gruppengröße: 1–25 Kinder
- Räumliche Voraussetzungen: Raum oder Freifläche mit glatten Wänden. Ca. 5 qm für jedes Kind
- Material: Ein Ball mit mittleren Sprungeigenschaften und einem Durchmesser von 15 bis 20 cm für jedes Kind
- Zeitdauer: beliebig
- Alter: 4–6 Jahre (ggf. nur Übung 1 bei 4-Jährigen).

Durchführung der Aktivität:
Übung 1: Die Kinder stehen mit einem Abstand von 2 bis 3 Metern vor einer Wand und werfen einen Ball mit beiden Händen von unten gegen diese, sodass er anschließend einmal aufspringt und sie ihn wieder fangen können (Präzisionsdruck). Die Übung wird mit verschiedenen Wurftechniken (Einwurf, Druckpass, Schlagwurf, etc.) wiederholt. Ebenso werden Krafteinsatz und Winkel des Wurfes variiert, sodass der Ball ganz hoch oder ganz flach die Wand berühren soll, nicht mehr aufspringt oder vor dem Wandkontakt aufspringt. Die Distanz zur Wand wird verringert oder vergrößert.
Übung 2: Zunächst wird wieder die Anfangsübung herangezogen. Nun sollen die Kinder aber nach dem Wurf und vor dem Fangen in die Hände klatschen (Komplexitätsdruck, Zeitdruck). Als nächstes kommen weitere einfache Fertigkeiten in Reihe geschaltet hinzu. Bspw. sollen die Kinder vor dem Klatschen mit den flachen Handflächen auf ihre Oberschenkel schlagen. »Wer kann den Rhythmus von ›We will rock you‹ machen, während der Ball fliegt, und ihn dennoch wieder fangen?« Die zugeschalteten Aufgaben können beliebig gewählt werden, sollten für die Kinder aber isoliert kein Problem darstellen.
Übung 3: Nun wird Organisationsdruck hinzugeschaltet, indem die Kinder während der Basisvariante aus Übung 2 eine weitere Aufgabe erfüllen müssen. So sollen sie sich während des Klatschens einmal um die Längsachse drehen oder hochspringen.

Übungsbeispiel zum Bereich Laufen & Springen

Kreidekästchen und vergleichbare Kinderspiele gibt es seit Jahrhunderten. Das Rad muss demnach nicht immer neu er-, manchmal aber wiedergefunden werden. Auch in diesem Beispiel wird die Übung anhand der Grundformel einfache, gekonnte Fertigkeit + Vielfalt afferenter und efferenter Anforderungen + Druckbedingungen entwickelt.

Formale Struktur:

- Gruppengröße: 1–10 Kinder
- Räumliche Voraussetzungen: 15 qm, Fußboden, Hof, Wiese, etc.
- Material: 6–12 Gymnastikreifen oder eine Koordinationsleiter
- Zeitdauer: beliebig
- Alter: 4–6 Jahre (je nach Schwierigkeitsstufe

Durchführung der Aktivität:
Die Reifen werden in eine gerade Reihe gelegt. Zur Variation können später auch Kurven und Schlangenlinien gelegt werden. Die Kinder bekommen nun in jeder (zweiten, dritten) Runde Anweisungen. Z. B.: »Lauft so schnell ihr könnt durch die Reifen und tretet dabei nur einmal in jeden Reifen.« Diese simple Übung kann nun variiert werden, und die Kinder sollen genau zweimal, dreimal, viermal, etc. in jeden Reifen treten. Vergleichbar kann die Übung mit Sprüngen gestaltet werden: »Hüpft mit beiden Beinen durch die Reifen und springt dabei genau einmal, zweimal, dreimal, etc. in jeden Reifen.« Der Fantasie sind keine Grenzen gesetzt. »Springt abwechselnd ein- und zweibeinig durch die Reifen«, könnte genauso eine weitere Aufgabe sein wie »springt abwechselnd mit einem und zwei Bodenkontakten durch die Reifen«. Die Übung kann durch hinzunehmen weiterer einfacher, gekonnter Fertigkeiten wie rückwärtslaufen oder -springen anhand des Fertigkeitsstand der Kinder variiert werden. Grundsätzlich sollte diese Übung nach dem Prinzip »richtig vor schnell« durchgeführt werden. Die Hinzunahme von Zeitdruck ist aber keinesfalls ausgeschlossen. Hauptdruckbedingungen sind Präzisionsdruck und Komplexitätsdruck. Organisationsdruck kann durch Zusatzaufgaben herbeigeführt werden, bspw. durch das Zuwerfen eines Balles während der Übung. Die Übung schult die Rhythmisierungsfähigkeit und kann auch im Schnelligkeitstraining eingesetzt werden.

Variation als Wettspielform:
Zwei Mannschaften aus 2 bis 6 Kindern stehen an jeweils einem Ende einer langen Reifenreihe. Die Kinder bekommen nun eine motorische Aufgabe, wie sie durch die Reifenreihe kommen sollen, z. B. beidbeinig springen. Auf Kommando springen sich die jeweils ersten Kinder entgegen. Sobald sie sich direkt gegenüberstehen, spielen sie »Schere – Stein – Papier«. Wer gewinnt darf weiterspringen, wer verliert muss neben den Reifen zurück zur eigenen Mannschaft. Schon im Moment der Niederlage muss aber das nächste Kind der Verlierermannschaft losspringen, um das Kind, das gewonnen hat, möglichst zeitnah aufzuhalten und erneut um das Weiterkommen zu spielen. Denn schafft es eine Mannschaft ans gegnerische Ende der Reifenreihe, hat sie gewonnen.

4.3.3 Krafttraining in der Praxis

Im Muskeldschungel

Abwechslungsreiche Bewegungslandschaften eignen sich im Vorschulalter nicht nur zum Krafttraining, sondern können als Komplextraining verschiedener motorischer Fähigkeiten und Fertigkeiten genutzt werden. Allerdings sind sie an eine gute räumlich-materielle Ausstattung geknüpft, wie man sie meist nur in Schulsporthallen vorfindet. Die hier schemenhaft dargestellte Bewegungslandschaft ist besonders auf Krafttraining ausgelegt und muss als Idealbeispiel verstanden werden. Abwandlungen aufgrund anderer Zielsetzungen oder Gegebenheiten sind zweifelsohne möglich und vermutlich meist nötig.

Formale Struktur:

- Gruppengröße: 7-20 Kinder
- Räumliche Voraussetzungen: mind. 200 qm, Sporthalle mit Deckenaufbauten (Ringe, Seile, etc.)
- Material: versch. Turngroßgeräte, Sandsäckchen, Pylonen, Reifen, Gymnastikstange
  Zeitdauer: beliebig
- Alter: 3-6 Jahre (je nach Aufbau)

Durchführung der Aktivität:
Der Aufbau ist als Rundlauf gestaltet, bei dem jede Station einmal pro Runde bewältigt werden soll, und kann von den Kindern beliebig oft absolviert werden – so lange die Kräfte eben reichen. Die Kinder sollen die Bewegungslandschaft nicht so schnell wie möglich absolvieren, sondern alle Aufgaben möglichst korrekt ausführen. Bewegungslandschaften unter ein Motto zu stellen – wie hier »im Dschungel« – erhöht die Motivation und kann bspw. durch Musik oder entsprechende Geräusche im Hintergrund gestützt werden. Den Rest erledigt die kindliche Fantasie. Die Reihenfolge der Stationen ist an einer Abwechslung von Arm-, Rumpf- und Beinkraft orientiert, um repetitives Training mit hohen Belastungsspitzen zu vermeiden. Auf eine gute Sicherung durch Matten aller Stationen ist zu achten.

Station 1, »Der Löwenfelsen«: Niedersprung vom 3-4-teiligen Kasten auf eine Weichbodenmatte. Ggf. wird eine Kletterhilfe in Form eines kleinen Kastens zum Aufstieg benötigt.

Station 2, »Am Wasserfall«: Schrägbankziehen. Eine Turnbank wird in eine Sprossenwand eingehängt oder an einem Kasten befestigt, sodass ein Winkel von 20 bis max. 45 Grad entsteht. Die Kinder legen sich bäuchlings auf die Bank und ziehen sich mit beiden Armen nach oben. Anschließend klettern sie hinunter.

Station 3 »Die Vogelspinne«: Sandsäckchentransport im Spinnengang. Die Kinder laufen auf allen Vieren mit dem Bauch Richtung Decke. Auf dem Bauch liegt ein Sandsäckchen, das über eine Distanz von etwa 10 Metern auf diese Weise transportiert werden soll und nicht runterfallen darf.

Station 4, »Die Affenbande«: Hangeln an der Reckstange. Die Griff- und Umgreiftechnik kann variiert werden. Die Höhe der Stange ist so einzustellen, dass die Kinder im Stand drankommen und beim Hangeln somit die Knie leicht anwinkeln müssen. Bei erfahrenen Kindern kann durch Kletterhilfen auch eine größere Höhe gewählt werden, um die Dimension »Mut, Abenteuer, Wagnis« vermehrt anzusprechen.

Station 5, »Der Pfeilgiftfrosch«: Standhoch- und -weitsprung. Zwei Reifen werden im Abstand von 75 bis 150 cm ausgelegt, dazwischen liegt eine Gymnastikstange lose in Höhe von 30 bis 50 cm auf zwei Pylonen. Die Kinder sollen nun vom ersten Reifen aus der tiefen Hocke (Froschposition) über die Stange in den zweiten Reifen springen. Höhe und Weite können angepasst werden und sollten im Zweifel langsam gesteigert werden. Ein Obstkarton funktioniert genauso gut – das Hindernis muss nur bei Berührung nachgeben oder umfallen können.

Station 6, »Im Lianenwald«: Die Kinder schwingen an einem Seil oder an Ringen über zwei bis drei Meter von einem kleinen Kasten zu einem anderen.

4.3.4 Schnelligkeitstraining in der Praxis

Schlafender Löwe

Lauf- und Fangspiele eignen sich grundsätzlich zur Schulung der Frequenzschnelligkeit. Im Vorschulalter werden offene Fangspiele allerdings häufig eher zu Ausdauerspielen, da die Kinder permanent laufen. Daher sind lineare, endliche Fangspiele die geeignetere Methode.

Formale Struktur:

- Gruppengröße: 5–20 Kinder
- Räumliche Voraussetzungen: 200 qm, Sporthalle oder Wiese

- Material: keines
- Zeitdauer: beliebig
- Alter: 4-6 Jahre.

Durchführung der Aktivität:
Ein Kind, ggf. zunächst auch eine erwachsene Person, wird zum Löwen und legt sich an einem Ende des Spielfeldes zum Schlafen nieder und schließt die Augen. Die übrigen Kinder sind nun auf Fotosafari. Um besonders gute Bilder machen zu können, müssen sie aber möglichst nah an den Löwen herankommen. Dabei darf der Löwe aber nicht geweckt werden, sonst wird es gefährlich. Daher schleichen die Kinder auf Zehenspitzen und machen Bilder mit einer imaginären Kamera, deren Klickgeräusche sie nachmachen. Irgendwann, plötzlich wacht der Löwe von alleine oder durch externen Krach (Pfiff, Klatschen, etc.) auf und die Kinder müssen zu einer sicheren Zone rennen (Linie, Wand, etc.). Der Löwe versucht, die Kinder zu fangen, indem er sie berührt. Anschließend gibt es verschiedene Möglichkeiten das Spiel fortzusetzen: 1. Es wird ein neuer Löwe bestimmt. 2. Gefangene Kinder werden zu Löwen, ggf. gibt es nun ein Löwenrudel. 3. Gefangene Kinder werden zusätzlich Löwen, und es wird solange gespielt, bis nur noch ein Kind übrig ist. Die Wahl der Spielidee hängt letztlich von der Gruppe ab und kann spezifisch und motivational genutzt werden.

JUMP!

Simple Übung zur Entwicklung der Schnell- und Sprungkraft und der Aktionsschnelligkeit. Anfeuern, jubeln und sich gegenseitig feiern gehören bei dieser Übung dazu!

Formale Struktur:

- Gruppengröße: 2-12 Kinder
- Räumliche Voraussetzungen: 25 qm, Sporthalle oder Wiese
- Material: 2 Gymnastikstäbe oder Besenstiele, 2 Turnmatten
- Zeitdauer: beliebig
- Alter: 3-6 Jahre

Durchführung der Aktivität:
Die Kinder sollen mit 3 bis 5 Metern Anlauf im Schrittsprung (einbeiniger Absprung, beidbeinige Landung) über einen Gymnastikstab springen. Der Stab wird von der Übungsleiterin oder dem Übungsleiter in einer Hand gehalten.

Die Matten dienen der Sicherung der Landung und sind auf einer Wiese nicht nötig. Begonnen werden kann mit einer Höhe von 30 cm, dann wird es sukzessive immer mehr. Das Halten des Stabes hat gegenüber einem Aufbau mehrere Vorteile: Durch das lose Halten in einer Hand gibt er nach. Die Kinder stürzen demnach nicht, und es muss nicht permanent neu aufgebaut werden. Die Kinder können also in schneller Abfolge springen, und auch bei größeren Gruppen bleiben die Wartezeiten im Rahmen. Zudem kann der Stab individuell an jedes Kind angepasst werden, sodass alle Kinder ihr Optimum erreichen können.

Variation:
Ein zweiter Stab wird hinzugenommen und in der zweiten Hand gehalten. Nun muss nicht mehr nur hoch, sondern auch weit gesprungen werden. Die Stäbe werden in jeder Runde höher und der Abstand zwischen ihnen wird größer.

4.3.5 Ausdauertraining in der Praxis

An dieser Stelle werden exemplarisch der *Schlangenlauf* für die Anwendung der Dauermethode und das Spiel *Kartenlauf* für die Intervallmethode vorgestellt. Die formale Struktur gilt für beide Spiele bzw. Übungsformen.

Formale Struktur:

- Gruppengröße: 4–20 Kinder
- Räumliche Voraussetzungen: mind. 100 qm, Sporthalle oder Wiese
- Material: keines bzw. ein Spielkartendeck (z. B. Skatblatt)
- Zeitdauer: 4 bis 10 Minuten
- Alter: 5-6 Jahre.

Durchführung der Aktivität:

Schlangenlauf
Die Kinder stellen sich in einer langen Schlange auf. Zunächst sollten Erwachsene den Kopf der Schlange bilden. Der genutzte Raum oder das genutzte Gelände können durch Alltagsgegenstände wie Stühle und Tische interessanter gestaltet werden. Zudem hilft dies bei der Orientierung. Die Schlange setzt sich in Bewegung und der Dauerlauf beginnt. Die Aufgabe für die Kinder besteht nun in gleichmäßigem Laufen, sodass keine größeren Lücken entstehen, aber das vorweg laufende Kind auch nicht beeinträchtigt wird. Die

Übungsform kann zunächst extensiv, später aber auch intensiv oder durch Tempowechsel variabel gestaltet werden. Als Faustformel gilt: Die Laufzeit in Minuten entspricht dem Lebensalter der Kinder in Jahren.

Variation:
Um die Übung abwechslungsreicher und anspruchsvoller zu gestalten, können kognitive Anforderungen oder motorische Fertigkeiten hinzugenommen werden. So kann sich die Schlange auch im Hopserlauf oder Seitgalopp bewegen und auf definierte Kommandos drehen sich alle Kinder um 180 Grad oder das hinterste Kind überholt alle und wird zum neuen Kopf der Schlange.

Kartenlauf
Die Kinder werden in Mannschaften eingeteilt, sodass jede Mannschaft aus 2 bis 4 Kindern besteht. Die Mannschaften stellen sich nebeneinander mit etwas Abstand an einer Startlinie oder Vergleichbarem in Schlangen auf. Die Spielkarten werden in 10 bis 15 Metern Abstand einzeln und verdeckt ausgelegt. Jeder Mannschaft wird nun eine Farbe (Caro, Herz, Pik, Kreuz) zugewiesen. Bei zwei Mannschaften und zur Vereinfachung kann auch nur nach Rot und Schwarz unterschieden werden. Das erste Kind jeder Mannschaft rennt auf das Startsignal hin zu den Karten und dreht eine Karte um. Ist es die zugeordnete Farbe, nimmt es die Karte mit – ist es eine andere Farbe, dreht es die Karte wieder um, läuft zur Mannschaft zurück und schlägt das nächste Kind ab. Die Mannschaft, die zuerst 3, 4, 5, ... alle Karten der eigenen Farbe gefunden hat, gewinnt.

Variation:
Das Spiel kann auch mit vorgegebenen Mustern (z. B. zwei Herz, ein Pik, ein Caro) als Suchaufgabe gespielt werden. Anspruchsvoller und zusätzlich zum Training des Arbeitsgedächtnisses kann das Spiel auch als Memory mit einem herkömmlichen Memoryspiel statt Karten gespielt werden. Die Regeln entsprechen dann dem Tischspiel, nur dass zunächst gelaufen werden muss und immer das nächste Kind dran ist, ob ein Paar gefunden wurde oder nicht.

4.3.6 Beweglichkeitstraining in der Praxis

Beweglichkeitstraining im Vorschulalter dient mehr der Ritualisierung der Sportstunde, denn dem tatsächlichen Trainingseffekt. Dennoch sollte es im Sinne einer Gewöhnung in überschaubarem zeitlichem Umfang Teil eines übergreifenden motorischen Trainings sein.

Formale Struktur:

- Gruppengröße: 2–20 Kinder
- Räumliche Voraussetzungen: mind. 2 qm pro Kind
- Material: keines
- Zeitdauer: 2 bis 10 Minuten
- Alter: 4–6 Jahre

Durchführung der Aktivität:
Beispiele einer dynamischen Partnerarbeit: Zwei Kinder sitzen sich im Grätschsitz gegenüber, sodass ihre Fußsohlen sich berühren. Die Kinder fassen sich mit gestreckten Armen auf Brusthöhe an den Händen. Nun beginnt ein Kind, sich langsam und vorsichtig nach hinten zu lehnen, sodass das andere Kind sich nach vorne lehnen muss. Das sich vorlehnende Kind sagt an, sobald es nicht mehr weiter kann, und beginnt in diesem Moment sich seinerseits langsam wieder nach hinten zu lehnen.

Der Beweglichkeits-Stern
Alle Kinder bilden einen »Stern«, indem sie sich im Grätschsitz Fuß an Fuß in einen großen Kreis setzen. Jedes Kind kann den Winkel der Grätsche individuell bestimmen. Nun werden verschiedene Aufgaben gestellt: »Könnt ihr mit eurer linken Hand den Fuß eures linken Nachbarn berühren, ohne dass eure Knie sie beugen? Könnt ihr mit eurer linken Hand den Fuß eures rechten Nachbarn berühren, ohne dass eure Knie sich beugen? Könnt ihr das auch mit beiden Händen gleichzeitig? Könnt ihr mit der linken Hand den Fuß des linken und mit der rechten Hand den Fuß des rechten Nachbarn berühren?« Ggf. kann den Kindern durch Haargummis am Handgelenk bei der Unterscheidung von rechts und links geholfen werden. Die Grundordnung des Kreises kann nun für weitere Dehnübung, Spielformen oder allgemeine Anweisungen genutzt werden.

4.4 Tipps zum Weiterlesen

Ratey, J. R. & Hagerman, E. (2009): *Superfaktor Bewegung*. Kirchzarten: VAK.
Roth, K. & Zimmer, R. (2017): *Das Motorik-ABC. Bewegungs- und Sprachförderung in der Kita. Offensive Bildung.* Berlin: Cornelsen.
Roth, K., Roth, C. & Hegar, U. (2014): *Mini-Ballschule. Das ABC des Spielens für Klein- und Vorschulkinder.* Schorndorf: Hofmann.

Weineck, J. (2007): *Optimales Training. Leistungsphysiologische Trainingslehre unter besonderer Berücksichtigung des Kinder- und Jugendtrainings.* (15. Auflage). Balingen: Spitta.

4.5 Literatur

Albrecht, C., Hanssen-Doose, A., Bös, K., Schlenker, L., Schmidt, S., Wagner, M., Will, N. & Worth, A. (2016): Motorische Leistungsfähigkeit von Kindern und Jugendlichen in Deutschland. Eine 6-Jahres-Kohortenstudie im Rahmen des Motorik-Moduls (MoMo). In: *Sportwissenschaft,* 46, 294–304.

Baur, J., Bös, K., Conzelmann, A. & Singer, R. (Hrsg.) (2009): *Handbuch Motorische Entwicklung* (2., komplett überarbeitete Auflage). Schorndorf: Hofmann.

Best, J. R. (2010): Effects of physical activity on children's executive function: Contributions of experimental research on aerobic exercise. In: *Developmental Review,* 30, 331–351.

Boreham, C. & Riddoch, C. (2001): The physical activity, fitness and health of children. In: *Journal of Sports Science,* 19, 915-929.

Bös, K., Oberger, J., Lämmle, L., Opper, E., Romahn, N., Tittlbach, S., Wagner, M., Woll, A. & Worth, A. (2008): Motorische Leistungsfähigkeit von Kindern. In: W. Schmidt (Hrsg.), *Zweiter Deutscher Kinder- und Jugendsportbericht. Schwerpunkt Kindheit* (S. 137–-157). Schorndorf: Hofmann.

Diamond, A. (2012): Activities and Programs That Improve Children's Executive Functions. In: *Current Directions in Psychological Science,* 21, 335–341.

Eisenhut, A. & Zintl, F. (2013): *Ausdauertraining. Grundlagen. Methoden. Trainingssteuerung.* München: BLV.

Finger, J. D., Varnaccia, G., Borrmann, A., Lange, C. & Mensink, G. B. M. (2018): Körperliche Aktivität von Kindern und Jugendlichen in Deutschland – Querschnittsergebnisse aus der KiGGS Welle 2 und Trends. In: *Journal of Health Monitoring,* 3 (1), 24-31.

Golenia M. & Neuber N. (2010): Bildungschancen in der Kinder- und Jugendarbeit – eine Studie zum informellen Lernen im Sportverein. In: N. Neuber (Hrsg.), *Informelles Lernen im Sport* (S. 189–209). Wiesbaden: VS Verlag für Sozialwissenschaften.

Grosser, M., Starischka, S. & Zimmermann, E. (2008): *Das neue Konditionstraining. Grundlagen. Methoden. Leistungssteuerung. Übungen. Trainingsprogramm* (10., neu bearbeitete Auflage). München: BLV.

Güllich, A. & Richartz, A. (2016) Leistungssport im Kindes- und Jugendalter – ein Update. In: *Sportunterricht,* 65, 49-54.

Haas, J. (2019): *Ausdauernd laufen in Schule und Verein. Grundlagen des Ausdauertrainings mit Kindern und Jugendlichen* (2., erweiterte Auflage). Balingen: Spitta.

Haffner, J., Roos, J., Goldstein, N., Parzer, P. & Resch, F. (2006): Zur Wirksamkeit körperorientierter Therapieverfahren bei der Behandlung hyperaktiver Störungen: Ergebnisse einer kontrollierten Pilotstudie. In: *Zeitschrift für Kinder- und Jugendpsychiatrie und Psychotherapie,* 37-47.

Hartmann, T. & Pühse, U. (2009): Sport und psychische Gesundheit. In: S. Schneider & J. Margraf (Hrsg.), *Lehrbuch Verhaltenstherapie. Band 3: Störungen im Kindes- und Jugendalter.* (S. 924–933). Heidelberg: Springer.

Heim, R. & Stucke, C. (2003): Körperliche Aktivitäten und kindliche Entwicklung – Zusammenhänge und Effekte. In: W. Schmidt, I. Hartmann-Tews & W. Brettschneider (Hrsg.), *Erster Deutscher Kinder- und Jugendsportbericht* (S. 127–144). Schorndorf: Hofmann.

Hottenrott, K. & Gronwald, T. (2009): *Ausdauertraining in Schule und Verein.* Schorndorf: Hofmann.

Hunger, I. & Zimmer, R. (Hrsg.) (2010): *Bildungschancen durch Bewegung – von früher Kindheit an!* Schorndorf: Hofmann.

Klee, A. & Wiemann, K. (2012): *Dehnen. Training der Beweglichkeit* (2., überarbeitete Auflage). Schorndorf: Hofmann.

Roth, K. (2014): Begriffliche und theoretische Grundlagen der Koordinationsschulung. In: C. Kröger & K. Roth (Hrsg.), *Koordinationsschulung im Kindes- und Jugendalter. Eine Übungssammlung für Sportlehrer und Trainer.* (S. 5–34). Schorndorf: Hofmann.

Krug, S., Jekauc, D., Poethko-Müller, C., Woll, A. & Schlaud, M. (2012): Zum Zusammenhang zwischen körperlicher Aktivität und Gesundheit bei Kindern und Jugendlichen. Ergebnisse des Kinder- und Jugendgesundheitssurveys (KiGGS) und des Motorik-Moduls (MoMo). Bundesgesundheitsblatt, 55, 111-120.

Krug, S., Worth, A., Finger, J., Damerow, S. & Manz, K. (2019): Motorische Leistungsfähigkeit 4- bis 10-Jähriger Kinder in Deutschland. Ergebnisse aus KiGGS Welle 2 und Trends. *Bundesgesundheitsblatt*, 62, 1242-1252.

Kubesch, S. & Hansen, S. (2017). *Sport im Fokus. Exekutive Funktionen trainieren. Leistung optimieren. Mentale Stärke ausbilden.* Heidelberg: BILDUNG plus.

Mensink, G. (2003): *Beiträge zur Gesundheitsberichterstattung des Bundes. Bundes-Gesundheitssurvey: Körperliche Aktivität Aktive Freizeitgestaltung in Deutschland.* Berlin: Robert Koch-Institut.

Morgan, A. J., Parker, A. G., Alvarez-Jimenez, M. & Jorm, A. F. (2013): Exercise and Mental Health: An Exercise and Sports Science Australia Commissioned Review. In: *Journal of Exercise Physiology*, 16, 64-73.

Mühlbauer, T., Roth, R., Kibele, A., Behm, D. G. & Granacher, U. (2013): *Krafttraining mit Kindern und Jugendlichen. Praktische Umsetzung und theoretische Grundlagen.* Schorndorf: Hofmann.

Müller, U., Liebermann D., Frye, D. & Zelazo, P. D. (2008): Executive function, school readiness and school achievement. In: S. K. Thurman & C. A. Fiorello (Hrsg.), *Applied Cognitive Research in K-3 Classrooms*, (S. 41–84). New York: Routledge.

Pauer, T. (2001): Wie verbessert man die motorische Ausdauer. In: K. Roth (Hrsg.), *Grundvorlesung »Bewegung und Training«. Protokolle der Vorlesungseinheiten.* (S. 33–48). Heidelberg: ISSW.

Pauer, T. (2001): Wie verbessert man die motorische Schnelligkeit. In: K. Roth (Hrsg.), *Grundvorlesung »Bewegung und Training«. Protokolle der Vorlesungseinheiten.* (S. 69–74). Heidelberg: ISSW.

Pilz, G. A. (1999): Fairness und ihr Verständnis im sportlichen Wettkampf oder: Die Moral des »fairen Fouls«. In: R. Mokrosch & A. Regenbogen (Hrsg.), *Was heißt Gerechtigkeit? Ethische Perspektiven zu Erziehung. Politik und Religion* (S. 215–227). Donauwörth: Auer.

Ratey, J. R. & Hagerman, E. (2009): *Superfaktor Bewegung.* Kirchzarten: VAK.

Roth, C. (2004): Die Ballschule als Integrationskonzept: das ABC des Spielen Lernens für hyperaktive Kinder. In: *Sportunterricht,* 53, 367-372.

Roth, K. & Kröger, C. (2002): *Ballschule. Ein ABC für Spielanfänger.* (2., unveränderte Auflage). Schorndorf: Hofmann.

Roth, K. & Willimczik, K. (1999): *Bewegungswissenschaft.* Reinbek: Rowohlt.

Roth, K. & Zimmer, R. (2017): *Das Motorik-ABC. Bewegungs- und Sprachförderung in der Kita. Offensive Bildung.* Berlin: Cornelsen.

Roth, K. & Zimmer, R. (2017): *Das Motorik-ABC. Bewegungs- und Sprachförderung in der Kita.* Berlin: Cornelsen.

Roth, K. (1998): Wie lehrt man schwierige geschlossene Fertigkeiten? In: Methoden im Sportunterricht. Ein Lehrbuch in 14 Lektionen, Bielefelder Sportpädagogen. Beiträge zur Lehre und Forschung im Sport, 96 (3., neubearb. Aufl.) (S. 27–46). Schorndorf: Hofmann.

Roth, K. (1998): Wie verbessert man die koordinativen Fähigkeiten? In: Methoden im Sportunterricht. Ein Lehrbuch in 14 Lektionen, Bielefelder Sportpädagogen. Beiträge zur Lehre und Forschung im Sport, 96 (3., neubearb. Aufl.) (S. 85–102). Schorndorf: Hofmann.

Roth, K. (2001): Einführung – Übersicht. In: K. Roth (Hrsg.), *Grundvorlesung »Bewegung und Training«. Protokolle der Vorlesungseinheiten.* (S. 4–13). Heidelberg: ISSW.

Roth, K., Mauer, S., Obinger, M., Ruf, K. C., Graf, C., Kriemler, S., Lenz, D., Lehmacher, W. & Hebestreit, H. (2010): Prevention through Activity in Kindergarten Trial (PAKT): A cluster randomised controlled trial to assess the effects of an activity intervention in preschool children. BMC Public Health, 10, 410. doi:10.1186/1471-2458-10-410.

Roth, K., Roth, C. & Hegar, U. (2014): *Mini-Ballschule. Das ABC des Spielens für Klein- und Vorschulkinder.* Schorndorf: Hofmann.

Roth, K., Ruf, K., Obinger, M., Mauer, S., Ahnert, J., Schneider, W., Graf, C. & Hebestreit, H. (2009): Is there a secular decline in motor skills in preschool children? In: *Scandinavian Journal of Medicine & Science in Sports,* 20, 270-278.

Rütten, A. & Pfeifer, K. (Hrsg.) (2016): *Nationale Empfehlungen für Bewegung und Bewegungsförderung.* Erlangen-Nürnberg: Friedrich-Alexander-Universität.

Schmiade, N. & Mutz, M. (2012). Sportliche Eltern, sportliche Kinder – Die Sportbeteiligung von Vorschulkindern im Kontext sozialer Ungleichheit. In: *Sportwissenschaft,* 42, 115–125.

Sygusch, R., Wagner, P., Opper, E. & Worth, A. (2006): Aktivität und Gesundheit im Kindes- und Jugendalter. In: K. Bös & W. Brehm (Hrsg.), *Handbuch Gesundheitssport* (S. 118–128). Hofmann, Schorndorf.

Tomkinson, G. R., Olds, T. S., Borms, J. (2007): Who are the Eurofittest? In: *Medicine and sport science,* 50, 104-28.

Trudeau, F., Laurencelle, L., Tremblay, J., Rajic, M. & Roy, J. (1999): Daily primary school physical education: effects on physical activity during adult life. In: *Medicine & Science in Sports & Exercise,* 31, 111-117.

Völker, K. (2008): Wie Bewegung und Sport zur Gesundheit beitragen – Tracking Pfade. In: W. Schmidt (Hrsg.), *Zweiter Deutscher Kinder- und Jugendsportbericht. Schwerpunkt Kindheit* (S. 89–106). Schorndorf: Hofmann.

Warnke, F. & Hanser, H. (2004): Nachhilfe ade? In: *Gehirn & Geist,* 64, 64–67.

Weineck, J. (2007): *Optimales Training. Leistungsphysiologische Trainingslehre unter besonderer Berücksichtigung des Kinder- und Jugendtrainings* (15. Auflage). Balingen: Spitta.

Will, N., Schmidt, S. & Woll, A. (2016): Intensität und soziale Disparität sportlicher Aktivität in Schule und Verein Die Motorik-Modul-Studie (MoMo). In: *Sportunterricht*, 65, 239–244.

Wollny, R. (2002): *Motorische Entwicklung in der Lebensspanne*. Schorndorf: Hofmann.

World Health Organisation (2010): *Global Recommendations on Physical Activity for Health*. Genf: WHO Press.

Zimmer, P., Oberste, M. & Bloch, W. (2015): Einfluss von Sport auf das zentrale Nervensystem – Molekulare und zelluläre Wirkmechanismen. In: *Deutsche Zeitschrift für Sportmedizin*, 66, 42–49.

Zimmer, R. (2015): Frühkindliche Bildung und Sport. In: W. Schmidt (Hrsg.), *Dritter Deutscher Kinder- und Jugendsportbericht. Kinder- und Jugendsport im Umbruch* (S. 395–415). Schorndorf: Hofmann.

Zimmer, R. (2016): *Handbuch Sprache und Bewegung. Alltagsintegrierte Sprachbildung in der Kita*. Freiburg: Herder.

5

Den Spaß am Forschen fördern – Naturwissenschaften und Co in der Kita

Annette Schneider

Seit vielen Jahren schon fordern Wirtschaft und Politik, die MINT-Förderung auszubauen und voranzutreiben, da, früher wie heute, gerade in diesen Bereichen ein hoher Fachkräftemangel herrscht. MINT fasst die Bereiche **M**athematik, **I**nformatik, **N**aturwissenschaften und **T**echnik zusammen. Zwar haben sich seit Anfang des 21. Jahrhunderts, auch als Folge der Ergebnisse der ersten PISA-Studie, eine Vielzahl an Initiativen und Projekten im MINT-Bereich etabliert, mit dem Ziel, die Frühförderung der MINT-Disziplinen im Setting Kindertagesstätten vorantreiben, eine Entspannung auf dem Arbeitsmarkt ist jedoch bislang nicht in Sicht, da bereits 2018 über 300.000 Fachkräfte in den MINT-Bereichen fehlten (Anger et al, 2018).

Zwar ist die MINT-Frühförderung in allen Bildungsplänen der Bundesländer verankert, so zum Beispiel im baden-württembergischen Orientierungsplan im Bildungs- und Entwicklungsfeld »Denken« (Ministerium für Kultus, Jugend und

Sport BW, 2015), aber die Vorgaben und Handlungsanweisungen zur Umsetzung differieren von Bundesland zu Bundesland.

5.1 MINT im vorschulischen Bildungsbereich

Seit Beginn der modernen Wissenschaften, welche die Industrialisierung einläuteten, wurden unzählige Entdeckungen und Erfindungen gemacht, die aus unserer heutigen Lebensumwelt nicht mehr wegzudenken sind und die wir alle ganz selbstverständlich in unserem Alltag nutzen; ob es die zahlreichen Helfer im Haushalt sind, wie z. B. Waschmaschine, Staubsauger, Spülmaschine, oder Transportmittel, wie Auto oder Flugzeug. Diese Erfindungen ermöglichen uns einen zivilisatorischen Komfort und einen volkswirtschaftlichen Wohlstand; und sie alle beruhen auf Entwicklungen, die ohne MINT-Kenntnisse nicht möglich gewesen wären.

Besonders hervorzuheben sind hier auch die Fortschritte in der Medizin, welche die menschliche Gesundheit deutlich verbesserten, sei es, um nur einige Beispiele zu nennen, durch die Entdeckung und industrielle Produktion von Antibiotika, die Entwicklung medizinischer Geräte (Mikroskop, Röntgenapparat, etc.) oder die Einführung spezieller Hygienestandards (Karger-Decker, 2001). Aktuell wird sehr deutlich, wie sehr wir auf naturwissenschaftlich-technische Erkenntnisse und Entwicklungen angewiesen sind, angesichts der seit Januar 2020 grassierenden Corona-Pandemie, die unsere Gesellschaft maßgeblich beeinflusst und verändert hat. Die forschenden Pharma-Unternehmen auch in Deutschland haben Impfstoffe entwickelt, die eine Schutzimpfung gegen das Coronavirus SARS-CoV-2 ermöglichen. Mit der Durchführung der Impfung ist die Hoffnung verbunden, möglichst rasch wieder zum gewohnten Leben, ohne Mund-Nasen-Schutz, Abstandsregelungen, Reisewarnungen oder regionalen Lockdown, zurückkehren zu können.

5.1.1 Was ist MINT?

Nachdem der Begriff **MINT** nun schon mehrfach gefallen ist, soll zunächst aufgezeigt werden, was sich genau hinter MINT verbirgt und wie die MINT-Fächer in den Elementarbereich einzuordnen sind.

MINT fasst die Bereiche **Mathematik, Informatik, Naturwissenschaften und Technik** zu einem Bildungsbereich zusammen, wobei jede Disziplin fachspezifische Eigenheiten hat und eigene Methoden, um ihre jeweiligen Ziele zu erreichen, sowie spezifische Vorgehensweisen beim systematischen Forschen (Stiftung Haus der kleinen Forscher, 2019). International wird für die vier Disziplinen der Begriff **STEM** verwendet, der für **s**cience, **t**echnology, **e**ngeneering und **m**athematics steht (Steffensky, 2018a).

In Abbildung II.13 sind die MINT-Disziplinen in einer Übersicht dargestellt.

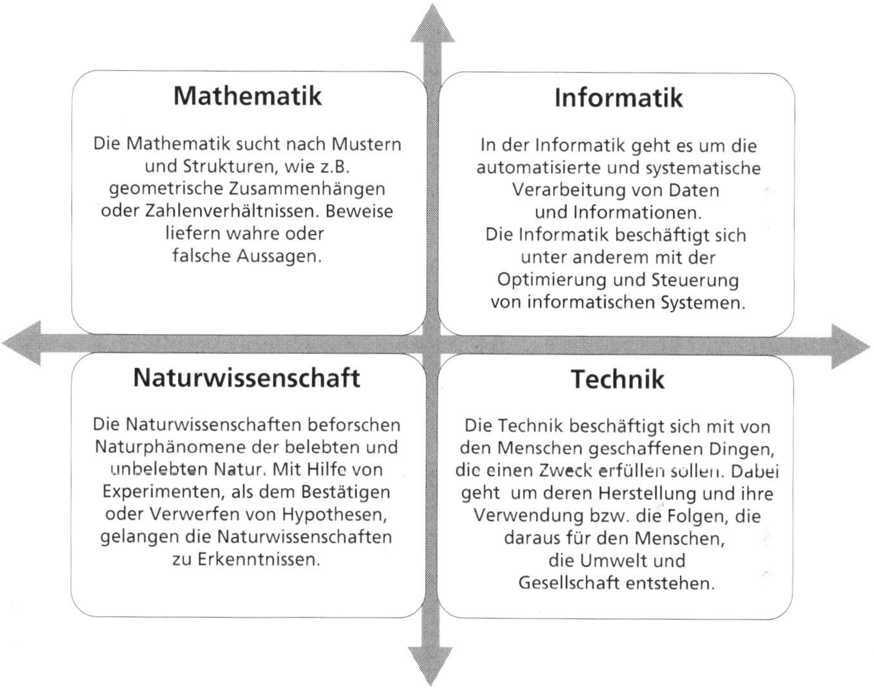

Mathematik
Die Mathematik sucht nach Mustern und Strukturen, wie z.B. geometrische Zusammenhängen oder Zahlenverhältnissen. Beweise liefern wahre oder falsche Aussagen.

Informatik
In der Informatik geht es um die automatisierte und systematische Verarbeitung von Daten und Informationen. Die Informatik beschäftigt sich unter anderem mit der Optimierung und Steuerung von informatischen Systemen.

Naturwissenschaft
Die Naturwissenschaften beforschen Naturphänomene der belebten und unbelebten Natur. Mit Hilfe von Experimenten, als dem Bestätigen oder Verwerfen von Hypothesen, gelangen die Naturwissenschaften zu Erkenntnissen.

Technik
Die Technik beschäftigt sich mit von den Menschen geschaffenen Dingen, die einen Zweck erfüllen sollen. Dabei geht es um deren Herstellung und ihre Verwendung bzw. die Folgen, die daraus für den Menschen, die Umwelt und Gesellschaft entstehen.

Abb. II.13: Die MINT-Disziplinen im Überblick (eigene Darstellung, modifiziert nach Stiftung Haus der kleinen Forscher, 2019)

Die Diskussion über die Rolle der MINT-Bildung in den verschiedenen Bildungsetappen ist anhaltend und intensiv. Vor allem die Frage, ob MINT als ein integrierter Gesamtbereich zu verstehen ist oder ob es sich um eine Sammelbezeichnung der Bildungsbereiche handelt, die eine besonders hohe wirtschaftliche Bedeutung haben, wird kontrovers diskutiert. Im Elementarbereich wird MINT in der Regel als Sammelbezeichnung und nicht als integrierter Gesamtbereich verstanden (Steffensky, 2018a).

Ein generelles Ziel der MINT-Förderung ist, Kinder für Mathematik, Informatik, Naturwissenschaften und Technik zu begeistern, und zwar in allen Bildungsetappen, sowie ein vorhandenes Interesse an diesen Disziplinen weiter auszubauen und zu stärken. Dabei spielen sowohl eine frühe und anhaltende MINT-Förderung als auch die Selbsteinschätzung im Umgang mit Naturwissenschaften und Technik eine bedeutende Rolle. Zu betonen ist an dieser Stelle, dass Erfolgserlebnisse und Vorbilder besonders für Mädchen bereits im Kindergarten wichtig sind (Cavelti, 2018).

Obwohl die einzelnen MINT-Bereiche ineinandergreifen und nicht getrennt vermittelt werden können, gibt es dennoch Unterschiede in der bestehenden Verankerung im frühkindlichen Bildungsangebot. Die längste Tradition im Elementarbereich hat die mathematische Frühförderung, die in den meisten Kindertagesstätten auch umgesetzt wird (Steffensky, 2018a). Bildungsangebote zu den naturwissenschaftlichen Disziplinen Physik, Chemie und Biologie haben sich, vor allem in den letzten Jahren, ebenfalls fest in diesem Bildungsbereich etabliert; hilfreich waren hier die zahlreichen gemeinnützigen Initiativen und Stiftungen, wie »Das Haus der kleinen Forscher« (Edelmann, 2014), die »Forscher-Füchse« (Dr. Hans Riegel-Stiftung, 2020) oder »Mint in der Frühförderung« (Südwestmetall, 2019), um nur einige Beispiele zu nennen. Technische Phänomene werden entweder beim alltäglichen Spiel erfahren, beispielsweise beim Türme bauen in der Bauecke oder in Verbindung mit naturwissenschaftlichen Angeboten, wie zum Beispiel dem Bau einer Mini-Kläranlage (Chemie-Verbände BW, 2011). Frühkindliche Bildungsangebote im Bereich der Informatik und digitaler Medienkommunikation sind dagegen auch heute noch kaum vorhanden (Steffensky, 2018a).

Es ist anzunehmen, dass die nahezu nicht existente Förderung altersangepasster digitaler Kompetenzen im Vorschulbereich und der spärliche bis nicht vorhandene Einsatz digitaler Medien und das Fehlen medialer Ausstattung in deutschen Kindertagesstätten auch dazu beigetragen haben, dass die Versorgung der Eltern mit Bildungsangeboten während des Lockdows nur unzureichend erfolgt ist. Gerade in einer Zeit, in der persönliche Kontakte nicht erlaubt sind, bieten digitale Medien die Möglichkeit einer problemlosen und schnellen Informationsvermittlung und eines »in Kontakt Bleibens« mittels Videochats. Goll (2020) stellte im Zuge einer Elternbefragung fest, dass nur die Hälfte der befragten Eltern (50,5 %) mit Bildungsangeboten während der Schließzeit ihrer Einrichtung versorgt wurde und 71 % der Eltern, die keine Bildungsangebote erhalten haben, sich Unterstützung gewünscht hätten.

5.1.2 Bildungsauftrag im Elementarbereich – mit Blick auf die MINT-Disziplinen

Die Entwicklung des Kindes zu einer eigenverantwortlichen und gemeinschaftsfähigen Persönlichkeit soll, laut Kinder- und Jugendhilfegesetz (SGB VIII, § 2), in Kindertageseinrichtungen und in der Kindertagespflege durch Erziehung, Bildung und Betreuung des Kindes gefördert werden (Deutscher Bildungsserver, 2018). Welche Gewichtung der Erziehung und Betreuung und welche der Bildung zugeschrieben werden (sollen), beschäftigt Pädagogen, Psychologen und Politiker seit langem und steht nach wie vor im Fokus der bildungspolitischen Diskussion (Andresen & Hurrelmann, 2010, Kaufmann, 2010).

Die Erstellung von Bildungsplänen auf Länderebene, basierend auf einem, bei der Jugendministerkonferenz 2004 verabschiedeten, gemeinsamen Rahmenplan der Länder für eine frühe Bildung in Kindertageseinrichtungen, betont die Wichtigkeit der Bildung im Elementarbereich (Roux, 2008, Kaufmann, 2010). Studien stützen diesen Trend, da positive Zusammenhänge zwischen dem Besuch eines Kindergartens und dem späteren Bildungserfolg festgestellt werden konnten (Klinkhammer & Schäfer, 2017). Zu betonen ist, dass die Bildungsförderung in Kindertageseinrichtungen nicht darauf abzielt, schulisches Lernen in den Kindergarten zu implementieren, sondern es geht vielmehr darum, Kinder auf ihrem individuellen Lernweg zu begleiten, ihnen Freude am Erkunden und Entdecken ihrer (Um-)Welt zu ermöglichen und ihnen Lernorte bereitzustellen, an denen sie sich, in ihrem Tempo und nach ihren Interessen, ausprobieren und selber erfahren können (Roux, 2008). Ein vorrangiges Ziel dabei ist, die Chancengleichheit der Kinder zu sichern, um Benachteiligungen durch ungünstige Familienverhältnisse auszugleichen und auch Kindern aus bildungsfernen Familien eine erfolgreiche Schullaufbahn zu ermöglichen (Andresen & Hurrelmann, 2010).

Bereits 2001 wies der Arbeitsstab Forum Bildung darauf hin, dass die Motivation und die Fähigkeit zu einem kontinuierlichen und selbstgesteuerten Lernen früh geweckt werden sollten, da die Weichen für Bildungschancen früh gestellt werden (Lück, 2018). Diese Forderung ist keineswegs schwierig umzusetzen, da Kinder von Geburt an die Fähigkeiten dazu mitbringen: sie sind »neu-gierig« und haben Freude daran, ihre Umwelt zu erkunden, zu explorieren und ihre Alltagswelt mit allen Sinnen zu entdecken. Dazu braucht es aber Räume, Möglichkeiten und Angebote. Der aktuelle Bildungsbericht zeigt, dass in Deutschland die Beteiligung von Kindern an frühkindlichen Bildungs- und Betreuungsangeboten stetig steigt und dass Kinder immer früher und täglich immer länger solche Angebote nutzen (Klinkhammer & Schäfer, 2017).

II Methodische Kompetenz nach Bildungsbereichen

Hier bieten die MINT-Fächer vielfältige Möglichkeiten, solche Bildungsangebote in Kindertagesstätten zu schaffen und dem großen Interesse der Kinder an Naturphänomenen Rechnung zu tragen, sowie den Eigenantrieb der Kinder, die »Welt zu entdecken«, zu fördern und aufrecht zu erhalten. Kinder erhalten dadurch die Möglichkeit, Phänomene in ihrer Umwelt aufmerksam zu beobachten, bewusst wahrzunehmen und Erkenntnisse daraus zu ziehen. Fähigkeiten, die über das ganze Leben hinweg eine wichtige Rolle spielen und die auch in der Wissenschaft zu teilweise bahnbrechenden Entdeckungen geführt haben, was durch die Entdeckung des Penicillins verdeutlicht werden kann.

> **Exkurs zur Geschichzte des Penicillins**
> Der schottische Bakteriologe Alexander Fleming (1881–1955) arbeitete am St. Mary's Hospital in London und experimentierte mit dem Krankheitserreger Staphilococcus aureus (ein weit verbreitetes Bakterium, das beim Menschen zur normalen Besiedlungsflora der Haut und Schleimhäute gehört, aber pathogen werden kann, wenn es ins Gewebe eintritt. Es kann Hautgewebsinfektionen, Lungenentzündungen oder eine Sepsis auslösen, v. a. wenn ein aktuell geschwächtes Immunsystem vorliegt). Nach seinem Sommerurlaub kehrte Fleming im September 1928 in sein Labor im St. Mary's Hospital zurück und fand eine Petrischale mit einer verschimmelten Baterienkultur, die er vor Urlaubsantritt vergessen hatte wegzuräumen. Er *beobachtete* die Petrischale genau und stellte fest, dass eine winzige Menge grüner Schimmelpilze die Bakterienkultur in der Petrischale zerstört hatte. Durch die bewusste *Wahrnehmung* kam er zu *der Erkenntnis*, dass in dem Schimmel eine bakterientötende Substanz sein müsse. Er impfte den Pilz ab und strich ihn auch auf andere Bakterienkulturen, die ebenfalls abgetötet wurden. Damit hatte er seine Erkenntnis mehrfach überprüft und die bakterienhemmende Wirkung des Schimmelpilzes nachgewiesen. Er nannte die bakterienhemmende Agens Penicillin. Hätte Fleming nicht so genau beobachtet, wahrgenommen und eine Erkenntnis daraus gezogen und die Petrischale einfach im Müll entsorgt, wäre das Penicillin damals nicht entdeckt worden.
>
> (Die Entdeckung des Penicillins, eigene Darstellung, nach Jahn, 2004)

Erkenntnisse, die Kinder aus ihren Beobachtungen und Wahrnehmungen ziehen, liefern ihnen differenzierte Einsichten in die Prozesse unserer Umwelt. Hier wäre als Beispiel die Tatsache zu nennen, dass Stoffe nicht einfach spurlos verschwinden können (Gesetz von der Erhaltung der Masse). Wird beispielsweise ein Stück Würfelzucker in ein Glas Wasser gegeben, löst sich der Zucker auf. Auf den ersten Blick ist der Zucker verschwunden. Lässt man Kinder das Wasser kosten, schmeckt dieses süß und sie nehmen wahr, dass der Zucker nicht weg, sondern immer noch im Wasser ist, nur seine Form geändert hat (Lück, 2018). Solche frühen (Bildungs-) Erfahrungen bilden die Basis, auf die später aufgebaut werden kann und denen eine hohe Bedeutung über die gesamte Lebensspanne zugeschrieben wird (Steffensky, 2017). Kinder werden befähigt, sich aktiv mit ihrer Lebensumwelt auseinander zu setzen, zu erkennen, wie sie ihre Umwelt nutzen können, wie bestimmte Phänomene zusammenhängen und auch, wann die Umwelt geschützt werden muss (Lück, 2018). Denn nicht nur Zucker kann sich in Wasser lösen, sondern auch andere, z. B. giftige Substanzen, die dann nicht mehr sichtbar, aber trotzdem vorhanden sind und Schaden anrichten können.

5.1.3 Gründe für eine frühe MINT-Bildung – Ziele und Kompetenzentwicklung

Die Ziele einer altersangepassten Förderung der MINT-Disziplinen in Krippen und Kindergärten sind vielfältig und gehen weit über eine reine Wissensvermittlung hinaus. Sich selbst als Forscher zu erleben, Spaß am Entdecken von Alltags- und Naturphänomenen zu haben und Erfolgserlebnisse beim Forschen zu gewinnen, unterstützt die Kinder, eine *Forscherpersönlichkeit* zu entwickeln, wodurch beim Kind das Vertrauen in die eigenen Fähigkeiten, das Selbstbewusstsein, sowie Hartnäckigkeit und Kreativität gefördert werden (Dahle, 2007). Damit wird die Grundlage gelegt, sich auch im weiteren Lebensverlauf auf ungewohnte, nicht vertraute Situationen einlassen zu können, keine Furcht vor neuen, unbekannten Dingen zu haben, selber etwas schaffen und erreichen zu können, an einer Aufgabe zu verweilen, bis diese gelöst ist und bei der Problemlösung kreativ und eigenständig vorzugehen.

Dies führt langfristig zu einer Förderung der eigenen Meinungsbildung, dem Erkennen von Zusammenhängen und Erfassen von Vernetzung, einem Gewinn von differenzierten Einsichten in Prozesse der Umwelt und damit zu einer partizipativen Gestaltung der Lebensumwelt und schließlich auch zur Eröffnung zusätzlicher beruflicher Perspektiven.

Um Kinder auf dem Weg zu einer Forscherpersönlichkeit zu begleiten, müssen ihnen zunächst vielfältige Möglichkeiten geboten werden, ihre Umwelt zu entdecken und dabei ganz unterschiedliche Grunderfahrungen zu

II Methodische Kompetenz nach Bildungsbereichen

sammeln. Dazu zählen die körperlich-sinnlich Auseinandersetzung mit Phänomenen und Gegenständen aus der alltäglichen Lebensumwelt, ein aktives Ausprobieren unterschiedlicher Handlungen ohne besondere Planung und mit möglichst vielen Wiederholungen sowie spielerische Aktivitäten unter Einbeziehung der Fantasie (Stiftung Haus der kleinen Forscher, 20019). Aufbauend auf diesen Grunderfahrungen können dann Forscheraktivitäten stattfinden, denen ein gezielter Ablauf zugrunde liegt. Dies ist in Abbildung II. 14 dargestellt (vgl. Fthenakis, 2008), wird im Folgenden näher beschrieben und mittels des Versuchs »Das Löschen einer Kerze« (siehe Praxisbeispiele in Kapitel 5.4.1.1) verdeutlicht.

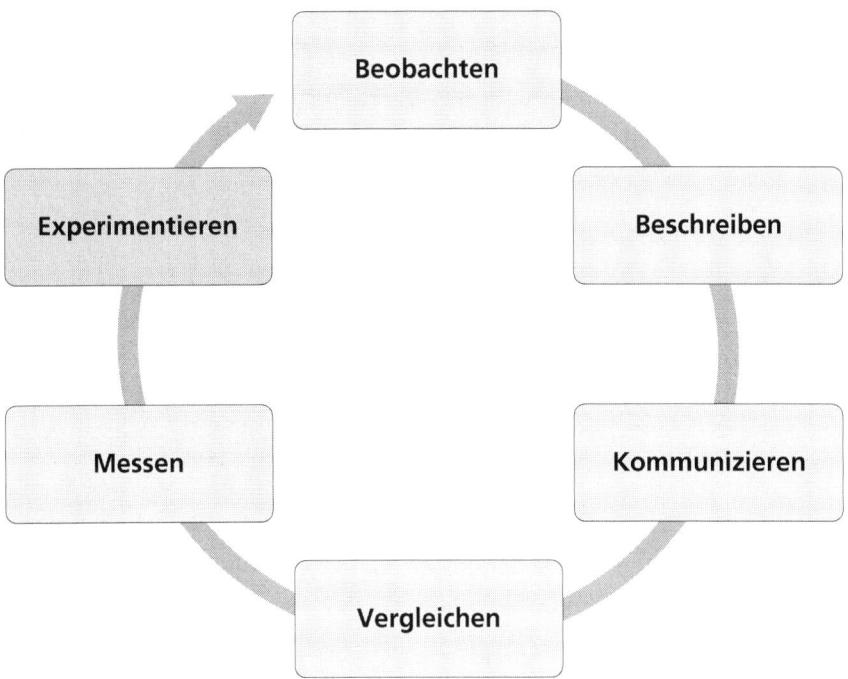

Abb. II.14: Phasen des Forschungszyklus (eigene Darstellung, angelehnt an Fthenakis, 2008; Steffensky, 2017)

Weckt ein Phänomen oder ein Gegenstand (im Beispielversuch das Teelicht und das Glas) das Interesse des Kindes, wird es diese erst mal genau beobachten. Oftmals liegt der Beobachtung eine bestimmte Fragestellung zugrunde, hier z. B. die Frage: »Was passiert, wenn das Glas über die brennende Kerze gestülpt wird?«

Als zweiter Schritt folgt das Beschreiben der Beobachtung (die Kerzenflamme erlischt nach einer bestimmten Zeit, wenn das Glas über das brennende Teelicht gestülpt wurde) in Form von Worten oder Bildern, was einer geordneten Wiedergabe der Beobachtungsergebnisse dient und den Prozess der bewussten Wahrnehmung unterstützt.

Darauf aufbauend kann eine Kommunikation über die Beobachtung beginnen, in welcher die Kinder Ideen, Vermutungen und Hypothesen zu ihren Beobachtungen äußern. Dieser Prozess kann durch entsprechende Fragen der Fachkraft unterstützt werden. Bezogen auf den Versuch könnten die Kinder vermuten, dass die Kerzenflamme unter dem Glas erlischt, weil keine Luft da ist. Um die Ideen und Hypothesen zu stützen oder zu widerlegen, kann der Versuch mehrmals wiederholt werden.

Werden in die Wiederholungen kleine Variationen eingebaut, wie zum Beispiel unterschiedlich große Gläser, können Gemeinsamkeiten und Unterschiede erkannt und ein Vergleich gezogen werden. Dies führt zu einer Wissenserweiterung, dahingehend, dass die Kinder wahrnehmen, dass die Kerzenflamme immer erlischt, wenn ein Glas übergestülpt wird, dass aber die Brenndauer der Kerze abhängig ist von der Größe des Glases. Beim Einbau solcher Varianten, mit dem Ziel, unterschiedliche Phänomene miteinander zu vergleichen, sollte zuvor das Unterscheidungskriterium wie beispielsweise Größe, Farbe, Beschaffenheit oder Struktur festgelegt werden (hier die Größe des Glases).

Um die Vergleiche quantifizierbar zu machen, können noch unterschiedliche Messinstrumente (Waage, Lineal, Uhr, Thermometer) eingesetzt werden. Auf das Beispiel bezogen kann eine Stoppuhr zum Messen der Brenndauer (bei unterschiedlichen Gläsern) verwendet oder deren Volumen mit einem Messbecher bestimmt werden.

Damit ist die Basis für eine erfolgreiche »Forscherkarriere« gelegt. Zusammengefasst beinhaltet Experimentieren die eigenständige Formulierung von Fragestellungen, die Entwicklung von Ideen, die Überprüfung der Hypothesen, oftmals mit mehrmaligen Wiederholungen und/oder Veränderungen einiger Variablen und schließlich die Schlussfolgerungen, welche die Hypothesen stützen oder widerlegen. Vor allem die wiederholte Durchführung des Experiments mit jeweils leicht veränderten Ausgangsbedingungen ist für eine nachhaltige Verankerung des neu erworbenen »Wissens« im Gehirn von großer Bedeutung.

Wie oben bereits erwähnt, zielt eine frühe Förderung der MINT-Domänen im Elementarbereich nicht auf einen Wissenstransfer nach schulischem Vorbild ab, sondern im Fokus stehen ganzheitliche, erfahrungsorientierte und selbstbestimmte Lernprozesse (Dahle, 2007). Das Konzept der Scientific

Literacy, in den 1950er Jahren entwickelt, beschreibt eine naturwissenschaftliche Grundbildung, die sich kumulativ entwickelt und als Kontinuum beschrieben wird (Asmussen, 2020). Die MINT-Bereiche werden dabei weit gefasst und das Augenmerk liegt auf der Herstellung von Bezügen zu sozialen, gesellschaftlichen und technischen Aspekten (Steffensky, 2017). Bildung ist damit auf eine ganzheitliche Persönlichkeitsentwicklung und Teilhabe an gesellschaftlichen Prozessen ausgerichtet (Bertelsmeier & Dalhaus, 2010). Im Fokus steht dabei der Aufbau unterschiedlicher, lebenspraktischer Kompetenzen in Bezug auf naturwissenschaftlich, mathematisch und/oder technisch geprägte Alltagssituationen (Asmussen, 2020), welche dann aber auch in anderen Situationen hilfreich sind und genutzt werden können. Eine tabellarische Übersicht über die Kompetenzen, deren Entwicklung durch eine MINT-Förderung unterstützt wird, zeigt Abbildung II.15.

Bereits 1998 wurden von der Bund-Länder-Kommission für Bildungsplanung und Forschungsförderung sogenannte Schlüsselqualifikationen benannt, welche durch Bildungsförderung im Elementarbereich vermittelt werden sollen. Beispielhaft werden hier die *System- und Problemlöseorientierung* genannt, wozu das Verstehen komplexer Situationen, die Fähigkeit zum Perspektivwechsel, Urteilsfähigkeit und zukunftsgerichtetes Denken gehören. Ebenfalls benannt wurden *Situations-, Handlungs- und Partizipationsorientierung,* worunter Fähigkeiten zählen, welche zur Entscheidungsfähigkeit beitragen, Mitbestimmung ermöglichen und Handlungskompetenzen fördern. Ein drittes Beispiel ist die *Ganzheitlichkeit,* welche eine möglichst umfassende Wahrnehmungs- und Erfahrungsfähigkeit beinhaltet (Lück, 2018).

Dass die MINT-Bildung einen wesentlichen Beitrag zur Entwicklung dieser Schlüsselqualifikationen leisten kann, ist sicher unbestritten und lässt sich durch die obigen Ausführungen untermauern. Ebenso offenkundig ist die Bedeutung dieser Schlüsselqualifikationen für alle Lebensbereiche über die gesamte Lebensspanne hinweg.

5.1.4 Hemmnisse bei der Umsetzung von MINT-Angeboten

Auch wenn die positiven Effekte einer frühen Förderung der MINT-Bereiche unbestritten und in der Fachliteratur vielfach bestätigt sind, werden nicht in allen Kindertagesstätten Angebote in der MINT-Bildung gemacht. Dies kann einerseits durch materielle, räumliche und/oder personelle Engpässe bedingt sein, die in Kapitel 5.3 nochmals aufgegriffen werden. Die Gründe können aber auch in den entsprechenden *Bildungsbiographien* der Fachkräfte und den immer noch bestehenden *Rollenstereotypen* liegen.

5 Den Spaß am Forschen fördern – Naturwissenschaften und Co in der Kita

Neugier und Forscherkompetenz
- Neugier
- Exploration und Engagement
- Kreativität und Fantasie
- Lern- und Leistungsmotivation
- zukunftgerichtetes Denken

Problemlösekompetenz
- Analyse von Situationen/Problemen
- Entwicklung von Strategien zur Problemlösung
- Anwendung der Strategien
- Fähigkeit zum Perspektivenwechsel
- schlussfolgerndes Denken
- Urteilsfähigkeit

Orientierungskompetenz
- Erfassung komplexer Situationen
- Analysefähigkeit
- Umgang mit Vielfalt
- Handlungskompetenz
- Entscheidungskompetenz

Soziale Kompetenz
- Fremdwahrnehmung
- Empathiefähigkeit
- Konfliktlösefähigkeit
- Durchsetzungsvermögen
- Entscheidungsfähigkeit
- Beziehungskompetenz

Selbstkompetenz
- Selbstwahrnehmung
- Selbstwert
- Selbstregulation
- Selbstreflektivität
- Bewältigungskompetenz

Abb. II.15: Übersicht über grundlegende Kompetenzen, die über eine frühe MINT-Bildung gefördert werden können (eigene Darstellung, angelehnt an Bertelsmaier & Dahlhaus, 2010)

Haben Fachkräfte in ihrer Bildungsbiographie negative Erfahrungen mit Inhalten aus den MINT-Bereichen gemacht haben, kann dies im Erwachsenenalter oftmals zu einem gespaltenen Verhältnis zu den MINT-Disziplinen führen (Asmussen, 2020). Während beispielsweise die Biologie meist noch recht positiv besetzt ist, sind Chemie und Physik für viele Menschen »... ein Buch mit sieben Siegeln« (Risch, 2008); dies gilt ebenfalls für höhere mathematische Operationen oder Erklärungen technischer Abläufe. Fachkräfte fungieren, wie Eltern auch, als Vorbilder für die Kinder und die Rolle des Vorbilds hängt dabei von der individuellen Haltung einer Person ab (Steffensky, 2018c). Eine individuell negativ besetzte Haltung zu MINT-Themen ist oft verbunden mit der Einstellung, Themen aus dem MINT-Bereich nicht richtig zu verstehen, Versuche nicht in ausreichendem Maße anbieten und erklären zu können und auf Fragen der Kinder keine passende Antwort zu haben. Diese geringe Selbstwirksamkeitserwartung, verbunden mit mangelnder Motivation und Freude, sich mit den Inhalten der MINT-Bereiche auseinanderzusetzen, kann zu einer sehr distanzierten Haltung zu den MINT-Disziplinen führen (Steffensky, 2017). Und wie soll eine Fachkraft Kindern Freude und Spaß am Experimentieren vermitteln, wenn sie selbst keine dabei empfindet. Hier ist eine »Arbeit an der eigenen Haltung« gefordert, welche eine große persönliche und didaktische Herausforderung darstellt (Steffensky, 2018c).

Allerdings bieten bis jetzt weder die Fachschulen für Erzieherinnen und Erzieher noch die Studiengänge für Kindheitspädagoginnen und Kindheitspädagogen einheitliche Angebote für eine umfassende Professionalisierung in den MINT-Bereichen, was sicherlich sowohl durch die länderspezifisch unterschiedlichen Lehr- und Studienpläne bedingt ist als auch auf die eher generalistisch konzipierten Ausbildungs- und Studiengänge zurückzuführen ist. Eine Vielzahl von Studien aus der Fortbildungsforschung weisen darauf hin, dass qualifizierte Fort- und Weiterbildungsangebote ein wichtiger Ansatzpunkt sind, um die professionelle Kompetenz der Fachkräfte im MINT-Bereich zu steigern und spärliche Kenntnisse aus der Ausbildung auszugleichen (Steffensky, 2017). Für gelingende Fort- und Weiterbildungsmaßnahmen empfiehlt Asmussen (2020) ein modularisiertes Angebot, welches die folgenden Teilbereiche abdeckt. Zum einen sollte ein inhaltliches und fachdidaktisches Wissen im Bildungsbereich MINT vermittelt und das Professionswissen gestärkt werden. Ergänzend dazu sollten die pädagogischen Ziele (pädagogische Orientierung) herausgearbeitet und die eigene Rolle als Fachkraft im MINT-Bildungsbereich (Haltung und Einstellung der Fachkräfte) reflektiert werden. Dazu gehört, dass die eigene emotionale Haltung gegenüber MINT-Disziplinen, die subjektive Freude an MINT-Inhalten und die Überzeugung, in diesem Bereich hochwertige Angebote platzieren zu können, entsprechend herausgearbeitet wird (motivationale und emotionale Aspekte). Schließlich sollte auch die Fähigkeit, auf Anforderungen im MINT-Bereich angemessen reagieren zu können, gefördert werden (selbstregulatorische Fähigkeiten).

Vielfach werden die MINT-Fächer auch heute noch als reine Männerdomäne gesehen, und es bleibt, trotz des Wertewandels, eine gesellschaftliche Herausforderung, tradierte Rollenbilder aufzulösen. Nach wie vor segregiert der Arbeitsmarkt in Frauen- und Männerberufe, was zur Reproduktion von stereotypen Vorstellungen beiträgt und häufig dafür sorgt, dass junge Männer und Frauen nicht die Berufslaufbahn realisieren, die ihren Fähigkeiten, Potenzialen und Neigungen entspricht (Ministerium für Wissenschaft, Forschung und Kunst BW, 2019). In Zahlen ausgedrückt waren 2015 insgesamt 21,5 % Frauen in MINT-Berufen beschäftigt (Institut der deutschen Wirtschaft, 2018) und 5,2 % Männer haben als pädagogische Fachkraft in Kindertagesstätten gearbeitet (Nier, 2018).

Das macht eine geschlechtersensible Förderung der MINT-Bereiche in Kitas schwierig, da einerseits männliche Vorbilder fehlen und andererseits die weiblichen Vorbilder oftmals genau in den gängigen Rollenstereotypen agieren. Zwar ist die Interessenentwicklung im MINT-Bereich noch nicht ausreichend erforscht, aber bisherige Studien weisen darauf hin, dass sich keine Geschlechtsunterschiede im Interesse an MINT-Themen bei Kindern im Kindergartenalter finden lassen (Oppermann & Keller, 2018), und es wird angenommen, dass spätere geschlechtsabhängige Interessenunterschiede vor allem durch die unterschiedliche Sozialisation beeinflusst sind (Oberthür, 2019). Diese Annahme wird untermauert durch Theorien zur Interessensentwicklung. Diese gehen davon aus, dass Kinder vom Kindergarten- bis zum Primarschulalter sehr breite Interessen haben, grundsätzlich an allen Naturphänomenen interessiert sind und sich spezifische Interessen erst im Verlauf der Primar- und Sekundarstufe herausbilden (Oppermann & Keller, 2018).

Um das Interesse an MINT-Themen bei Jungen und Mädchen gleichermaßen nachhaltig zu unterstützen und ihre Kompetenzen im MINT-Bereich zu stärken, muss bereits im Elementarbereich mit einer, auf beide Geschlechter zugeschnittenen Förderung begonnen werden. Angebote sollten geschlechtersensibel sein und nicht nur das Interesse und die Neugier wecken, sondern vor allem auch das Selbstwertgefühl im Bereich der MINT-Fächer stärken (Pässler, o. J.). Ein geringeres Selbstwertgefühl im MINT-Bereich führt zu einer geringeren Erfolgserwartung, zum Beispiel bei der Durchführung eines Versuchs, und damit zu einem Rückgang des Interesses und vor allem der Motivation, was hauptsächlich bei Mädchen zu beobachten ist. Es ist nachvollziehbar, dass sich kein Kind mit einem Themenbereich beschäftigt und auseinandersetzt, in welchem es für sich keinen Erfolg erwartet. Und je weniger sich das Kind mit diesem Themenbereich auseinandersetzt, desto weniger hat es die Möglichkeit, sich als kompetent in diesem Bereich zu erleben und Selbstverstrauen aufzubauen.

Voraussetzung für eine geschlechtersensible und geschlechtergerechte Bildung (generell, aber vor allem in den MINT-Bereichen) bedeutet für die Fachkräfte, ihre Haltung zum MINT-Bereich zu reflektieren und Geschlechterstereotype zu erkennen (Buhr & Kühne, 2011). Dies ist nicht immer einfach, da uns die Auswirkungen der eigenen Bildungsbiographie und unserer Sozialisation (mit den entsprechenden Rollenstereotypen) oft nicht in vollem Umfang bewusst sind. Nachfolgend sind einige Fragen aufgelistet, die – einzeln oder im Team – beantwortet werden können, um die eigene Haltung zu reflektieren und den Blick auf geschlechterspezifische Verhaltensweisen zu schärfen.

Reflektierende Fragen zur subjektiven Haltung bezüglich Geschlechterstereotypen im MINT-Bereich:

- Was waren meine ersten Erfahrungen mit MINT-Themen?
- Haben MINT-Fächer zu meinen beliebten Schulfächern gehört?
- Sind Mädchen in Naturwissenschaften weniger begabt als Jungen?
- Gibt es Unterschiede im mathematischen Lernverhalten von Jungen und Mädchen?
- Schätzen Mädchen und Jungen ihre Fähigkeiten in MINT-Bereichen unterschiedlich ein?
- Biete ich in meiner Einrichtung geschlechtergerechte Bildungsangebote im MINT-Bereich an?

Eine Fort- oder Weiterbildung im MINT-Bereich ist dringend anzuraten, wenn die MINT-Förderung in der Ausbildung nicht ausreichend behandelt wurde. Das Aneignen von Fachwissen, das Kennenlernen geeigneter Methoden und die positiven Erfahrungen im praktischen Handeln sind wichtige Pfeiler, um das subjektive Selbstwertgefühl und die eventuell vorhandenen geringen Erfolgserwartungen zu stärken und Freude am Forschen und Entdecken zu bekommen. Die dadurch erworbene Sicherheit im Umgang mit MINT-Themen ist der Grundstein, um mit den Kindern gemeinsam zu erleben, dass MINT-Themen spannend sind und Spaß machen. Zudem werden exekutive Funktionen wie beispielsweise Handlungsplanung, Offenheit für neue Erfahrungen und Selbstreflexionsfähigkeit trainiert.

Ein Beispiel aus dem Studiengang Kindheitspädagogik an der SRH Hochschule Heidelberg soll dies verdeutlichen. Im Rahmen des Seminars »Naturwissenschaftlich-mathematisch Bildung« werden im Lauf von fünf Wochen die theoretischen Grundlagen der elementaren MINT-Bildung erarbeitet, Methoden und didaktische Konzepte vorgestellt sowie praktische Umsetzungsmöglichkeiten für naturwissenschaftlich-mathematische Angebote erprobt. Am Ende des Seminars wird dann ein *Experimentiertag* für Kindergartenkinder aus der Region angeboten, bei welchem die Studierenden kleine naturwissenschaftliche Versuche für die Kinder vorbereiten. Bereits bei der Planung der Versuche sind Entwicklungen bei den Studierenden, vor allem den weiblichen, zu erkennen: selbst die Personen, die vorher keinen Zugang zum MINT-Bereich hatten und dem Experimentiertag mit großer Skepsis entgegengesehen haben, bereiten mit Eifer einen Versuch vor, besorgen die nötigen Materialien und konzipieren altersgerechte Erklärungen. Beim Experimentiertag selbst erfahren die Studierenden, mit wie viel Elan und Freude die Kinder dabei sind, dass kleine Versuche aus dem Lebensalltag genügen, um die Kinder zu fesseln, z. B. der Versuch »Zwei Gummibärchen auf Tauchgang« (siehe Praxisbeispiele im Kapitel 5.4.1.2), und dass es beim Interesse und der Aufmerksamkeit keinerlei Unterschiede zwischen Jungen und Mädchen gibt.

Abb. II.16: Experimentiertage an der SRH Hochschule Heidelberg im Studiengang Kindheitspädagogik (Foto: Schneider)

II Methodische Kompetenz nach Bildungsbereichen

Abb. II.17: Experimentiertage an der SRH Hochschule Heidelberg im Studiengang Kindheitspädagogik (Foto: Schneider)

5.2 Lernbiologische Aspekte

Um Lern- und Bildungsprozesse besser verstehen und effektiver gestalten zu können, lohnt sich »ein Blick ins Gehirn«. Denken, Lernen, Fühlen und Handeln und damit beispielsweise auch die ersten Erfahrungen mit naturwissenschaftlichen Phänomenen sind eng mit hirnphysiologischen Prozessen verbunden (Lück, 2018). Die Hirnforschung hat in den letzten Jahren eine Vielzahl neuer Erkenntnisse über das Gehirn, seine Struktur und die in ihm ablaufenden Prozesse geliefert – und die frühe Kindheit als einen entscheidenden Zeitraum für anfängliche Lernprozesse identifiziert, auf welche in der Schule aufgebaut werden kann.

5.2.1 Learning by doing

Die Entwicklung des Nervensystems beginnt bereits in der dritten Schwangerschaftswoche und setzt sich in den folgenden Wochen und Monaten mit der

Bildung einer Vielzahl von Nervenzellen (Neuronen) im Gehirn durch Zellteilung fort. Bei der Geburt ist dann bereits die Mehrheit der Neuronen, etwa 100 Milliarden, vorhanden. Allerdings sind die Verbindungen zwischen den Neuronen noch gering und die Verarbeitungsprozesse noch wenig komplex (Schneider & Pfänder, 2015). Beim Säugling stehen zunächst Reflexe im Vordergrund; komplexe Abläufe, wie beispielsweise das bewusste Ergreifen eines Gegenstandes, sind noch nicht möglich (Monks, o.J.).

Bedingt durch fortlaufende Reize aus der Umwelt, die über die Sinne das Gehirn erreichen und dort verarbeitet werden, nehmen die synaptischen Verbindungen in den ersten Lebensjahren explosionsartig zu (schematisch dargestellt in Abbildung II.18).

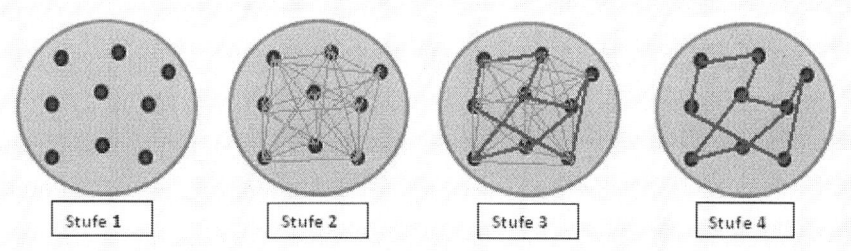

Abb. II.18: Schematischer Überblick: Bildung der synaptischen Verbindungen im Gehirn in den ersten Lebensjahren (Schneider & Pfänder, 2015, modifiziert nach Hüther, 2006)

Stufe 1 der Abbildung II.18 stellt den Zustand des Gehirns zum Zeitpunkt der Geburt dar. Trifft nun ein Reiz über die Sinnesorgane im Gehirn ein, wird dieser im Gehirn verarbeitet. Für eine Reizverarbeitung ist meist ein Zusammenspiel mehrerer Sinnesleistungen notwendig und, um dieses Zusammenspiel zu gewährleisten, stehen im Gehirn in der frühkindlichen Phase Neuronen in der Überzahl zur Verfügung, zwischen welchen die Synapsen bereits angelegt, aber noch nicht funktionsfähig sind (Stufe 2, Abb. II.18). Je nach Quantität und Qualität der eingehenden Informationen werden die synaptischen Verbindungen zwischen den Neuronen stabilisiert (Stufe 3, Abb. II.18) und bleiben, bei wiederholter Reizung, erhalten. Synapsen, die nicht benutzt werden (Stufe 4, Abb. II.18), bilden sich zurück (Schneider & Pfänder, 2015, Schneider, 2012).

So entsteht in den ersten Lebensjahren, durch eine beständige Interaktion mit der Umwelt, ein hochkomplexes neuronales Netz, in dem jede Nervenzelle mit Tausenden anderer Neurone verbunden ist. Bereits mit 2 Jahren haben Kleinkinder so viele Synapsen wie Erwachsene, mit 3 Jahren sogar doppelt so viele, welche sich dann aber ab ca. dem 10. Lebensjahr wieder zurückbilden. Die große Zahl der Synapsen bei 2 bis 10-Jährigen ist ein Zeichen für die enorme Anpassungs- und Lernfähigkeit der Kinder in diesem Alter (Monks, o. J.).

Damit wird deutlich, welch hohen Stellenwert die frühe Kindheit bei der Entwicklung der Gehirnstrukturen einnimmt, aber auch, wie wichtig der Input aus der Umwelt ist. Die individuelle Struktur des Gehirns ist sozusagen die Basis für die kognitiven Prozesse eines Individuums, aber Umweltreize, Erfahrungen, Übungen, etc. verändern diese. Struktur und Funktionsweise des Gehirns stehen also in engem Zusammenhang (Bertelsmeier & Dahlhaus, 2010). Bei Stimulation erhöht sich die Anzahl der korrespondierenden Nervenzellen; fehlt dies, schrumpft die Neuronenanzahl. Die Verstärkung einzelner Synapsen ist also abhängig von Lernprozessen und von der Häufung der Impulse in Bezug auf bestimmte Gehirnaktivitäten, die beim Lernen eine Rolle spielen (Kunze, 2016).

Neurone vermitteln Kommunikationsprozesse zwischen den verschiedenen Regionen unseres Körpers und zwischen dem Individuum und seiner Umwelt. Je nach Reiz (intern oder extern) werden die Signale in unterschiedliche Teile des Gehirns geleitet, wo die Informationen sortiert, geordnet, verarbeitet oder aber verworfen werden. Dabei kann ein häufiger Gebrauch von Synapsen (durch wiederholt eintreffende ähnliche Reize) die Effektivität im Gehirn erhöhen. Lernen bedeutet demnach, Spuren zu hinterlassen im Gehirn (Bertelsmeier & Dahlhaus, 2010). Die Fähigkeit zur strukturellen Veränderung im Gehirn besteht lebenslang, ist aber, wie oben ausgeführt, in den ersten Lebensjahren besonders stark ausgeprägt. Daher spielt die frühe Bildung für die Entwicklung des Einzelnen eine wichtige Rolle (Kunze, 2016).

Es kommt dabei wesentlich auf die Qualität der Lernprozesse an. Es sollten altersangepasste Bildungsangebote sein, die viel Raum zum praktischen Handeln und Ausprobieren geben. Die Angebote sollten von den Kindern ohne Leistungsdruck durchgeführt werden dürfen, und es sollten keine isolierten Informationspakete sein, sondern Angebote, die relevant und bedeutungsvoll für die Kinder sind, im günstigsten Fall angedockt an ihre aktuelle Lebensumwelt. Schließlich sollten die Angebote die Kinder emotional berühren. Sind Kinder emotional am Thema interessiert, erhöht dies die Motivation, sich mit dem Themengebiet zu beschäftigen und sorgt für eine nachhaltige Verankerung des »Gelernten« im Gehirn. Es liegt auf der Hand, dass gerade Angebote aus dem MINT-Bereich genau diese Anforderungen erfüllen, zum Beispiel beim Beobachten von Naturphänomenen, dem Experimentieren mit unterschiedlichen Materialien oder dem Durchführen von kleinen Versuchen aus dem Lebensalltag der Kinder.

5.2.2 Was sagt die Forschung?

Trotz der oben vorgestellten neurowissenschaftlichen Erkenntnisse steht immer wieder die Frage im Raum, ob es denn wirklich Sinn macht, Kindern bereits im Vorschulalter MINT nahezubringen, oder ob dieser Bereich nicht besser der Schule vorbehalten sein sollte. In der Fachliteratur finden sich unterschiedliche Meinungen dazu, wann Kinder zu wissenschaftlichem Denken in der Lage sind, da dies maßgeblich davon abhängt, welche Kriterien man für die Zuschreibung wissenschaftlichen Denkens zugrunde legt und wie dieses erfasst wird. Hier sind zwei Aspekte von Bedeutung: das wissenschaftliche Denken kann sich zum einen auf das Denken über einen MINT-Bereich beziehen oder zum anderen auf den wissenschaftlichen Erkenntnisprozess, der die Bildung, Prüfung und Revision von Theorien und Hypothesen beinhaltet (Ansari et al., 2012). Es gibt also zwei zentrale konstituierende Elemente, die essentiell für das Verständnis von (Natur-) Wissenschaften sind und dementsprechend auch zentrale Bausteine einer wissenschaftlichen Grundbildung in den MNT-Bereichen darstellen (Steffensky, 2018b). Diese finden sich in unterschiedlichen Theorien wieder, der bereichsübergreifenden Theorie, welche sich auf die allgemeinen Fähigkeiten des wissenschaftlichen Erkenntnisgewinns bezieht, und der bereichsspezifischen Theorie, welche sich auf einen bestimmten Inhaltsbereich bezieht (Ansari et al., 2012).

Vertreter der klassischen *bereichsübergreifenden Theorie*, wie Piaget und Wygotski, gehen von der Grundannahme aus, dass es im Laufe der Entwicklung globale Veränderungen gibt, die über alle Inhaltsbereiche hinweg wirksam sind, wie z. B. die Entwicklung der Moral. Grundlegende Entwicklungsschritte werden hier als kognitive Umstrukturierungen des Denkens verstanden, die sich in globalen Veränderungen im kindlichen Denken zeigen (Lück, 2018). Bereichsübergreifende Theorien betonen somit den prozesshaften Charakter wissenschaftlichen Denkens.

Dem gegenüber steht die *bereichsspezifische Theorie*, die von zwei Ansichten geprägt ist. Einige Wissenschaftler sind der Ansicht, dass Kinder durch bloße Erweiterung bereits vorhandener Konzepte ihr Wissen verändern. Dadurch werden Inhalte in neuem Bezug zueinander gesetzt und neue Lösungen von bekannten Problemen werden möglich, als »*enrichment view*« bezeichnet. Andere dagegen vertreten die Ansicht, dass Kinder in verschiedenen Wissensbereichen einen Paradigmenwechsel vollziehen, was bedeutet, dass eine neue Theorie die alte ablöst und mit dieser auch nicht vergleichbar ist, beschrieben als »*Conceptual Change View*« (Ansari et al., 2012).

Empirische Studien zeigen keine einheitlichen Befunde. Die Forschungslandschaft in diesem Bereich ist sehr heterogen und dominiert von einzelnen Partikularuntersuchungen (Asmussen, 2020). Einige empirische Befunde lassen sich der bereichsübergreifenden, einige der bereichsspezifischen Theorie zuordnen, was maßgeblich davon abhängt, wie und in welchen Inhaltsbereichen der kindliche Wissenserwerb untersucht worden sind (Lück, 2018, Ansari et al., 2012). Daher werden im Folgenden einige empirische Forschungsergebnisse vorgestellt, um einen Eindruck zu vermitteln, welche Kenntnisse Kinder im frühkindlichen Bereich bereits haben, ohne die Befunde einer Theorie zuzuordnen.

Säuglingsforschung
In einer Beobachtungsstudie mit drei bis vier Monate alten Säuglingen zeigte sich, dass die Kinder ein physikalisch unmögliches Ereignis (*ein Ball sinkt durch eine Tischplatte*) länger betrachteten als ein physikalisch mögliches Ereignis (*der Ball bleibt auf der Tischplatte liegen*) (Lück, 2018).

Problemlöseverhalten und Hypothesenbildung
Es gibt Hinweise, dass bereits Zweijährige zielgerichtete und organisierte Problemlöseversuche entwickeln, um ein Ziel zu erreichen, und Vierjährige in der Lage sind, Hypothesen zu entwickeln und sie anhand beobachtbarer Informationen zu überprüfen (Körber, 2005).

Materiell und immateriell
Mit etwa vier Jahren beginnen Kinder, materielle und immaterielle Substanzen zu differenzieren. Die meisten Vorschulkinder können beispielsweise zwischen mentalen Gebilden wie Ideen und Gedanken (z. B. Traum über einen Keks) und physikalischen Objekten (z. B. realer Keks) unterscheiden. Allerdings tun sich Vorschulkinder bei der Unterscheidung zwischen materiellen und immateriellen Dingen in der Zuordnung von Flüssigkeiten und Gasen schwer, die zunächst nicht eindeutig als materiell klassifiziert werden (Ansari et al., 2012).

Aggregatzustände
Bereits im Alter von vier Jahren können Kinder zwischen den Aggregatzuständen »flüssig« und »fest« unterscheiden, sofern diese deutlich unterscheidbar sind. Bei zähen Flüssigkeiten und elastischen, weichen Feststoffen hatten die Kinder Zuordnungsprobleme. Sechsjährige identifizieren eine Flüssigkeit, indem sie prüfen, ob die Substanz fließen kann; Wasser stellt also den Prototyp für Flüssigkeiten dar, mit welchem die Fließeigenschaften der anderen Stoffe verglichen werden (Lück, 2018).

Biologisches Wissen

Ein Wissen im biologischen Bereich kann ebenfalls bereits im Vorschulalter beobachtet werden, welches dem biologischen Wissen Erwachsener in vielem ähnelt. Bereits Drei- bis Vierjährige haben intuitive Kenntnisse über eine Reihe biologischer Prozesse wie Wachstum, Vererbung oder Krankheit und wissen, dass diese Prozesse spezifisch für Lebewesen sind (Ansari et al., 2012). Ebenfalls bereits im Vorschulalter haben Kinder sehr konkrete Vorstellungen vom inneren Aufbau des Körpers. Diese Konzepte vom eigenen Körper entsprechen nicht immer der Realität, aber folgen oftmals einer nachvollziehbaren Logik und sollen zum Abschluss dieses Kapitels noch ausführlicher vorgestellt werden.

Anatomische Kenntnisse vom Körperinnern wurden und werden auch heute noch oft mit schulischem Lernen und Biologieunterricht assoziiert, aber bereits Vorschulkinder entwickeln recht detaillierte und zum Teil auch sehr logische Vorstellungen über ihr Körperinneres – ganz ohne klassisches Lernen. Dies konnte mittels einer Studie bei Kindergartenkindern (n=493) deutlich gemacht werden (Schneider, 2012). Legt man Kindergartenkindern eine leere, geschlechtsneutrale Körperumrissfigur vor und bittet sie, »alles einzuzeichnen und zu benennen, was im Körper innen drin ist«, kommen erstaunliche Vorstellungen der Kinder zu Papier (Schneider, 2009).

Das Bild, das sich Kinder vom inneren Bau ihres Körpers und seiner Funktionsabläufe »kreieren«, basiert im Wesentlichen auf der sensorischen Wahrnehmung des Körpers und nicht, wie lange Zeit angenommen, auf einer kognitiven Wissensvermittlung (Schneider & Collatz, 2006). Während dreijährige Kinder die Schemafigur meist flächig ausmalen, werden ab der Altersstufe 4,5 Jahre auch einzelne Körperbestandteile (Organe) eingezeichnet, und zwar überwiegend sensorisch wahrnehmbare Organe, wie zum Beispiel

- das *Herz*, welches hör- oder fühlbar ist, zum Beispiel, wenn man sich erschreckt oder schnell gerannt ist;
- das *Blut*, welches sichtbar wird, wenn sich das Kind verletzt und Blut aus der Wunde tritt;
- die *Blutgefäße*, welche bei genauer Betrachtung der Haut ebenfalls sichtbar sind;
- die *Knochen*, welche an ganz unterschiedlichen Stellen des Körpers tastbar sind, z. B. die Kniescheibe oder die Rippen;
- *Nahrungsteile*, die über den Mund aufgenommen und durch Schlucken ins Körperinnere gelangen und dort in einem oft überdimensionierten Magen verbleiben.

II Methodische Kompetenz nach Bildungsbereichen

In den Abbildungen II.19 bis II.21 finden sich einige Beispiele für die Körperkonzepte von Drei- bis Sechsjährigen (Schneider, 2012)

Abb. II.19: Körperkonzept eines dreijährigen Mädchens (Schneider, 2012)

Diese gedanklichen Bilder vom eigenen Körper, die auf Beobachtungen und Wahrnehmungen beruhen, differenzieren sich mit fortschreitendem Alter, indem neue Entdeckungen und Erfahrungen in bestehende Konzepte eingebaut werden. Ein gängiges Konzept im Grundschulalter zu den Verdauungsorganen besteht beispielsweise darin, dass die Kinder der Meinung sind, dass sie zwei Röhren besitzen für die Weiterleitung der aufgenommenen Nahrung. Sie zeichnen, beginnend im Hals, eine Ess- und eine Trinkröhre in ihre Schemafigur ein, mit der logischen Begründung, dass Nahrung und Getränke

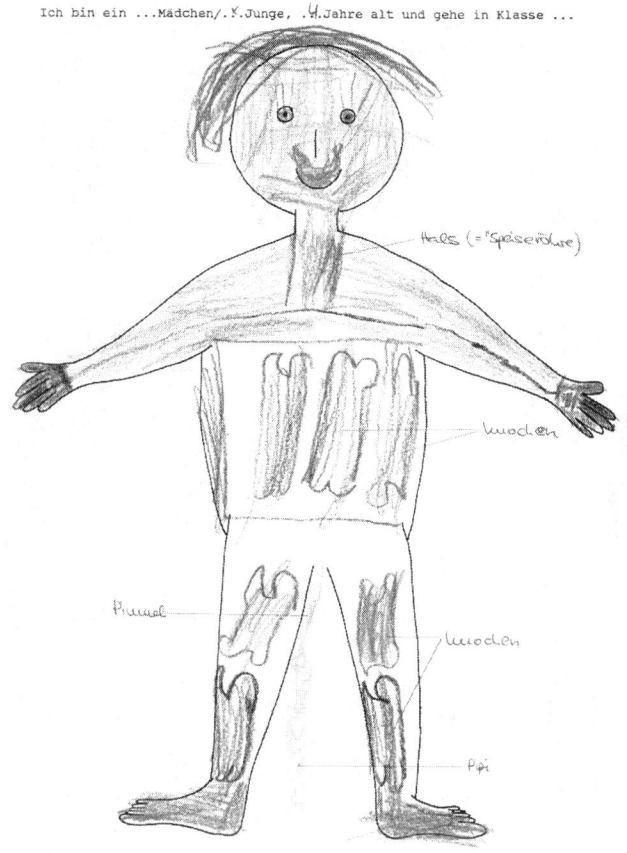

Abb. II.20: Körperkonzept eines vierjährigen Jungen (Schneider, 2012)

zwar über eine Öffnung in den Körper gelangt, die Überreste aber den Körper auf getrennten Wegen verlassen.

Der Umfang und der Zugewinn an neuen Erfahrungen sind abhängig von der jeweiligen Umwelt des Kindes, also von den Möglichkeiten, seinen Körper in unterschiedlichen Situationen zu erfahren und Neues zu entdecken (Schneider et al., 2015). Mit diesem Beispiel lässt sich auch die Brücke zu anderen Bildungsbereichen schlagen, denn die Entwicklung der Körperkonzepte ist nicht nur ein bloßer Wissenserwerb, sondern ein wichtiger Faktor in der Gesundheitsprävention und Resilienz. Den eigenen Körper kennen und einschätzen können, ihn zu mögen und wertzuschätzen, ist ein Schutzfaktor für einen pfleglichen Umgang mit dem Körper und macht stark gegen Suchtgefahren und körperliche Missbrauchshandlungen.

II Methodische Kompetenz nach Bildungsbereichen

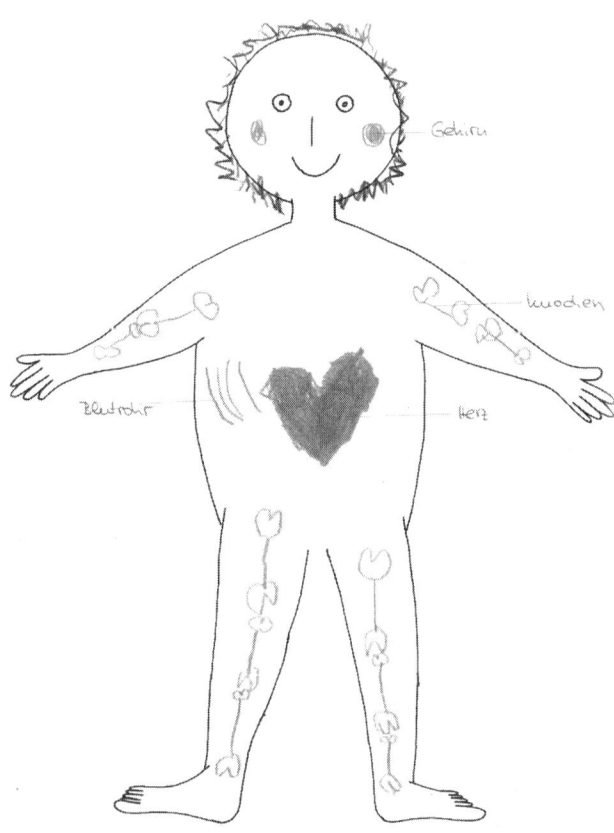

Abb. II.21: Körperkonzept eines fünfjährigen Jungen (Schneider, 2012)

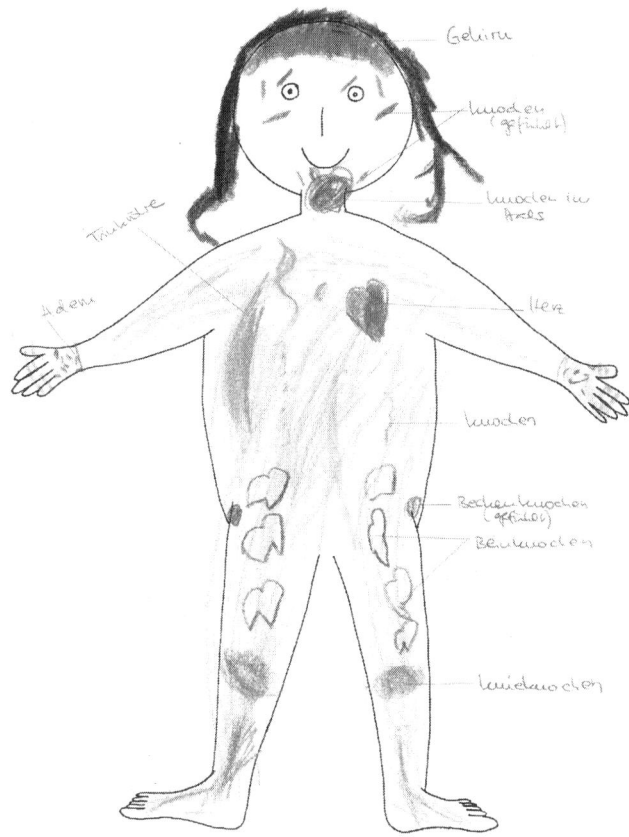

Abb. II.22: Körperkonzept eines sechsjährigen Mädchens (Schneider, 2012)

5.3 Methodische und didaktische Aspekte

Die Qualität von Bildungsgelegenheiten hängt entscheidend von der Qualität der Interaktionen von Kindern mit ihrer materialen und sozialen Umwelt ab (Steffensky, 2018b). Kinder benötigen genügend Raum, Zeit und Gelegenheiten, im alltäglichen Spiel die Welt zu entdecken und zu erforschen. Eine darauf abzielende alltagsintegrierte MINT-Bildung zeichnet sich dadurch aus, dass sie von den Themen der Kinder geleitet und stets ergebnisoffen ist und damit in fast allen Situationen des Alltags stattfinden kann (Stiftung Haus der kleinen Forscher, 2019).

Eine vollumfängliche Darstellung des gesamten MINT-Spektrums würde diesen Beitrag sprengen. Daher wird in den folgenden Kapiteln der Fokus auf den naturwissenschaftlichen Bereich gelegt, seiner methodisch-didaktischen Gestaltung sowie ergänzenden Praxisbeispielen.

5.3.1 Voraussetzungen für eine erfolgreiche Implementierung von MINT-Bildungsangeboten

Zunächst soll auf die Rolle der Fachkraft eingegangen werden, welche immer als Lern- oder Forschungsbegleitung fungieren sollte und nicht als Lehrende. Dies fällt sicher manchmal schwer, da auch Bildungsangebote im Vorschulbereich oftmals strukturiert zu einem bestimmten Thema, mit festgelegten Materialien und in einem vorgegebenen Zeitrahmen gemacht werden. Die folgenden Empfehlungen (angelehnt an Textor, o. J.) dienen als Unterstützung, um sich der Rolle als Forschungsbegleitung bewusst zu werden.

Handlungsanweisungen für die Fachkraft
Auf die benötigten Kompetenzen der Fachkraft wurde in den obigen Kapiteln bereits eingegangen. Ebenso wurde auf die Notwendigkeit hingewiesen, sich im MINT-Bereich weiterzubilden, falls Fachkenntnisse fehlen oder Unsicherheiten vorliegen, Angebote im MINT-Bereich zu machen. Von großer Bedeutung ist die Haltung der Fachkraft, sich selbst als »Forscher*in« zu sehen, sich für naturwissenschaftliche Phänomene zu interessieren und Freude am Erkunden, Experimentieren und Lernen zu haben (Textor, o.J.). Nur wenn die Fachkraft tatsächlich offen ist für neue Erfahrungen und Erkenntnisse, wird sie die Neugier der Kinder teilen können und sich auch auf neues, unbekanntes Terrain wagen. Die pädagogische Herausforderung als Forschungsbegleitung ist, für die Kinder da zu sein (ohne sie zu gängeln) und ihre Lernwege wahrzunehmen sowie zu wissen, was das Kind gerade braucht: einen Impuls, eine Frage, ein Lob, eine Ermutigung, eine neue Herausforderung oder einfach Ruhe für seine momentanen Forschungen (Dahle, 2007).

Zeit- und Personalmanagement
Da es sich bei Angeboten im MINT-Bereich nicht um zeitlich begrenzte und strukturierte Bildungsangebote handeln soll, muss auch ein entsprechendes Zeit- und Personalmanagement gesichert sein. Dies kann in Einrichtungen mit einem weniger gut ausgestatteten Personalschlüssel ein Problem darstellen, zumal man beispielsweise Experimente in kleinen Gruppen (Lück, 2018) und manchmal mit mehreren Fachkräften durchgeführt werden sollten. Abhilfe

Handlungsanleitung für „Forschungsbegleitungen"

- zum Erkunden, Ausprobieren und entdeckenden Lernen ermuntern
- Erkennen mit welchen „Forscherfragen" sich die Kinder gerade beschäftigen und darauf eingehen
- den Interessen der Kinder folgen, selbst wenn sie nicht den eigenen Zielen entsprechen
- den größtmöglichen Freiraum für die Forschertätigkeiten lassen
- Materialien und Werkzeuge zur Verfügung stellen
- die Forschungssitutation bereichern, indem Fragen gestellt und gemeinsam mit den Kindern Überlegungen angestellt werden
- Denkanstöße geben, neue Ideen in den Raum stellen
- neue Impulse geben
- Fragen nicht sofort beantworten, sondern Kinder auffordern, selbst nach Antworten zu suchen
- Kinder auffordern, Hypothesen aufzustellen und diese mit Experimenten oder Beobachtungen zu überprüfen
- falsche Hypothesen nicht verbessern
- bei der Dokumentation der Beobachtungen und Erkenntnisse unterstützen, z.B. durch Bilder, Collagen, Sammlungen, Fotos usw.

Abb. II.23: Handlungsanleitung für Forschungsbegleitung im Vorschulbereich (eigene Darstellung, modifiziert nach Textor, o. J.; Steffensky, 2018b)

schafft eine konstruktive Diskussion im Team, in der festgelegt wird, in welchem Umfang, in welchem Raum und mit welchen Fachkräften Bildungsaktivitäten im MINT-Bereich angeboten werden sollen. Zum Beispiel wäre ein tägliches, offenes Angebot in einer Forscherecke (entsprechend den Interessen der Kinder), kombiniert mit einem regelmäßig stattfinden Experimentiertag, einem wöchentlichen Naturgang oder einem fortlaufenden Technikprojekt auch bei dünner Personaldecke realisierbar. An den Experimentier- und

Naturtagen sollte auf zeitliche Begrenzungen, wenn möglich, verzichtet werden, um den Kindern die Gelegenheit zu geben, möglichst den ganzen Forschungszyklus (Abbildung II.23) zu durchlaufen und die Beobachtungen mit Unterstützung der Fachkräfte auch zu dokumentieren, z. B. mit einem Bild, einem Foto oder einer Bildungsgeschichte, um nur einige zu nennen.

Räumliche Voraussetzungen
Was die räumlichen Voraussetzungen anbelangt, sind die Anforderungen gering. Man kann, wenn kein anderer Platz vorhanden ist, auch einen Tisch im Gruppenraum für Experimente nutzen, wobei es aber deutlich vorteilhafter ist, zumindest eine Ecke des Gruppenraums als Forscherecke auszuweisen, mit einem stabilen, möglichst großen Tisch, einem Regal, in welchem die Materialien Platz finden und einem aufwischbaren Fußboden. Dort können die Kinder im Freispiel selbständig »arbeiten« und die Materialien, die sie benutzt haben, auch dort stehen lassen. Eventuell findet sich auch ein kleiner, ungenutzter Nebenraum, der zum Experimentierzimmer umgestaltet werden kann.

Materialien
Der materiellen Ausstattung für die Forscherecke sind keine Grenzen gesetzt, aber man braucht weder fertige Chemie- oder Technikkästen, noch teure Labormaterialien. Für das Durchführen von Experimenten genügt zunächst eine kleine Sammlung unterschiedlicher Alltagsmaterialien, die meist in jedem Haushalt vorhanden sind oder sogar als Abfallprodukte anfallen, wie zum Beispiel Marmeladengläser in unterschiedlichen Größen oder Einwegflaschen. Eltern können hier unterstützen und Materialien spenden, die in deren Haushalt nicht mehr benötigt werden, wie zum Beispiel ausrangierte Schüsseln, Besteck, Döschen oder Messbecher sowie Fell- und Stoffreste, Korken, Knöpfe, Wäscheklammern etc. Bei Spaziergängen können mit den Kindern gemeinsam Steine, Holzstücke, Federn, Zapfen, Kastanien, Nüsse etc. gesammelt werden, welche die Materialsammlung bereichern. Ein Ordnungssystem für die Materialien sowie ein fester Platz zum Aufbewahren sind hilfreich und erleichtern den uneingeschränkten Zugang zu den Materialien.

Als Grundausstattung empfiehlt Textor (o. J.) folgende Materialien:

5 Den Spaß am Forschen fördern – Naturwissenschaften und Co in der Kita

Gläser, Becherglas	Waage	Rohre
Flaschen	Maßband	Hammer
Schüsseln	Strohhalme	Zangen
Messbecher	Sieb	Lupen
Eimer	Pinzetten	Pipetten
Tüten	Schwämme	Thermometer
Filterpapier	Magente	

Abb. II.24: Grundausstattung benötigter Materialien für eine Forscherecke (eigenen Darstellung, modifiziert nach Textor, o.J.)

5.3.2 Naturwissenschaftliche Experimente – was ist zu beachten?

Die Durchführung naturwissenschaftlicher Versuche mit Vorschulkindern stellt besondere Anforderungen an die Fachkräfte (Lück, 2018). Es gibt zwar mittlerweile eine Fülle an (Experimentier-) Büchern oder digitalen Medien, in denen Versuche für den Vorschulbereich beschrieben werden, aber nicht überall wird darauf eingegangen, was bei der Durchführung von naturwissenschaftlichen Versuchen zu beachten ist. Zum Teil sind es auch nur Auflistungen von Versuchen, die nicht immer in einem sinnvollen Zusammenhang stehen. Deshalb werden im Folgenden die wichtigsten Kriterien dargestellt und näher ausgeführt, die beim Experimentieren im Elementarbereich beachtet werden sollten.

Experimentiergruppen
Experimente werden meist in Kleingruppen durchgeführt. Vor Beginn der Versuche/ Versuchsreihen sollten die Gruppengröße und die Gruppenzusammensetzung überlegt werden. Es gilt abzuklären, wie viele Kinder teilnehmen können und ob die Gruppe altershomogen oder altersheterogen sein soll. Die Antwort ergibt sich meist aus der Anzahl der vorhandenen Experimentier-Plätze sowie aus dem Schwierigkeitsgrad der Versuche.

Sicherheit bei der Versuchsdurchführung
Die Versuche müssen absolut sicher und ungefährlich sein. Selbst bei nicht einkalkulierbarem, unsachgemäßem Gebrauch von Materialien sollten keine,

über die alltäglichen Gefahren hinausgehenden gesundheitlichen Risiken vorhanden sein. Bei einigen Versuchen ist der Einsatz von Teelichtern oder Kerzen nötig. Trotz der Brandgefahr wird der Einsatz befürwortet, da das Anzünden von Kerzen und Teelichtern in Kindergärten ohnehin üblich und für die Kinder daher vertraut ist (Lück, 2018).

Materialeinsatz/Alltagsbezug
Die »Labormaterialien« wurden im vorigen Kapitel bereits ausführlich beschrieben. Für die reaktiven Substanzen eignen sich ungefährliche Materialien aus dem Lebensalltag der Kinder sehr gut, wie zum Beispiel Lebensmittel (Salz, Zucker, Öl, Essig, Backpulver, Pfefferkörner, Lebensmittelfarbe etc.), Reinigungsmittel (Spülmittel, Seife etc.) oder auch Spiel- und Büromaterialien (Luftballons, Büroklammern etc.). All diese Materialien sind äußerst kostengünstig und in jedem Haushalt vorhanden, so dass der Alltagsbezug gegeben ist und die Kinder die Versuche auch problemlos zu Hause wiederholen können.

Eigenständige Durchführbarkeit und zuverlässiges Gelingen
Die Versuche sollten so ausgewählt werden, dass sie jedes Kind selbst durchführen kann, denn selbst durchgeführte Experimente fördern die Selbsttätigkeit und Selbstwirksamkeit bei den Kindern und steigern die nachhaltige Verankerung der Erfahrungen. Weiterhin sollte darauf geachtet werden, dass es sich um gelingende Versuche handelt, denn wie soll einem Kind ein Phänomen nahegebracht werden, wenn der Versuch nicht klappt.

Versuchsdauer
Die Aufmerksamkeitsspanne bei Vorschulkindern ist noch gering, und sie können sich nicht über einen längeren Zeitraum hinweg konzentrieren. Dies stellt einen limitierenden Faktor dar, und aus diesem Grund sollten Experimentierangebote nie länger als 20–30 Minuten dauern.

Versuchsauswahl
Trotz oder gerade wegen der Vielzahl an Experimentiervorlagen in Büchern, Broschüren und digitalen Medien fällt die Auswahl geeigneter Versuche für den Elementarbereich sehr schwer, vor allem Fachkräften, denen noch Experimentiererfahrungen fehlen. Es gibt hier auch keine allgemein gültige Antwort, sondern die Versuchsauswahl ist von ganz unterschiedlichen Faktoren abhängig. Unsere Natur bietet unglaublich viele Phänomene, die in Versuchen beobachtet werden können, sowohl aus der *belebten* und der *unbelebten Natur*. Nach wie vor sehr beliebt sind Phänomene der belebten Natur; sie nehmen laut

Lück (2018) ca. 40 % des Sachunterrichts im Elementar- und Primarbereich ein. Allerdings haben sie auch einige Nachteile: die Klassiker, wie das Wachsen einer Tulpe aus einer Zwiebel oder die Metamorphose einer Raupe zu einem Schmetterling, sind sehr eindrucksvoll, drängen das Kind aber eher in eine Beobachterrolle, statt in eine aktiv handelnde Forscherrolle. Auch sind biologische Versuche oft abhängig von der Jahreszeit oder dem Wetter und nicht beliebig reproduzierbar. Phänomene der unbelebten Natur aus den Disziplinen Chemie, Physik oder Technik sind dagegen in der Regel mehrfach reproduzierbar, zu jeder Tages- oder Jahreszeit durchführbar und ermöglichen den Kindern deutlich häufiger, eine aktive Forscherrolle einzunehmen.

Neben den zuvor schon beschriebenen Anforderungen (ungefährlich, gelingend, selbständig durchführbar, mit Alltagsbezug, altersangepasste Dauer und preiswert) soll hier nochmal hervorgehoben werden, dass es für die nachhaltige Verankerung des Wissens von Vorteil ist, wenn in zeitlich enger Abfolge mehrere Versuche zu einem Themenbereich angeboten werden; zum Beispiel zwei bis drei Versuche zum Themenbereich Luft oder Wasser. Ebenfalls sehr wichtig bei der Auswahl geeigneter Versuche sind die naturwissenschafts-didaktischen Konzepte, die angewandt werden sollen (Bertelsmeier & Dahlhaus, 2010). Diese werden nachfolgend etwas detaillierter skizziert und mit Beispielen ergänzt, von welchen einige dann auch in Kapitel 5.4 (▸ Kap. 5.4) unter Praxistipps zu finden sind.

5.3.3 Naturwissenschaftsdidaktische Konzepte

Das Freispiel

Es ist natürlich hinreichend bekannt, dass das kindliche Spiel ein wichtiger Baustein in der kindlichen Entwicklung ist und das Kind im Spiel lernt. Für die MINT-Bildung lässt sich das Freispiel nutzen, indem die Fachkraft ein offenes Angebot plant, in welchem sie einen Materialimpuls gibt. Die Fachkraft stellt ausgewähltes Material zur Verfügung ohne konkreten Arbeitsauftrag, und die Kinder können sich dann, entsprechend ihrer Motivation, selbständig, freiwillig und zu einer selbstbestimmten Zeit mit diesem Material beschäftigen.

Spielen steht im Vordergrund und der Fokus liegt auf dem spielerischen Lernen; anders ausgedrückt: über das Spiel werden das Forschen und Experimentieren verstärkt. Hier wird weniger ein Fachwissen kreiert, sondern Kompetenzen entwickelt, wie beispielsweise ein individueller Erkenntnisgewinn, eigenständiges Handeln, Kreativität, Förderung der Organisationsfähigkeit und Denken in Symbolen, d. h. die Kinder »spielen« Forscher. Will man den »Forschungsprozess« sichtbar machen, kann dies mittels gemeinsamer Gespräche über das Beobachtete erfolgen. Die Fachkraft benötigt Fachkompetenz und Materialerfahrung.

Ein Beispiel wäre der Versuch »Schwimmen und Sinken« (vgl. Praxisbeispiele ▶ Kap. 5.4.2.1). Die Fachkraft stellt als Materialimpuls ein Gefäß mit Wasser und einige Kleinmaterialien bereit. Die Kinder können dann, auch an mehreren Tagen und mit Unterbrechungen, im Freispiel selbständig mit den Materialien experimentieren und werden dabei auch feststellen, dass einige Materialien auf dem Wasser schwimmen (z. B. Korken, Holz) und andere untergehen (z. B. Stein, vollgesogenes Wattepad). Beobachtet die Fachkraft, dass dies zum Thema bei den Kindern wird, kann sie mit den Kindern ein Gespräch darüber beginnen und das Phänomen den Kindern auf diese Weise bewusster zu machen.

Das situationsbezogene naturwissenschaftliche Forschen

Dieser Ansatz bietet die Möglichkeit, Vorwissen durch Erfahrungen zu schaffen, indem sich die Kinder außerhalb eines strukturierten Angebots mit naturwissenschaftlichen Phänomenen auseinandersetzen können. Der Situationsansatz orientiert sich an den alltäglichen Erfahrungen der Kinder in ihrer konkreten Lebenswelt. Es werden Themen aufgegriffen, mit welchen sich die Kinder aktuell beschäftigen oder für die sie sich interessieren.

Ein situationsbezogenes Forschungsangebot erfordert von der Fachkraft ein aufmerksames Beobachten, mit welchen Themen sich die Kinder aktuell beschäftigen. Die Alltagswelt der Kinder ist voll mit Phänomenen, die erforscht und hinterfragt werden können, z. B.: Warum können Vögel fliegen und Menschen nicht? Warum gibt es einen Regenbogen? Warum löst sich Salz in Wasser? Es bedeutet weiterhin, dass sich die Fachkraft auf Alltagssituationen einlassen und ggf. von Plänen und strukturierten Tagesabläufen lösen muss. Wichtig dabei ist, eine vorbereitete Umgebung zu schaffen (Forscherecke mit Materialien, Arbeitsmittel und Büchern). Die Fachkraft sollte ein gleichberechtigtes und gemeinsames Arbeiten (Experimentieren, Forschen) mit den Kindern anstreben. Die Kinder erwerben dadurch Primärerfahrungen und lernen ein eigenständiges Experimentieren kennen, zudem werden ihre Handlungsaktivität und ihre Selbstbestimmung dadurch gestärkt.

Als Beispiel wäre der Versuch »Löslichkeit von Feststoffen in Wasser« (vgl. Praxisbeispiel in Kapitel 5.4.2.2) geeignet. Hier werden unterschiedliche Materialien wie Steine, Sand, Mehl, Salz und Zucker bereitgestellt und mehrere Gläser, die mit Wasser befüllt werden können. Nun können die

Kinder eigenständig ausprobieren, was passiert, wenn die unterschiedlichen Materialien ins Wasser gegeben werden. Ohne dass ein konkreter Forschungsansatz dahinter steht, kreieren die Kinder Vorwissen darüber, dass es Stoffe gibt, die sich im Wasser komplett lösen und nicht mehr sichtbar sind (Salz und Zucker), dass es Stoffe gibt, die mit Wasser reagieren und ihre Konsistenz verändern, aber dennoch sichtbar sind (Mehl), und dass es Stoffe gibt, die sich nicht in Wasser lösen (Steine). Auf dieses Vorwissen kann dann mit konkreten Forschungsfragen aufgebaut werden, die im Folgenden beschrieben werden.

Das forschend-entwickelnde Verfahren

Der grundlegende Gedanke beim forschend-entwickelndem Verfahren ist, naturwissenschaftliches Arbeiten als einen Problemerkennungs- und Problemlöseprozess zu gestalten. Den Kindern wird ein Problem vorgelegt, d. h. ein Phänomen, das sie noch nicht kennen bzw. welches sie mit ihrem bisherigen Vorwissen nicht ohne Weiteres erklären können. Der Erkenntnisgewinn entsteht durch selbständiges Experimentieren, basierend auf den kindlichen Vorkenntnissen und Mitteln.

Wichtig dabei ist, die Kinder nicht zu überfordern, sondern den forschenden Lernprozess mit einer Problemstellung (einer Frage oder einem Forschungsauftrag) einzuleiten, auf den die Kinder nicht sofort eine Antwort haben, die sie aber auch nicht überfordert. Auf die Problemstellung folgt die Bildung von Hypothese und die gemeinsame Planung eines Experiments, mit dem die Hypothesen überprüft werden können.

Abschließend wird das Experiment durchgeführt und die Beobachtungen werden gemeinsam reflektiert und gedeutet. Die Versuchsergebnisse sollten für alle sichtbar visualisiert und dokumentiert werden, z. B. mit Bildern, Fotos etc. und können zusätzlich noch durch ein abstraktes Modell erklärt werden.

Die Kinder gewinnen mit dieser Methode Einblicke in die naturwissenschaftliche Arbeitsweise, indem sie eine Problemstellung bekommen, dazu Hypothesen bilden, diese im Experiment überprüfen und aus den Ergebnissen des Experiments einen Erkenntnisgewinn ziehen. Sie üben sich dadurch im Entwickeln von Problemlösestrategien und fördern damit ihre Selbsttätigkeit. Die Fachkraft benötigt Kenntnisse über altersentsprechende kognitive Fähigkeiten und altersspezifische Wissensstände der Kinder sowie ein entsprechendes Fachwissen zur Durchführung und didaktischen Aufbereitung von Versuchen.

Hier kann als Beispiel der Versuch »Salzrückgewinnung« an (vgl. Praxisbeispiel in Kapitel 5.4.2.3) genannt werden. Aufbauend auf den Versuch »Löslichkeit von Feststoffen in Wasser« kann hier mit der konkreten

Fragestellung »Wie kann ich das Salz, das sich im Wasser gelöst hat, wieder sichtbar machen?« eine Problemstellung formuliert werden. Die Kinder können Hypothesen aufstellen, die dann mit Versuchen überprüft werden. Wird z. B. die Antwort gegeben: »Wenn ich das Wasser wieder wegmache!« kann überlegt werden, wie man das machen könnte und eventuell kann Hilfestellung mit einem Alltagsbezug gegeben werden, z. B. mit den Fragen, was denn passiert, wenn ein Schälchen mit Wasser lange Zeit in der Sonne steht oder wenn Wasser zum Kochen gebracht wird. Der Versuch wird durchgeführt und das Beobachtete gedeutet und besprochen. Die Wissenssicherung sollte über eine Visualisierung des Versuchs und ggf. durch weitere Erklärungen seitens der Fachkraft stattfinden.

Die Projektmethode

Bei einem Projekt kann ein naturwissenschaftliches Thema über einen längeren Zeitraum hinweg von den Kindern mit Unterstützung der Fachkräfte erarbeitet werden. Während bei den oben beschriebenen Methoden die gesammelten Erfahrungen oft unverbunden nebeneinander stehen, kann durch die Projektarbeit ein Bildungsprozess über einen längeren Zeitraum hinweg initiiert werden, bei dem sich die Kinder ein übergeordnetes Thema aus unterschiedlichen Perspektiven und unter Nutzung unterschiedlicher Methode erschließen (Bertelsmeier & Dahlhaus, 2010). Die Lösung der Fragestellung erfolgt somit durch Zerlegung des Gesamtthemas in Teilaspekte bzw. Einzelfragen und das exemplarische und ganzheitlich vernetzende Lernen steht im Vordergrund (Textor, o. J.).

Die Durchführung eines naturwissenschaftlichen Projekts ist mit einem höheren Zeit- und Personalaufwand verbunden als die zuvor beschriebenen Verfahren. Nach der Themenfindung, die gemeinsam mit den Kindern und in Abhängigkeit von den Möglichkeiten (räumlich, personell) der Einrichtung erfolgen soll, wird von der Fachkraft eine Grobplanung erstellt. Dazu müssen zuvor die Vorerfahrungen der Kinder ermittelt werden und Überlegungen erfolgen, aus welchen Blickwinkeln das Thema betrachtet werden soll. Nach einer Einführung ins Thema und dem Aufstellen von Hypothesen werden die Versuche durchgeführt und damit die Hypothesen überprüft. Nach Beendigung aller Experimente wird das Thema gemeinsam reflektiert: die Ergebnisse der Versuche werden im Gespräch zusammengetragen und visualisiert, noch offene Fragen werden geklärt und den Abschluss bildet eine Dokumentation aller Ergebnisse, die dann zum Beispiel auch den Eltern präsentiert werden kann.

Mit der Projektmethode können sich Kinder Kompetenzen in einem übergeordneten Sinnzusammenhang erschießen und ihre Ausdauerfähigkeit fördern. Die Projektmethode erfordert gewisse Regeln, die von den Kindern akzeptiert werden müssen, was eine Förderung der Teamfähigkeit und der Partizipationsbereitschaft zur Folge hat. Auch die Kreativität und die Handlungsbereitschaft werden geschult. Die Fachkräfte benötigen hier eine hohe Fach- und Planungskompetenz sowie Freude und Spaß am Experimentieren.

Als Beispiel kann der in Kapitel 5.1.4 beschriebene Experimentiertag genannt werden. Hier wurden unterschiedliche Themenbereiche, wie zum Beispiel »Luft« oder »Stoffeigenschaften«, vorbereitet und den Kindern mit mehreren, aufeinander aufbauenden Versuchen zur Verfügung gestellt.

5.4 Praxisbeispiele

5.4.1 Experimente aus dem Themenbereich »Luft«

Kinder im Vorschulalter können schon recht gut zwischen den Aggregatzuständen fest und flüssig unterscheiden, wohingegen ihnen der gasförmige Aggregatzustand meist nicht bekannt ist. Untersuchungen haben belegt, dass bis ins Grundschulalter der Gasbegriff noch nicht allen Kindern vertraut ist und Luft nicht als Gas wahrgenommen wird (Lück, 2018). Die folgenden Experimente sollen Kindern begreiflich machen, dass Luft ein Gas ist, welches Raum einnimmt, bestimmte Eigenschaften besitzt, und wozu Luft benötigt wird.

Praxisbeispiel »Das Löschen einer Kerze«

Dieses Experiment soll den Kindern verdeutlichen, dass Luft zum Brennen einer Kerze benötigt wird und die Kerzenflamme erlischt, wenn keine Luft mehr vorhanden ist.

Theoretischer Hintergrund:
Eine Kerze benötigt zum Brennen Wachs und Luft, genauer gesagt Sauerstoff. Der angezündete Docht erhitzt allmählich das Wachs in seiner Umgebung, welches dann flüssig und vom Docht aufgesogen wird. Gelangt es in die Kerzenflamme, wird es zu Wachsdampf erhitzt. Dieser reagiert mit dem Sauerstoff in der Luft und wird dabei zu Kohlendioxid und Wasserstoff umgewandelt. Dabei wird Energie in Form von Licht und Wärme frei. Ist der Sauerstoff unter dem Glas verbraucht, geht die Kerze aus.

Formale Struktur:
Der Versuch kann mit drei bis vier Kindern durchgeführt werden und eignet sich für das Krippen- und Kindergartenalter. Bei jüngeren Kindern als Demonstrationsversuch, ab ca. fünf Jahren können die Kinder den Versuch selber durchführen in Abhängigkeit von ihren feinmotorischen Kenntnissen. Der Versuch kann im Gruppenraum durchgeführt werden, es wird lediglich ein freistehender Tisch benötigt, um welchen sich die Kinder setzen können. Der Versuch dauert einmalig nur wenige Minuten, wird von Kindern aber gerne mehrfach wiederholt, weshalb mehr Zeit eingeplant werden sollte.

Benötigte Materialien:

- 2 Teelichter
- Alupapier
- 2 Gläser unterschiedlicher Größe
- Feuerzeug

Durchführung und Beobachtung:
Den Versuchsbereich mit Alufolie abdecken und 2 Teelichter daraufstellen. Die Teelichter anzünden und warten, bis die Kerzenflamme richtig brennt. Nun können die Kinder gefragt werden, wie lange das Teelicht denn wohl brennen wird. Von den Ideen (z. B. so lange die Kerze Luft hat, bis das Wachs aufgebraucht ist ...) wird die Aussage »solange die Kerze Luft hat« aufgenommen, und die Kinder werden aufgefordert, diese Hypothese zu überprüfen, indem sie ein Glas über die brennende Kerze stülpen und beobachten, was passiert. Anschließend werden die Beobachtungen gemeinsam besprochen und nach Erklärungen gesucht.

Praxisbeispiel »Zwei Gummibärchen auf Tauchgang«

Können Gummibärchen tauchen, ohne nass zu werden? Mit diesem Experiment können Kinder beobachten, dass Luft ein Gas ist, welches Raum einnimmt und Wasser verdrängen kann. Die Gummibärchen erhöhen die Motivation für diesen Versuch.

Theoretischer Hintergrund:
Wird ein Glas senkrecht ins Wasser getaucht, bleibt die unsichtbare Luft im Glas erhalten und verdrängt das Wasser beim Eintauchen, da die Luft nicht entweichen kann. Dies kann mit diesem Versuch sehr gut demonstriert

werden, indem ein Glas über das Gummibärchenboot gestülpt wird. Die Luft kann nicht entweichen, da das Glas senkrecht auf die Wasseroberfläche aufgesetzt und nach unten gedrückt wird. Die Gummibärchen tauchen unter, aber da das Glas Luft enthält, kann das Wasser nicht eindringen und die Gummibärchen bleiben trocken.

Formale Struktur:
Auch dieser Versuch eignet sich für das Krippen- und Kindergartenalter. Jüngere Kinder benötigen Hilfe beim senkrechten Überstülpen des Glases, ab ca. 5 Jahren können die Kinder das alleine versuchen. Benötigt wird ein Tisch, welcher mit einem Handtuch abgedeckt ist, falls Wasser verschüttet wird. Der Versuch kann in Zweiergruppen durchgeführt werden und dauert ca. drei bis fünf Minuten.

Benötigte Materialien:

- 1 große durchsichtige Schüssel, zur Hälfte mit Wasser gefüllt
- 1 Glas
- 1 Aluförmchen (z. B. von einem Teelicht)
- Wattepads
- Gummibärchen

Durchführung und Beobachtung:
Das Aluförmchen mit Watte auslegen und zwei Gummibärchen hineinsetzen. Dann wird das Aluförmchen vorsichtig auf die Wasseroberfläche gesetzt, so dass es schwimmt. Nun das Glas mit der Öffnung nach unten über das kleine Boot mit den Gummibärchen stülpen und langsam nach unten auf den Schüsselboden drücken; das Glas dabei ganz gerade halten. Man sieht, dass das Boot langsam abtaucht. Danach das Glas langsam wieder hochheben, bis das Boot mit seinen Insassen wieder an der Oberfläche schwimmt. Das Boot wird aus dem Wasser genommen und geprüft, ob die Gummibärchen und die Watte noch trocken sind. Anschließend wird wieder gemeinsam reflektiert, was beobachtet wurde und nach Erklärungen gesucht. Zum Abschluss dürfen die Gummibärchen verspeist werden.

Praxisbeispiel »Der Zauberluftballon«

Der dritte Versuch zum Thema Luft greift ein neues Phänomen auf, nämlich die Ausdehnung der meisten Materialien beim Erwärmen. Bei Feststoffen und Flüssigkeiten ist dies nicht so gut zu sehen, da die Ausdehnung nur minimal ist.

Bei Gasen dagegen ist die Ausdehnung beim Erwärmen deutlich größer und kann daher besser beobachtet werden.

Theoretischer Hintergrund:
Wird eine Flasche in kaltes Wasser gestellt, kühlt sich die Luft im Flascheninneren ab und zieht sich zusammen, so dass noch mehr Luft in die Flasche strömt. Wird ein Luftballon über die Öffnung am Flaschenhals gestülpt, kann die Luft in der Flasche nicht mehr entweichen und verbleibt dort. Wird die Flasche nun aus dem kalten Wasser genommen und in heißes Wasser gestellt, erwärmt sich auch die Luft in der Flasche, dehnt sich aus und strömt in den Luftballon, welcher sich langsam aufbläst.

Formale Struktur:
Dieser Versuch kann im Gruppenraum durchgeführt werden und eignet sich für Kinder ab ca. 4 Jahren. Man benötigt einen größeren Tisch, welcher wieder mit einem Handtuch abgedeckt wird und um welchen sich die Kinder setzen können. Diesen Versuch sollten die Kinder nur unter Anleitung durchführen, da mit heißem Wasser gearbeitet wird und die Gefahr besteht, dass die Kinder sich verbrennen, bzw. die Glasflasche fallen lassen. Auch benötigt das Überstülpen des Luftballons auf den Flaschenhals ein feinmotorisches Geschick. Der Versuch dauert ca. 10 Minuten, je nachdem, wie oft die Flasche zwischen kaltem und warmem Wasser wechselt.

Benötigte Materialien:

- 1 Glasflasche
- 1 Luftballon
- 1 Topf mit heißem Wasser
- 1 Topf mit kaltem Wasser

Durchführung und Beobachtung:
Zuerst wird die Glasflasche in kaltes Wasser gestellt und dort einige Minuten belassen. Noch während die Flasche im kalten Wasser steht, wird ein Luftballon über die Öffnung am Flaschenhals gestülpt. Nun wird die Flasche mit dem Luftballon ins heiße Wasser gestellt. Man kann beobachten, dass der zuvor schlapp herunterhängende Luftballon sich langsam füllt und aufrichtet. Stellt man die Flasche wieder in kaltes Wasser, entweicht die Luft aus dem Luftballon und dieser wird wieder schlapp. Der Versuch kann beliebig oft wiederholt werden, solange das Wasser heiß ist.

Eine Visualisierung der Beobachtung (Zeichnung der Kinder, Foto) kann als Grundlage dienen für die abschließende Deutung der Beobachtung.

5.4.2 Experimente aus dem Themenbereich »Wasser«

Wasser hat schon im Säuglingsalter eine hohe Faszination für Kinder. Man kann es nicht in der Hand halten, es behält keine Form, aber es sammelt sich in einem Gefäß oder einem Loch auf der Straße und verschwindet wieder, wenn die Sonne drauf scheint. Wasserspiele im Sommer, Plantschen im Wasser – der Spaß mit dem Medium Wasser kennt keine Grenzen. In diesem Kapitel sollen den Kindern einige Eigenschaften vom Wasser nahegebracht werden.

Praxisbeispiel »Schwimmen und Sinken«

Kinder gehen in der Regel davon aus, dass Feststoffe schwerer und Gase leichter als Flüssigkeiten sind. Dieses Experiment vermittelt erste Erfahrungen zum Thema Schwimmen und Sinken.

Theoretischer Hintergrund:
Ob ein Gegenstand auf dem Wasser schwimmt oder sinkt ist abhängig von seiner Dichte. Unter Dichte versteht man die Masse in Bezug auf das Volumen. Ist die Dichte eines Gegenstandes höher als die Dichte des Wassers, sinkt dieser Gegenstand, ist die Dichte geringer als die des Wassers, schwimmt der Gegenstand auf dem Wasser. Für Vorschulkinder stellt dieser Versuch nur eine Annäherung an das Thema dar, da in diesem Alter zusammengesetzte Größen, wie z. B. die Dichte, noch nicht verstanden werden. Trotzdem eignet sich dieser Versuch sehr gut für das Vorschulalter, da die Kinder erste Erfahrungen zu diesem Thema sammeln und später (in der Schule) dann darauf aufbauen können.

Formale Struktur:
Diesen Versuch können die Kinder allein durchführen, am besten in Zweiergruppen mit je 1 Schüssel, gefüllt mit Wasser. Der Versuch eignet sich bereits für Krippenkinder und die Versuchsdauer variiert, je nach Motivation und Ausdauer der Kinder. Wird der Versuch in einem Innenraum durchgeführt, sollte darauf geachtet werden, dass der Raum einen aufwischbaren Boden hat; am besten geeignet ist das Außengelände.

Benötigte Materialien:

- 1 großes Gefäß (z. B. eine durchsichtige Schüssel) mit Wasser gefüllt
- Unterschiedliche kleine Materialien (Korken, Münzen, Steinchen, Kastanien, Büroklammer, Styroporteil, ...), welche die Kinder gesammelt und zusammengetragen haben

Durchführung und Beobachtung:
Bevor der Versuch startet, können die Kinder Prognosen abgeben, welche der Gegenstände wohl auf dem Wasser schwimmen und welche untergehen. Nacheinander dürfen die Kinder die Gegenstände in die Schüssel werfen und sollen dabei genau beobachten, welche Gegenstände schwimmen und welche sinken.

Zur Reflexion und Deutung ist eine Visualisierung in Tabellenform geeignet. Eine Spalte enthält alle Gegenstände, die sinken; die andere Spalte die Gegenstände, die schwimmen. Können die Kinder Muster erkennen?

Praxisbeispiel »Was löst sich in Wasser?«

Warum lösen sich manche Stoffe im Wasser auf und manche nicht? Kinder können diese Phänomene in ihrer alltäglichen Lebensumwelt beobachten, z. B. dass sich der Zucker im Tee auflöst und komplett unsichtbar wird, wohingegen Sand sich nicht auflöst, sondern in Verbindung mit Wasser zu Matsch wird.

Theoretischer Hintergrund:
Die Lösungseigenschaften verschiedener Materialien in Wasser sind unterschiedlich. *Zucker und Salz* lösen sich komplett in Wasser auf. Das bedeutet aber nicht, dass der Stoff nicht mehr da ist oder ein neuer Stoff entstanden ist. Er ist nur so klein geworden, dass er nicht mehr sichtbar ist. *Mehl* löst sich dagegen nicht in Wasser, es vermischt sich mit Wasser – teilweise besser, teilweise schlechter. Mehl hat die Eigenschaft, zu einem Großteil mit Wasser zu verklumpen. Auch durch Rühren können die Klumpen in der Regel nicht vernichtet werden. Insbesondere die nicht verklumpten Mehlteilchen werden durch das Rühren aufgewirbelt und trüben das Wasser ein. Sie schweben im Wasser, sinken aber ganz, ganz langsam auf den Grund des Glases. *Sand* zeigt keine Reaktion mit dem Wasser, weder löst sich der Sand auf, noch verbindet er sich, sondern sinkt recht schnell auf den Glasboden ab.

Formale Struktur:
Für diesen Versuch eignet sich eine drei- bis vierköpfige Gruppe (Alter vier bis sechs Jahre): Die Mischungen werden im Team hergestellt, dazu benötigt jede Gruppe einen separaten Tisch (hier genügt wieder ein Tisch im Gruppenraum) und Geschick. Der Versuch dauert ca. 10 Minuten, je nachdem, wie forsch oder zögerlich die Kinder beim Ansetzen der Mischungen sind.

Benötigte Materialien:

- Verschiedene Gläser
- Mehl
- Zucker
- Salz
- Sand
- 1 Löffel oder Gabel zum Umrühren

Durchführung und Beobachtung:
Die Gläser jeweils zur Hälfte mit Wasser füllen. Dann die verschiedenen Stoffe auf je ein Glas verteilen, kräftig umrühren und beobachten, was passiert. Die Gläser nach dem Rühren nochmals stehen lassen und erneut beobachten, ob sich etwas verändert hat.

Zucker und Salz lösen sich im Wasser auf, dabei sind anfangs Schlieren zu beobachten. Je kräftiger gerührt wird, umso schneller lösen sich die Substanzen. Das Wasser ist nach ein paar Minuten ganz klar.

Das Mehl bleibt erst mal auf dem Wasser liegen. Durch das Umrühren bilden sich kleine Klümpchen, die sich im Wasser verteilen; das Wasser wird dabei milchig-trüb. Nach einiger Zeit sinken die Klümpchen auf den Glasboden ab, und es bildet sich dort eine weiße Schicht, das Wasser bleibt trübe. Der Sand löst sich nicht im Wasser, auch nicht durch Rühren, und sinkt rasch auf den Glasboden ab. Das Wasser ist klarer als beim Mehl.

Praxisbeispiel »Salzrückgewinnung?«

Wie im vorigen Versuch beschrieben, löst sich Salz komplett im Wasser auf. Kann man das Salz nun auch wieder vom Wasser trennen? Die Salzrückgewinnung, wie sie in diesem Versuch durchgeführt wird, hat einen Alltagsbezug, da in Mittelmeerländern genau auf diese Weise Salz aus dem Meer gewonnen wird.

Theoretischer Hintergrund:
Das Wasser verdunstet unter der Einwirkung von Wärme. Im Versuch ist das Teelicht der Wärmelieferant, in den Salinen am Mittemeer die Sonne. Ist alles Wasser verdunstet, bleibt das Salz zurück. Diese Erklärung ist für Vorschulkinder völlig ausreichend.

Kommen detaillierte Nachfragen, sollte erklärt werden, dass Wasser bei ca. 100 °C seinen Aggregatzustand von flüssig auf gasförmig ändert, was bedeutet, dass Wasser bei ca. 100 °C verdampft. Im gasförmigen Zustand haben die Wasserteilchen einen größeren Abstand zueinander, weshalb das Wasser vom Löffel »verschwindet« und somit das Salz übrigbleibt.

Formale Struktur:
Dieser Versuch erfordert ein feinmotorisches Geschick, weshalb er frühestens ab einem Alter von 5 Jahren von den Kindern selber, aber stets unter Aufsicht, durchgeführt werden sollte. Als Demonstrationsversuch eignet er sich natürlich auch für den Krippenbereich und jüngere Kindergartenkinder. Allerdings dauert der Versuch insgesamt ca. 15 Minuten und eine gewisse Zeit, bis das Wasser verdampft und das Salz sichtbar wird, was für Krippenkinder zum Teil zu lange ist. Benötigt wird ein Tisch, der mit Alufolie abgedeckt ist. Der Versuch kann im Gruppenraum durchgeführt werden, am besten eignet sich eine Ecke des Raumes, in welchem die experimentierenden Kinder genügend Ruhe haben.

Benötigte Materialien:

- 1 Glas mit einer konzentrierten Salzlösung
- 1 Löffel aus Metall
- 1 Teelicht
- 1 kleines, wenig hohes Glas oder 1 feuerfeste Unterlage

Durchführung und Beobachtung:
Das Teelicht entweder in das kleine Glas oder auf die feuerfeste Unterlage stellen und entzünden. Den Löffel mit Salzwasser füllen und vorsichtig über die Kerzenflamme halten. Zunächst bilden sich kleine Bläschen in dem Salzwasser und nach und nach wird die Flüssigkeit weniger. Am Ende ist nur noch ein weißer Stoff, das Salz, auf dem Löffel vorhanden und das Wasser ist komplett weg.

Bei der Deutung sollte auch Bezug zur Salzherstellung genommen werden.

5.5 Tipps zum Weiterlesen

Chemie-Verbände Baden-Württemberg (2011): *Feuer und Luft. So macht Chemie Spaß.* Baden-Baden: Chemie-Verbände Baden-Württemberg.
Haider, M. & Hartinger, A. (2010): *Experimente im Sachunterricht.* Berlin: Cornelsen Scriptor. S. 21.
Lück, G. (2003): *Handbuch der naturwissenschaftlichen Bildung.* Freiburg, Basel, Wien.
Lüftner, W. (2012): *Bausteine 1-4. Staunen, fragen und Entdecken.* Braunschweig: Diesterweg. S. 37
Saan, A. v. (2009): *365 Experimente für jeden Tag.* Kempen: Moses Verlag.
Schneider, A. (2020): Versuchsreihe für Vor- und Grundschulkinder (https://www.ako-schneider.de/digitale-inhalte), Zugriff am 10.10.2020
Schneider, A., Schneider, J., Schneider, K. & Käppeler, H. (2015): Was steckt in mir? Gerlingen: KiKo aktiv Verlag.
Schwefer, D. (2011): Mehl und Puderzucker in Wasser. Nela forscht. (https://www.nela-forscht.de/2011/06/22/mehl-und-puderzucker-in-wasser/), Zugriff am 10.10.2020

5.6 Literaturverzeichnis

Andresen, S. & Hurrelmann, K. (2010): *Kindheit.* Weinheim, Basel: Beltz.
Anger, C., Koppel, O. & Plünneke, A. (2018): MINT-Frühjahrsreport. Köln: Institut der deutschen Wirtschaft. (https://www.iwkoeln.de/fileadmin/user_upload/Studien/Gutachten/PDF/2018/MINT-Fr%C3%BChjahrsreport_2018neu.pdf), Zugriff am: 02.01.2020.
Ansari, S., Jeschonek, S., Pahnke, J. & Pauen, S. (2012): *Wissenschaftliche Untersuchungen zur Arbeit der Stiftung »Haus der kleinen Forscher. Bd.4.* Schaffhausen: Schubi Lernmedien.
Asmussen, S. (2020): *Naturwissenschaftliche Bildung in der Kita.* Weinheim, Basel: Beltz Juventa.
Bertelsmeier, P. & Dalhaus, J. (2010): *Naturwissenschaftlich-technische Früherziehung.* Troisdorf: Bildungsverlag eins.
Buhr, R. & Kühne, B. (Hrsg.) (2011): mst|femNet meets Nano and Optics. Bundesweite Mädchen-Technik-Talente-Foren in MINT – mäta. Berlin: Bundesministerium für Bildung und Forschung.
Cavelti, M. (2018): MINT-Förderung (Mathematik, Informatik, Naturwissenschaften und Technik) ist in aller Munde. In 4 bis 8 Fachzeitschrift für Kindergarten und Unterstufe, 5/2018, S. 20-21.
Chemie-Verbände Baden-Württemberg (2011): Wasser und Boden. Baden-Baden: Aquensis Verlag.
Dahle, G. (2007): Naturwissenschaften und Mathematik im Kindergarten. Wohin führt der Weg? In: M. R. Textor & Antje Bostelmann (Hrsg.), Das Kita-Handbuch. (https://kindergartenpaedagogik.de/fachartikel/bildungsbereiche-erziehungsfelder/naturwissenschaftliche-und-technische-bildung-umweltbildung/1625), Zugriff am 17.09.2020.

Deutscher Bildungsserver (2018): Zum Bildungsauftrag in Kindertagesbetreuung. (https://www.bildungsserver.de/Bildungsauftrag-2023-de.html), Zugriff am: 06.09.2020.

Dr. Hans Riegel-Stiftung (2020): Die Forscher-Füchse. Bonn: Dr. Hans Riegel-Stiftung. (https://www.forscher-fuechse.com/das-projekt), Zugriff am 20.10.2020.

Edelmann, K. (2014): MINT-Initiativen – ein Überblick. Niedersächsisches Institut für frühkindliche Entwicklung. (https://www.nifbe.de/component/themensammlung?view=item&id=162:mint-initiativen-fuer-kitas-ein-ueberblick&catid=283), Zugriff am 20.08.2020.

Fthenakis, W. E. (Hrsg.) (2009): *Natur-Wissen schaffen – Bd. 3: Frühe mathematische Bildung.* Troisdorf: Bildungsverlag EINS.

Goll, C. (2020): Welche Rolle spielt Bildung im Kindergartenalter und wie sieht diese in einer Krisensituation, am Beispiel der Corona-Pandemie, aus? Unveröffentlichte Bachelorarbeit. Heidelberg: SRH Hochschule.

Haider, M. & Hartinger, A. (2010): *Experimente im Sachunterricht.* Berlin: Cornelsen Scriptor. S. 21.

Hüther, G. (2006): *Bedienungsanleitung für ein menschliches Gehirn.* Göttingen: Vandenhoeck & Ruprecht.

Institut der deutschen Wirtschaft (2018): *MINT-Frühjahrsreport 2018. MINT – Offenheit, Chancen, Innovationen.* Köln: Institut der deutschen Wirtschaft.

Jahn, I. (Hrsg.) (2004): *Geschichte der Biologie.* Hamburg: Nikol-Verlag.

Karger-Decker, B (2001): *Die Geschichte der Medizin. Von der Antike bis zur Gegenwart.* Düsseldorf: Albatros.

Kaufmann, S. (2010): *Handbuch für die frühe mathematische Bildung.* Braunschweig: Bildungshaus/Schroedel.

Klinkhammer, N. & Schäfer, S. (2017) Qualitätsentwicklung und -sicherung in der frühkindlichen Bildung und Betreuung. In: N. Klinkhammer, S. Schäfer, D. Harring, A. Gwinner (Hg.) (2017): *Qualitätsmonitoring in frühkindlicher Bildung und Betreuung* (S. 11–32). München: Verlag Deutsches Jugendinstitut.

Koerber, S., Sodian, B., Thoermer, C., & Nett, U. (2005): Scientific Reasoning in Young Children: Preschoolers' Ability to Evaluate Covariation Evidence. In: Swiss Journal of Psychology 64, 3, 141-152.

Krause, M (2020): Naturwissenschaft in der Kita. Staatsinstitut für Frühpädagogik. Kompik. (http://www.kompik.de/entwicklungsbereiche/naturwissenschaft/wissenschaftlicher-hintergrund.html), Zugriff am 04.06.2020.

Kunze, A.B. (2016): Wie lernen Kinder? Frühkindliche Bildung im Licht neurobiologischer Forschung. (https://www.kindergartenpaedagogik.de/fachartikel/psychologie/2364), Zugriff am 20.09.2020.

Lüftner, W. (2012): *Bausteine 1-4. Staunen, fragen und Entdecken.* Braunschweig: Diesterweg. S. 37

Ministerium für Kultus, Jugend und Sport Baden-Württemberg (Hrsg.) (2015): *Orientierungsplan für die für Bildung und Erziehung in baden-württembergischen Kindergärten und weiteren Kindertageseinrichtungen. Fassung vom 15.03.2011.* Freiburg, Basel, Wien: Herder

Ministerium für Wissenschaft, Forschung und Kunst BW (Hrsg.) (2019): *Wie MINT-Projekte gelingen.* Stuttgart: Ministerium für Wissenschaft, Forschung und Kunst BW.

Monks, S. (o.J.): Entwicklung von Gehirn und Nervensystem. Online-Artikel. (https://www.neurologen-und-psychiater-im-netz.org/gehirn-nervensystem/entwicklung/), Zugriff am 29.09.2020.

Lück, G. (2018): *Handbuch naturwissenschaftliche Bildung in der Kita*. Freiburg, Basel, Wien: Herder

Lück, G. (2013): *Handbuch naturwissenschaftliche Bildung in der Kita*. Freiburg, Basel, Wien: Herder

Nier, H. (2018): Männliche Kita-Mitarbeiter noch immer Seltenheit. Statistisches Bundesamt. (https://de.statista.com/infografik/14678/maennliche-paedagogische-fachkraefte-in-kitas/), Zugriff am: 25.09.2020.

Oberthür, J. (2019): Klischeefrei für MINT begeistern – wie geht das? Bundesverband deutscher Stiftungen. (https://www.stiftungen.org/aktuelles/blog-beitraege/klischeefrei-fuer-mint-begeistern-wie-geht-das.html), Zugriff am: 23.09.2020.

Oppermann, E., & Keller, L. (2018). Geschlechtsunterschiede in der frühen MINT-Bildung -Forschungsüberblick. Berlin: Stiftung Haus der kleinen Forscher. (https://www.haus-der-kleinen-forscher.de), Zugriff am: 25.09.2020.

Pässler, K (o. J.): Geschlechtsspezifische MINT-Interessen im Vorschul- und Primarschulalte. Fachhochschule Nordwestschweiz, EduNat. (https://www.fhnw.ch/de/die-fhnw/strategische-initiativen-15-17/edunat/geschlechtsspezifische-mint-interessen-im-vorschul-und-primarschulalter), Zugriff am: 02.01.2020.

Risch, B. (2008): Vorschulkinder an chemische und physikalische Phänomene heranführen. In: F. Hellmich & H. Köster (Hrsg.), *Vorschulische Bildungsprozesse in Mathematik und Naturwissenschaft* (S. 163–178). Bad Heilbrunn: Klinkhardt.

Roux, S. (2008): Bildung im Elementarbereich – Zur gegenwärtigen Lage der Frühpädagogik in Deutschland. In: F. Hellmich & H. Köster (Hrsg.), *Vorschulische Bildungsprozesse in Mathematik und Naturwissenschaft* (S. 13–25). Bad Heilbrunn: Klinkhardt.

Schneider, A., Schneider, J., Schneider, K. & Käppeler, H. (2015): *Was steckt in mir?* Gerlingen: KiKo aktiv Verlag.

Schneider, A & Pfänder, B. (2015): *Sicherheit im Straßenverkehr*. Gerlingen: KiKo aktiv Verlag.

Schneider, A. (2012): Das Körperbewusstsein bei Kindern und Jugendlichen. Entwicklung, altersabhängige Ausprägung und Einfluss auf gesundheitsfördernde und gesundheitspräventive Maßnahmen. Freiburg: Albert-Ludwigs-Universität. (http://www.freidok.uni-freiburg.de/volltexte/8721), Zugriff am 03.02.2020.

Schneider, A. & Kreuser, F. (2009): *Dem Körper auf der Spur*. Gerlingen: KiKo aktiv Verlag.

Schneider A & Collatz, KG (2006): Entwicklung des Körperbewusstseins bei Kindern – Definition, Entwicklungsschritte und erste Studienergebnisse. In: *AdipositasSpektrum*, 2. Jg., 5, 20-23.

Schwefer, D. (2011): Mehl und Puderzucker in Wasser. Nela forscht. (https://www.nela-forscht.de/2011/06/22/mehl-und-puderzucker-in-wasser/), Zugriff am: 02.10.2020.

Steffensky, M. (2018a): Naturwissenschaftliche Bildung in der Kita. In: Mediengruppe Oberfranken (Hrsg.): *Mint-Förderung im Kindergarten. Sonderausgabe 2018*. Kulmbach: Mediengruppe Oberfranken.

Steffensky, M (2018b): Frühe naturwissenschaftliche Bildung. (https://www.kita-fachtexte.de/fileadmin/Redaktion/Publikationen/KiTaFT_Steffensky_2018-Fruehe_naturwissenschaftliche_Bildung.pdf.), Zugriff am 10.02.2020.

Steffensky, M. (2018c): *Frühe naturwissenschaftliche Bildung. Grundlagen für die Kompetenzorientierte Weiterbildung.* München: Deutsches Jugendinstitut. E.V.

Steffensky, M (2017): *Naturwissenschaftliche Bildung in Kindertageseinrichtungen.* Weiterbildungsinitiative Frühpädagogische Fachkräfte, WiFF Expertisen, Bd. 48. München: Deutsches Jugendinstitut e.V.

Stiftung Haus der kleinen Forscher (Hg.) (2019): Mint ist überall. Paderborn: Bonifatius. (https://www.haus-der-kleinen-forscher.de/fileadmin/Redaktion/1_Forschen/Themen-Broschueren/Broschuere_MINTistueberall_2019.pdf), Zugriff am: 11.09.2020.

Südwestmetall – Verband der Metall- und Elektroindustrie Baden-Württemberg e.V. (2019): Mint in der Frühförderung. (https://www.suedwestmetall-macht-bildung.de/projekte/projekt/mint-in-der-fruehfoerderung.html), Zugriff am 20.10.2020.

Textor, M. (o. J.) Naturwissenschaftliche Bildung in der Kita. In: Martin R. Textor/Antje Bostelmann (Hrsg.): Das Kita-Handbuch. (https://www.kindergartenpaedagogik.de/fachartikel/bildungsbereiche-erziehungsfelder/naturwissenschaftliche-und-technische-bildungumweltbildung/2368), Zugriff am: 30.12.2019.

vfa – Verband der forschenden Pharma-Unternehmen in Deutschland (2020): Impfstoffe zum Schutz vor Covid-19, der neuen Coronavirus-Infektion. (https://www.vfa.de/de/arzneimittel-forschung/woran-wir-forschen/impfstoffe-zum-schutz-vor-coronavirus-2019-ncov), Zugriff am: 10.09.2020.

6

Praxistransfer und Ausblick

Nataliya Soultanian

Die Kindertageseinrichtungen haben die Aufgabe, den Kindern und ihren Familien eine hochwertige und verlässliche Betreuung, Erziehung und Bildung anzubieten und die Kinder in ihren vielfältigen Entwicklungsaufgaben zu begleiten. Die Kitas verstehen sich als Bildungs- und Lernorte und werden zunehmend von der Gesellschaft und Familien als solche wahrgenommen. Wie aus zahlreichen wissenschaftlichen Untersuchungen hervorgeht, hat eine qualitative Kindertagesbetreuung Einfluss auf die soziale und kognitive Entwicklung der Kinder. Das Eintrittsalter und die Dauer der Betreuung zeigen eine positive Korrelation zur kognitiven Entwicklung der Kinder (Sammons, Sylva, Melhuish et. al, 2011). So haben Kinder aus allen gesellschaftlichen Schichten Vorteile von der frühkindlichen, institutionellen Betreuung. Die Prozesse- und die Strukturqualität der Einrichtungen spielen dabei eine bedeutsame Rolle.

Die Kindertageseinrichtungen fördern die Kinder ganzheitlich, so dass im Rahmen einer kinderorientierten Lernkultur sie sich aktiv mit der Umwelt und deren Akteuren auseinandersetzen, neue Erfahrungen machen, sie dann mit

II Methodische Kompetenz nach Bildungsbereichen

den bestehenden verknüpfen und so ihr Bild vom Welt aufbauen und es erweitern. Es geht hier um Sammeln von Erfahrungen in sozialen Beziehungen, die in verschiedene Kind-Kind- und Kind-Erwachsenen-Interkationen gebetet sind und so durch ihr wiederholtes Vorkommen zu den typischen Mustern werden.

Das Anliegen dieses Buches ist, wissenschaftlich-theoretische Grundlagen zu einzelnen Bildungsbereichen sowie den aktuellen Forschungsstand in den ausgewählten Bildungsbereichen zu vermitteln. Um den Transfer von der Theorie in die Praxis zu veranschaulichen, wurde zu jedem Bildungsbereich eine Auswahl an Methoden und praktischen Empfehlungen zusammengestellt. Basierend auf den Erkenntnissen über die kindlichen Lern- und Bildungsprozesse beinhaltet jeder Bildungsbereich eine Sammlung an in der Praxis erprobten und gezielten Aktivitäten und Methoden, deren Implementierung durch genaue Vorgaben der strukturellen und räumlichen Bedingungen sowie inhaltlichen Variationen für die pädagogische Praxis beschrieben ist. All die angesprochenen Übungen, Aktivitäten und Beschäftigungsanregungen tragen erst dann zum Erfolg und Kompetenzzuwachs der Kinder in einzelnen Bildungsbereichen bei, wenn sie in die pädagogische Praxis als alltägliches Handlungsinstrument vom ganzen Team systematisch, geplant und bewusst, individuell oder gruppenbezogen eingesetzt werden. Dazu gehören klare Absprache und der Fachaustausch im Team sowie eine individuelle Reflexion jedes Einzelnen dazu, um das angebotene Methodeninstrumentarium systematisch in die pädagogischen Abläufe der Einrichtung aufzunehmen. So wird der Kindergarten zum Ort des nachhaltigen Lernens und Erfahrungsraumes. Durch Wiederholungen, Besprechungen, Spielen einerseits und eine durchdachte Begleitung und Unterstützung der Erwachsenen andererseits können die Kinder das erworbene Wissen und Kompetenzen in das bestehen Wissenssystem einordnen, mit dem bestehen Wissen verknüpfen und später wieder abrufen.

Für eine nachhaltige individuelle Begleitung jedes Kindes und im Sinne eines ganzheitlichen Förderprinzips, welches viele Bildungsbereiche vereinigt, ist bei den Fachkräften ein methodisch-didaktisches, wissenschaftlich-theoretisches und entwicklungspsychologisches Hintergrundwissen gefragt. Um zu diesem mehrperspektivischen Hintergrundwissen zu gelangen, benötigen die Fachkräfte häufig additive Fortbildungen, Workshops, Supervisionen und fachlichen Austausch unter Kolleginnen. Das Ziel des pädagogischen Handelns sollte sein, kindgerecht, situationsbezogen und differenziert, orientiert an den jeweiligen Entwicklungsstand des Kindes die pädagogische Arbeit auszurichten. Nur solche komplexe Einschätzung jedes einzelnen Kindes, der Gruppendynamik und der bestehenden Rahmenbedingungen ermöglichen, den Unterstützungsbedarf der Kinder und daraus resultierende Planung von Förderangeboten professionell zu gestalten. Dies alles soll unter Berücksichtigung von unterschiedlichen ethnischen, sprachlichen und soziokulturellen Hintergründen und der Vielfalt der Lebensformen der Kinder stattfinden.

Nur so können richtige Entscheidungen über die Auswahl geeigneter Materialien, Methoden, förderliche Settings und organisatorische Gestaltung getroffen werden. All das kann und wird durch zahlreiche Fortbildungsbemühungen des Bundes, des Landes und kommunaler Träger sukzessiv gelingen. Bei der Konzeption der Fortbildungen muss auf jeden Fall nachgedacht werden, von welcher Dauer und welchem Anbietungsformat solche Fachfortbildungen sein sollen, so dass vermitteltes Wissen in der Praxis erprobt und kritisch reflektiert werden kann.

Die heutigen pädagogischen Bildungsbemühungen der Kitas müssen mehr situationsorientiert und kontextgebunden organisiert werden und aus den für die Kinder bedeutenden Situationen das mögliche Förderpotenzial gewonnen werden. So kann, angeknüpft an individuelle und gruppenbezogene Schlüsselsituationen im Alltag, systematische Erweiterung der bereichsspezifischen Kompetenzen der Kinder stattfinden. Mehr als bis jetzt der Fall ist, muss in die alltägliche pädagogische Arbeit die individuelle Förderung eingebettet sein.

Die Verantwortung für die Erziehung und Bildung der Kinder in Kitas darf nicht allein dem Fachpersonal zugewiesen werden, sondern soll in gemeinsamer Verantwortung von Politik, Bildungsträgern und Familie getragen werden. »Somit wird die Frage nach dem professionellen Handeln pädagogischer Fachkräfte schließlich auch zu einer Frage nach der Verantwortung, die die Gesellschaft insgesamt für das Wohlergehen, die Erziehung und Bildung ihrer Kinder trägt« (Viernickel, 2017, S. 50). Bildungspolitisch und gesellschaftlich ist zu wünschen und zu erwarten, dass die anspruchsvolle Arbeit der pädagogischen Fachkräfte in Kitas einen höheren gesellschaftlichen Stellenwert erfährt als das bis jetzt der Fall ist, was unter anderem durch bessere Finanzierung und Vorantreiben der akademischen Ausbildungswege für diese Berufsgruppe erreicht werden kann.

Die Autorinnen und Autoren

Dr. Nataliya Soultanian ist Professorin der Kindheitspädagogik und leitete seit 2012 den gleichnamigen Studiengang an der SRH Hochschule Heidelberg. Sie studierte Germanistik und Slawistik an der Albert-Ludwigs-Universität in Freiburg und promovierte dort mit einer Arbeit zum Thema »Der Zweitspracherwerb beim Kind«. Ihre Forschungsschwerpunkte sind die kindliche Mehrsprachigkeit, Sprachbildung und Sprachförderung, Gestaltung der Erzieherin-Kind-Interaktion in bilingualen Kontexten und Spracherziehungspraktiken in bilingualen Familien sowie Beobachtungs- und Methodenkompetenz in der Kindheitspädagogik. Seit 2020 leitet sie das Forum Frühkindliche Bildung Baden-Württemberg.

Tim Posawatz M.A. leitete seit 2010 eine Kindersportschule beim Heidelberger Turnverein 1846 e.V. Er studierte Sportwissenschaft, Sport im Bereich Prävention und Rehabilitation und Politische Wissenschaften in Frankfurt am Main und Heidelberg. Seit 2019 koordiniert er bei der Vision Bewegungs-Kinder gGmbH das Forschungsprojekt MoBil, das sich mit Sport und Bewegung zur Förderung der Selbstregulation an Kindertagesstätten befasst. Daneben promoviert er am Sportinstitut der Uni Heidelberg (Prof. Dr. K. Roth) zum Thema »Exekutive Funktionen bei Kindern im Sport«.

Dr. Annette Schneider ist Professorin für Kindheitspädagogik an der SRH Hochschule in Heidelberg und lehrt dort schwerpunktmäßig in den Bereichen Gesundheitsprävention, Bewegungserziehung und mathematisch-naturwissenschaftliche Frühförderung. Ihre Forschungsschwerpunkte sind das Körperbewusstsein und die Körperkonzepte bei Kindern und Jugendlichen. Sie studierte Dipl.-Biologie an der Albert-Ludwigs-Universität in Freiburg mit den Schwerpunkten Anthropologie, Verhaltensbiologie und Physiologie sowie Entwicklungspsychologie im Nebenfach. Ihre Promotion befasste sie sich mit dem »Körperbewusstsein bei Kindern und Jugendlichen«.

Stephanie Nock M.A. ist Sozialpädagogin und befindet sich in der Ausbildung zur tiefenpsychologischen Kinder- und Jugendlichenpsychotherapeutin. Ihr Arbeitsschwerpunkt ist die sozialpädagogische Familienhilfe mit Schwerpunkt auf die videogestützte Interaktionsanalyse. Als freie Dozentin unterrichtet sie im Bereich »Soziale Arbeit« an den Hochschulen in Mannheim und Frankfurt.

Dr. Lukas Nock ist Professor für Theorie und Praxis/Professionelles Handeln in der Sozialen Arbeit an der Hochschule Mannheim. Zuvor u. a. Wissenschaftlicher Mitarbeiter am CSI der Universität Heidelberg sowie am *iso*-Institut Saarbrücken. Arbeitsschwerpunkte liegen in den Bereichen Organisation und Wandel Sozialer Dienstleistungsarbeit (insb. Jugendhilfe und Pflege), Interprofessionalität, Modernisierung, Devianz und soziale Kontrolle.

Dr. Christian Widdascheck ist Professor für Elementare Ästhetische Bildung an der Alice-Salomon-Hochschule (ASH) im Studiengang Erziehung und Bildung in der Kindheit und leitet die Werkstatt für Ästhetische Praxis der ASH. In seiner Lehre, Forschung und in seinen KitaPraxis-Entwicklungsprojekten spielen leibphänomenologische und transkulturelle Perspektiven auf und für Bildung eine zentrale Rolle. Christian Widdascheck studierte Kunstpädagogik und Kunsttherapie und promovierte mit einer qualitativ-empirischen Arbeit zur kunsttherapeutischen Arbeit mit Asylsuchenden.

Robert Soultanian hat Philosophie, Soziologie und Ethnologie an der Universität Heidelberg studiert. Unter anderem arbeitete er als wissenschaftlicher Mitarbeiter am ZKM in Karlsruhe im Bereich neuer Medien und Bildungsforschung. Er ist als Dozent an verschiedenen Hochschulen und Universitäten tätig. Seine Unterrichts- und Interessenschwerpunkte liegen in der soziologischen Theorie, in der anthropologischen Grundlagenforschung und der philosophischen Analyse menschlichen Handelns.